全国汉传佛教院校教材

唯识学概论

慧仁 著

社会科学文献出版社
SOCIAL SCIENCES ACADEMIC PRESS (CHINA)

全国汉传佛教院校教材系列
编委会名单

全国汉传佛教院校教材编写推进工作领导小组

《唯识学概论》编写工作协调委员会

总　序

　　佛教诸要务，教育为第一。古德云："佛法二宝，并假僧弘。"续佛慧命、住持正法，服务社会、利益众生，都要靠优秀的佛教人才来践行和落实。因此，办好佛教教育事业、培养合格佛教人才，是事关佛教健康传承的千秋大计，是推进新时代佛教中国化的重要支撑。中国佛教协会自成立以来，特别是改革开放以来，始终把人才建设作为佛教自身建设的关键环节，将发展教育作为佛教工作的头等大事，团结引领全国佛教界齐心协力育人才，扭转了改革开放后佛教人才青黄不接的困难局面，初步培养了一支爱国爱教的佛教人才队伍，为佛教健康传承和推进佛教中国化不断注入生机活力。

　　佛教教育事业是一项艰巨复杂的系统工程，包含佛教院校建设、师资队伍建设、课程体系建设、教材体系建设、后勤保障建设等诸多方面。其中，教材建设是发展佛教教育事业的一项基础性工作。佛教院校专业课教材，是教师教学的基本依据，是学生学习的重要蓝本。编写一套高质量的佛教院校专业课教材，是中国佛教协会加强人才培养的一项重要任务，更是全国佛教界几代人的夙愿。改革开放以来，本会积极组织和推动佛教院校专业课教材编写工作，进行了持续探索，付出了不懈努力，取得了一批阶段性成果，积累了宝贵经验，为新时代继续系统推进佛教院校专业课教材建设奠定了坚实基础。

　　中共十八大以来，中国特色社会主义进入新时代。在2016

年全国宗教工作会议上，习近平总书记指出，积极引导宗教与社会主义社会相适应，一个重要的任务就是支持我国宗教坚持中国化方向。习近平总书记强调，要坚持政治上靠得住、宗教上有造诣、品德上能服众、关键时起作用的标准，支持宗教界搞好人才队伍建设。为深入贯彻落实习近平总书记关于宗教工作的重要论述和全国宗教工作会议精神，顺应新时代推进佛教中国化对人才培养提出的新任务新要求，本会于2018年6月启动了新时代全国佛教院校专业课教材编写工作。本会理事会和领导班子对教材编写高度重视，成立全国佛教院校教材编写领导小组，负责统筹协调、检查督促教材编写各项工作；召开以佛教院校教材编写为主题的全国佛教院校联席会，举办教材编写研讨班，研究制定《全国佛教院校教材编写工作方案》，明确教材编写总体思路、主要原则、基本要求、编写范围、工作计划等，整合全国佛教院校资源，扎实有序推动教材编写。这套全国汉传佛教院校教材，正是此次教材编写工作结出的硕果。

坚持正确导向是教材编写的根本原则，质量是教材的生命，实用是体现教材价值的落脚点。为编写一套坚持佛教中国化方向、符合宗教人才培养"四项标准"、发扬中国佛教优良传统、适应当代中国发展进步要求、具有新时代中国佛教鲜明特色的高质量佛教院校专业课教材，本会为教材编写确立了以下指导思想：以习近平新时代中国特色社会主义思想和习近平总书记关于宗教工作的重要论述为指导，以社会主义核心价值观为引领，坚持佛教中国化方向，发挥本会理事会佛教教育委员会专业优势和全国佛教院校人才培养主渠道作用，调动和整合教师与编辑、教学与出版等多方面资源，凝聚全国佛教界力量共同担当佛教院校教材建设重任，确定佛教院校专业课课程体系建设和教学大纲，制订教材编写规划，努力打造一套具有时代性、基础性、科学性、发展性、权威性的佛教院校教材。为落实上述指导思想，教材编写遵循以下基本原则：1. 精品原则。坚持质量为本，锚定精品定位，致力于编写、出版高质量、高水平、专业化、体系化的系列教材，避免低水平重复。2. 创新原则。坚持守正创新，发扬中国佛教优良传统，传承契合佛陀本怀、久经历史考验、获得广泛共识的中国佛教传统教理思想，积极推动教材编写的理念创新、方法创新、内容创新，将教材建设与佛学研究前沿紧密结合，凸显教材的时代性。3. 适用原则。坚持面向一线，将理论性与实践性有机融合，在框架结构、知识体系、表达方式等方面力求符合教材的一般要求，努力满足教师讲授和学生学习的实际需要，力争能被全国更多的佛教院校所采用。

本套教材的编写凝聚了全国佛教院校和佛教教育工作者的集体智慧。在本会统一组织下，各佛教院校根据自身资源优势和学科特长，自主选取承担相应的教材编写工作，各尽所能、优势互补，共同建设佛教院校专业课教材体系的庄严殿堂。教材编写全过程坚持高标准、严要求，初稿完成后，由相关专家进行专业评审，根据评审意见修改完善，再提交教材编写领导小组审核，审核通过后，交付出版。从执笔编写、评审修改到审核把关、出版发行，力求各环节精益求精，努力将高质量的教材建设目标和要求落到实处。

本套教材包括基础教材和原典教材两大部分，每一部分根据具体学科和内容分为不同模块。基础教材主要指佛教通史、概论、宗派史等类课程的教材。原典教材主要指佛教经典讲解、阐释类教材。基础教材重在构建和传授关于佛教教理思想、历史源流、教规制度、文化艺术等方面的基础知识体系，原典教材重在引导学生细读经典，学习经典解读方法，培养经典阐释能力。两部分教材各有侧重、相得益彰，既传承了两千多年来中国佛教的智慧结晶，也吸收了当代佛学研究和佛教院校学科建设的崭新成果，共同构成了比较系统完整的新时代佛教院校专业课教材体系。

本套教材是推进新时代佛教中国化在佛教教育领域的重要体现与成果，在当代中国佛教教育发展史上具有里程碑意义。其出版和应用将进一步夯实佛教院校学科体系建设和佛教人才培养工作的基础，进一步强化佛教健康传承和佛教中国化的人才支撑。该套教材也可为希望了解佛教知识的社会人士提供有益参考。限于水平，教材中难免错误与疏漏。恳请全国佛教院校师生和关心佛教事业的社会各界人士斧正，惠赐宝贵意见。守正创新永无止境。本会也将在人才培养实践中适时对教材进行修订完善，推动佛教院校教材建设与时俱进，为全面建设社会主义现代化国家、实现中华民族伟大复兴的中国梦做出佛教界应有的贡献。

中国佛教协会会长　演觉

二〇二一年十月

目录
ONTENTS

导　论

一　唯识学的起源及师承

（一）唯识学的起源

唯识学是大乘佛教思想的集大成者，包含了极其丰富而深邃的心理、认识与逻辑等方面的理论内涵。根据立场的不同，唯识学有许多不同的别称：因所依据的根本经典为《瑜伽师地论》，故又称瑜伽行派；因创宗者玄奘与窥基常住慈恩寺的缘故，也称慈恩宗；由于延续了小乘阿毗达摩注重名相及概念分析的风格，又名法相宗；更因有别于般若中观学派的遮诠模式，侧重对缘起现象的表诠分析，所以也被称为有宗。

站在大乘佛教的立场，瑜伽行派的教义当然属于佛说，这是毋庸置疑的。大乘的信众认为：原始佛教时期，佛陀已经对具有大乘根基的弟子们秘密讲授了唯识法门；至于佛的他受用身，更是尽未来际地对地上的菩萨们宣说着大乘法门。此外在唯识学内部还有一种广泛的说法：瑜伽行派创始人无著菩萨早年在有部出家，因思维空义无法领悟甚至产生过自杀念头，虽经一位尊者向他讲授小乘的空义，但他认为还不够究竟。后来他凭借定力，上升到兜率天宫，先听从弥勒菩萨学习大乘空义，再习唯识教义。之后他又将弥勒菩萨请到人间宣讲《瑜伽师地论》，使得瑜伽行派教义从此在人间广为流传，这时已是公元四五世纪了。

> 婆薮槃豆是菩萨根性人，亦于萨婆多部出家。后修定得离欲，思惟空义不能得入，欲自杀身。宾头罗阿罗汉，在东毗提诃观见此事，从彼方来，为说小乘空观。如教观之，即便得入。虽得小乘空观，意犹未安，谓理不应止尔。因此乘神通，往兜率多天，咨问弥勒菩萨。弥勒菩萨为说大乘空观。还阎浮提，如说思惟，即便得悟。于思惟时，地六种动。既得大乘空观，因此为名，名阿僧伽。阿僧伽译为无著。
>
> 尔后，数上兜率多天，咨问弥勒大乘经义。弥勒广为解说，随有所得。还

阎浮提以己所闻为余人说，闻者多不生信。无著法师即自发愿：我今欲令众生信解大乘，唯愿大师下阎浮提解说大乘，令诸众生皆得信解。弥勒即如其愿于夜时下阎浮提，放大光明，广集有缘众，于说法堂诵出十七地经，随所诵出，随解其义，经四月夜解十七地经方竟。虽同于一堂听法，唯无著法师得近弥勒菩萨，余人但得遥闻。夜共听弥勒说法，昼时无著法师更为余人解释弥勒所说。因此众人闻，信大乘弥勒菩萨教。[①]

但也有人提出不同的观点，他们认为：瑜伽行思想也是基于某个理论原型，遵循理论自身发展的需求，并在时代思潮影响下逐渐发展起来的。《瑜伽师地论》的"本地分"被认为形成的年代较早，包含了很多瑜伽行派的初期思想。有人认为，在小乘有部势力范围内的古代印度西北地区，其良好的理论研究氛围使得一些注重禅修体验与理论研究的僧人，在受到有部经院式理论熏陶的同时，又接受了大乘佛教的唯心等思想，经过相当时间的酝酿之后，逐渐形成了《瑜伽师地论》"本地分"思想[②]。唯识学派两大创始人——无著与世亲菩萨，他们两者的生平经历似乎也印证了上面的观点。兄弟二人出生于印度西北的犍陀罗国，早年都在有部出家学习，世亲后来在思想上转向了经量部，最终又改信了大乘佛教，而经量部的理论，被认为与唯识学关系非常密切。

早期佛教有两大重要范畴：一是业感缘起，二是五蕴无我。两者共同构成了原始佛教的理论内核，后期的众多学派也基本都是以它们为中心展开的不同诠释。顺着这两条线索，从印度佛教思想史的角度入手，就不难梳理出瑜伽行派思想成立发展的历史轨迹。

第一条思想线索"业感缘起"与缘生论有关。据小乘典籍记载，当年释迦牟尼在菩提树下觉悟的真理就是业感缘起[③]，也称十二因缘。这是对个体生命轮回流转原理的描述，还未扩展到所有的存在现象。因为佛陀应机施教等原因，早期佛教的理论相对简洁质朴，使得后人对十二因缘的个别环节，很难获得非常圆满的理解与解释，其中最难以理解的就是"识"与"有"二支（见图1）。

---

① 《婆薮槃豆法师传》卷1，CBATA2014 T50，p0188c。以下引文均出于CBETA2014，不再单独标注，来自《大正藏》则用"T"，来自《卍续新藏》则用"X"。文献作者名和朝代在"参考文献"中体现，页下注则省略。

② "其次，从佛教经典的传承来讲，瑜伽行派的形成应该与大乘佛教中的'唯心'一系佛典以及小乘佛教中的'一切有部'有密切的关系。"杨维中：《中国唯识宗通史》，凤凰出版社，2008，第3页。

③ 根据《弥沙塞部和醯五分律》记载："佛食已，前到树下三昧七日，过七日已从三昧起，作是念：'我所得法，甚深微妙，难解难见，寂寞无为，智者所知，非愚所及。众生乐着三界窟宅，集此诸业，何缘能悟十二因缘甚深微妙难见之法！又复息一切行，截断诸流，尽恩爱源，无余泥洹，益复甚难！若我说者，徒自疲劳。'"《弥沙塞部和醯五分律》卷15，T22，p0103c。

无明—行┼识—名色—六入—触—受┼爱—取—有┼生—老死
过去因　　　现在果　　　　　　现在因　　未来果

图1 "识""有"二支环节

这里的"识"支指结生时的心识，即新生命最初形成时的心识。此阶段六识作用显然还未发生，而早期佛教只有六识说，那么此"识"支到底是什么"识"？同样对于"有"支的理解与解释也非常困难。佛陀只告诉弟子们，"爱—取"与"有"是因果关系。那么具体"有"指什么？并没有非常明确的定义。从"爱—取"的行为本身而言，它们转瞬即逝，是无常法，与"有"的具体联系原理并不清楚。如果再联系"生—老死"，它们与之前的"爱—取—有"也是因果关系，然而前三支作为过去法，早已不复存在，它们又如何与"生—老死"发生所谓的因果联系？

上述"识"与"有"支的问题，是关于轮回的主体以及前业与后果的媒介为何的问题，这两大难题也成为后来部派佛教时期争论的焦点，很多学派对此提出了各种解决方法。关于轮回主体为何许多学派在第六识外给出了多种解释，如犊子部提出的"不可说补特伽罗"、化地部的"穷生死蕴"、经量部的"根本蕴"、大众部的"根本识"等。对于前业与后果媒介为何也众说纷纭，如说一切有部提出的"无表业"、正量部的"不失法"、《成实论》的"无作法"、经量部的"种子说"等，都被看作是瑜伽行派相关理论的前身或思想来源。针对相关范畴的解释困难，后期的唯识学基于早期佛教的业感缘起说，整合了部派佛教时期的理论资源，同时结合大乘唯心等思想，最终形成了"第八识""种子"等理论，完成了阿赖耶识缘起论的构建。这一缘起理论包含存有、心理、认识三个方面，系统而完整，是对业感缘起说最为全面而深入的诠释。

第二条思想线索"五蕴无我"与法性论有关。早期佛教的"五蕴无我论"是以分析个体生命的构成要素来揭示"缘起无我"之思想。因其讨论对象仅就个体而言，故而显得相对浅显。到部派佛教时期，说一切有部提出"法体恒有"说，认为存在的现象是由最小的实体单位构成的，它们是不可再分的实法。例如色法就由极微所构成，它们是独立于识外的、实体不变的存在物。有部这种浓厚的实体主义思想在当时遭到了其他众多佛教派别的非议，大乘中观学派便在此批判思潮中应运而生。中观学派对有部的法体思想进行了非常彻底的批判，提出了"缘起性空"说。在瑜伽行派看来，说一切有部的"法体恒有"与"识外有境"思想属于典型的"有见"，是需要否定的；而中观一味谈"空"以及破而不立的遮诠方式，更有引人偏空的危险。通过对上述二者的批判，瑜伽行派提出了"三自性理论"，阐述了非有非空的新中道思想。并辅以"变相说"，解释了认识对象产生的唯识原理。《解深密经》中的"三时判教"，就反映了上面所述。

　　尔时胜义生菩萨复白佛言：世尊初于一时在婆罗斯仙人堕处施鹿林中，唯为发趣声闻乘者，以四谛相转正法轮，虽是甚奇甚为稀有，一切世间诸天人等先无有能如法转者，而于彼时所转法轮有上有容，是未了义，是诸诤论安足处所。

　　世尊在昔第二时中，唯为发趣修大乘者，依一切法皆无自性，无生无灭，本来寂静，自性涅槃，以隐密相，转正法轮，虽是甚奇甚为希有，而于彼时所转法轮亦是有上有所容受，犹未了义，是诸诤论安足处所。

　　世尊于今第三时中，普为发趣一切乘者，依一切法皆无自性，无生无灭，本来寂静，自性涅槃，无自性性，以显了相，转正法轮，第一甚奇，最为希有，于今世尊所转法轮无上无容，是真了义，非诸诤论，安足处所。[①]

　　释迦如来应机宣讲的教法，有隐密与显了、了义与不了义的区别，体现了深浅、点面的不同。由此，佛陀将一代时教做了三个阶段的分判：初时阿含偏说有，经验主义色彩比较浓重，隐去了遍计所执性的空无，属于隐空说有，以说一切有部为代表的小乘学派的教法，风格上近于阿含佛教，归为此时。第二时大乘般若教偏说空，隐去了依他自性的生有、圆成实自性的实有，是隐有说空，中观学派就是对此空教高度理论化的思想结果。前二时都属于隐秘、不了义教，唯有第三时的大乘瑜伽行派说三性、三无性，由此具显空有，是空有中道，属于显了、了义教法。

（二）唯识学的师承与经典

　　《解深密经》与《大乘阿毗达磨经》[②] 的出现，标志着代表印度大乘佛教中期的瑜伽行派思想已经开始广泛流传。据《婆薮槃豆法师传》记载，一般认为瑜伽行派的创始人有三位：弥勒、无著和世亲。在随后的传播过程中，因理论分歧与研究方向转变等缘故，其师承与思想并非始终一脉延承。首先是无相与有相唯识的分支，通常认为，安慧是无相唯识的代表人物，后来胜友、施戒去西藏后，弘扬安慧的唯识思想；而陈那则是有相唯识说的倡立者，此系思想对玄奘大师影响最大，中国唯识宗就是延续此系。另外陈那是因明学的大师，他本人将因明学与佛教的证悟体系做了统一与融合，之后以法称为代表的一支则将唯识学向量论做了转向[③]，成为印度后期大乘佛学的主流思想。

---

① 《解深密经》卷2，T16，p0697b。
② 此经的梵、藏、汉译本都已经失传，在瑜伽行派的某些论书中则有很多相关的引用及论述。
③ 有学者认为法称的思想已经背离唯识，他既不承认阿赖耶识，还持"外境实有"说。参见舍尔巴茨基著，宋立道译《佛教逻辑》，商务印书馆，1997，第201页。

需要着重指出的是，玄奘大师传承的有相唯识学，经由其所创立的中国唯识宗的融汇与发展，成为唯识理论的集大成者，在认知方面的理论成果尤为丰富与精深。这其中既有源自印度的传承，亦有很多中国本土的发展，如"三类境""挟带与变带"等理论。汉语唯识学典籍数量庞大，除了印度原典之外，还有大师糅译的《成唯识论》和窥基、慧沼等弟子的大量唐代著疏，包括后来的《宗镜录》以及明代的众多唯识论著。这其中蕴含了很多中国人的智慧，极大地提升与丰富了唯识学的内涵与深度。毫不夸张地说，汉语唯识学包含了最为丰富与深邃的唯识思想。本书观点主要依据《成唯识论》，所以主要介绍有相唯识系的师承关系（见图2）。

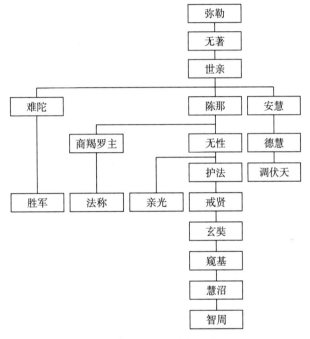

图 2　有相唯识系的师承关系

1. 弥勒

相传无著菩萨在兜率天宫受弥勒菩萨教导后，才真正领悟到了佛法的究竟义谛，随后他请菩萨到人间讲法，使得《瑜伽师地论》开始流传人间。也有学者认为，历史上有个名为弥勒的论师，其生平年代在公元 3 ~ 4 世纪。相传弥勒菩萨所造的唯识论著有《瑜伽师地论》《大乘庄严经论》《辩中边论》《辨法法性论》《现观庄严论》等。《瑜伽师地论》是瑜伽行派最根本的经典，由本地分、摄决择分、摄释分、摄异门分、摄事分五部分构成。本地分是基本部分，其中结合三乘佛法思想，将修行瑜伽行者的所依、所行境界总计区分为十七地：（1）五识身相应地；（2）意地；（3）有寻有伺地；（4）无寻有伺地；（5）无寻无伺地；（6）三摩呬多地；（7）非呬三摩多地；（8）有心地；（9）无心地；（10）闻所成地；（11）思所成地；（12）修所成地；（13）声闻地；（14）独觉地；（15）菩萨地；（16）有余依地；（17）无余依地。此十七地系详尽地介绍了从凡夫至阿罗汉、辟支佛与佛的修行转依的复杂理论，所以本论是进行大乘瑜伽修行最根本的指导。

2. 无著（400～470）

无著在有部出家，后经弥勒菩萨教导，悟入大乘唯识奥义。瑜伽行派思想根源——弥勒的《瑜伽师地论》等，就是经由他介绍出来。他是大乘唯识学派的奠基人，也是继龙树菩萨后，印度大乘佛教思想史上最为重要的论师之一。无著重要的唯识著作有以下几部：（1）《显扬圣教论颂》是对《瑜伽师地论》纲要性的介绍。（2）《大乘阿毗达磨集论》与《摄大乘论》，此二论都与《大乘阿毗达磨经》有关，是对唯识思想系统归纳的著作。《摄大乘论》在中国很受重视，经由真谛论师（499～569）的翻译与弘扬，在当时形成了"摄论学派"，它与弘扬《十地经论》的"地论师"一起，成为印度唯识学在中国的第一次大规模译传。（3）《六门教授习定论颂》是对大乘禅修原理纲要性的介绍，也是唯一单纯介绍大乘瑜伽行禅修理论的论书。

3. 世亲（420～500）

世亲也在有部出家，后不满有部的教义，汲取经量部的一些思想后撰写了《俱舍论》，此论自传入中国后，至今依然是汉传佛教最受重视的小乘论书。后经其兄无著菩萨的苦心规劝改信了大乘，此后一直致力于弘扬大乘佛法，他撰写了大量的论书，有"千部论主"的称号，是瑜伽行派的重要创始人之一。世亲重要的唯识著作有：注释弥勒学说的《大乘庄严经论释》《辩中边论释》，解释无著论颂的《摄大乘论释》《六门教授习定论释》，及众多阐释自身唯识思想的理论作品。代表作有：（1）《二十唯识论》主要破斥外道及小乘的实体主义思想，阐明万法唯识的正理。（2）《三十唯识论》，此论极其重要，是对印度唯识思想体系的重新组织，此论一出便引起轰动，可惜世亲本人还未及作释就往生了，但引来十大论师竞相注释，后来玄奘大师将十大论师的释论糅译为《成唯识论》，成为唯识学最重要的典籍之一。（3）《十地经论》是对《华严经》"十地品"的解释，传来中国后影响很大，当时甚至出现了专门研究此论的"地论学派"。（4）《大乘百法明门论》，它将《瑜伽师地论》等论中的各种法相名目，以"识"为中心进行了重新排序组织，形成了"五位百法"。

4. 陈那（440～520）

世亲的弟子，在唯识学与因明学方面都有重要的贡献。陈那主张"有相唯识"说。就认识的结构而言，他建立了见分、相分、自证分三分，赋予自证分"量果"的定义，并论证其作为"自明意识"的存在与价值性；将认识的模式归纳为现、比二量。为区别于安慧的古学，陈那的思想被称为"唯识今学"，对后来护法、玄奘系唯识理论影响巨大。与此同时，陈那还是新因明的创始人。他确立了因三相，改五支作法为三支作法，并打通了因明理论与瑜伽行的关系，初步形成了佛教量论理论。后人称其为"中世纪印度正理学之父"，他的因明思想后来主要被法称继承与发扬，这一支后来转向了纯粹的量论，与唯识思想其实已经无关了。

相传陈那为《二十唯识论》等做过注释，但不幸失传了。留存的著作多以因明学为主，仅有的可以算作唯识的著作有《观所缘缘论》与《掌中论》（义净译），这两部论著主要说明了境由识生、外境非有的道理。前者对认识对象有专门的论述，是研究唯识认识理论的重要资料。陈那重要的因明著作有：（1）《因明正理门论》，此论是为数不多的被汉译的因明论书之一，一直是汉传佛教学习因明最为重要的参考资料。（2）《集量论》，此论梵文原本与唐义净汉译本都已失传，留有两种藏译本，1928 年吕澂节译为《集量论释略抄》；1982 年法尊法师译为《集量论略解》。这是陈那最为重要的因明著作，共分六品。第一品"现量品"中对现比二量、自证分等重要概念做了定义，是研究佛教认识论的重要资料。法称的因明巨著《释量论》就是对此的注释。

5. 护法（530~561）

护法二十余岁当上那烂陀寺的住持，并收年龄大自己一岁的戒贤为弟子，后因身体不适，退居至大菩提寺，三十二岁去世。护法秉承了陈那的有相唯识思想。他主张境不离识说，并在陈那三分基础上，增加证自证分，以四分说完成了唯识认识结构论。他的思想后被玄奘所继承，成为中国唯识宗的重要理论依据。护法留存的著作不多，唯识方面的主要有：（1）《唯识三十颂注》，此论据说在印度未有公开，仅被一信徒保存，后被玄奘独获，其后糅译《成唯识论》时，被作为各种不同观点的正义。（2）《成唯识宝生论》，此论是对《唯识二十论》的注释，由义净译。

6. 玄奘（600~664）

中国最伟大的佛经翻译家，中国唯识宗的奠基者。玄奘舍身西行印度求法 17年，先后于那烂陀寺（5 年）随戒贤长老以及杖林山（2 年）胜军居士处学习《瑜伽》《唯识抉择》等论，并遍访各处善知识学习中观、小乘、因明和其他各种印度文化知识。因其突出的佛学成就和多次辩论的获胜，在印度被授予"大乘天"和"解脱天"的尊称。回国时，他带回梵文经典 520 夹、657 部，总计翻译佛典 75 部、1335 卷，共计 1000 多万字，内容涉及唯识、中观、部派、阿含、净土、戒律、因明等。所译经典质量最高，被称为新译。

玄奘大师本人没有著作，相传在印度留学时曾著有《会宗论》《制恶见论》，但未有留存，不过在其糅译的《成唯识论》中却依然可析其本人的思想踪迹。他继承了护法系的有相唯识学，是印度唯识学理论的集大成者，由他创立的三类境、挟带等理论，更是对唯识理论的重要贡献。另外由其口述、辩机笔录的《大唐西域记》，是研究当时西域、印度历史文化等的极其宝贵的资料。

7. 窥基（632～682）

玄奘大师的上首弟子，中国唯识宗的创立人，被称为慈恩大师。窥基二十五岁就参与玄奘的译场，建议并协助大师糅译《成唯识论》，他对玄奘所传印度唯识学做了大量的整理注释，形成了中国唯识宗的思想体系。窥基著述勤奋，有"百本疏主"的称号，主要的唯识著作有《瑜伽师地论略纂》《成唯识论述记》《成唯识论掌中枢要》《唯识二十论述记》《百法明门论注》《杂集论述记》《辩中边论述记》《大乘法苑义林章》等。

8. 慧沼（650～714）、智周（668～723）

慧沼为窥基弟子，世称淄州大师。窥基去世后，慧沼游行各地，弘扬唯识二十余年，破斥西明寺圆测对窥基思想的非议以维护中国唯识宗的正统理论。直到晚年，他还在义净译场担任证义工作。慧沼的唯识著作主要有《成唯识论了义灯》《大乘法苑义林章补阙》《能显中边慧日论》。

智周是慧沼最著名的弟子，他继承了慧沼的事业，弘扬玄奘、窥基一系的唯识思想，并勤于著述。另新罗僧人智凤、智鸾、智雄以及日本僧人玄昉等，当时曾先后入唐师从智周，加之早前随玄奘学习的道沼等人，他们返日后建立了日本法相宗，一直延绵至今。智周的唯识著作有《大乘法苑义林章决择记》《成唯识论枢要记》《成唯识论了义灯记》《成唯识论演秘（钞）》。其中窥基的《成唯识论掌中枢要》、慧沼的《成唯识论了义灯》、智周的《成唯识论演秘（钞）》，并称为唯识三疏，是研究中国唯识宗最重要的资料。

总体而言，唯识学在中国的传播历经坎坷，早先真谛、菩提流支等的初传，已初具影响，后因玄奘、窥基的个人声誉，以及统治阶层扶持等原因，唯识宗在当时兴盛一时。但因中国古人传统思维模式局限等原因，唯识宗仅相传四代就宣告式微。唐武宗的灭法，更使得窥基等人的重要著疏亡佚，不过至北宋年间，个别寺庙还是有僧人在研习唯识教义。五代吴越国延寿大师（904～975）编辑的《宗镜录》，记录了当时留存的唐代唯识思想，其中亦增加了一些新的内容。至明末时期，为了拯救佛教的危机、矫正禅宗的流弊，很多有识之士开始重新重视唯识法相理论。由于唐代著疏大多都已失传，他们主要依靠唐澄观《华严经疏钞》及《宗镜录》等著述中留存的理论来学习唯识教义。明末四大高僧除莲池大师外，余者都有关于唯识学的著述。另有王夫之、王肯堂等学问大家，在唯识学理论上也多有造诣。据统计，当时有唯识著作者有 17 人，共有 35 种唯识注解，托玄奘大师名的《八识规矩颂》很可能就是在此时撰写的。

到清末，杨仁山居士创办金陵刻经处，从日本请回散轶的隋唐佛教著述，并重新刊印流通，其中就包括了窥基的《成唯识论述记》等重要资料。1922 年，欧阳渐居士正式创办支那内学院，师徒众人专心致力于法相唯识学的研究与弘扬，编辑《藏要》、发行《内学》，培养了一大批包括吕澂、王恩洋、熊十力、黄忏华在内的精通唯识学的人才。当时北京还有韩清净居士设立的三时学会，专攻瑜伽师地论的研究。太虚法师领导的武昌佛学院，也非常重视唯识学的研习，太虚本人包括印顺法师等都撰有唯识学专门的论著。当时教内著名的唯识学者还有梅光羲、朱芾煌、范古农、唐大圆等，许多文化精英也对唯识学极力推崇，比较著名的有章太炎、梁启超、谭嗣同、梁漱溟等。唯识学成为当时佛教甚至思想界的一大显学，这应该算是自唐后唯识学在中国真正自觉性的复兴时期。

近年来教内与学界日益重视唯识学的研究，唯识学也成为大多佛学院的核心课程之一，许多高校与研究机构亦拥有不少专门的研究人才。唯识学的研究范围与过去相比也有了极大的拓宽，既有对古典理论做进一步的发掘与整理，更有超越传统模式从现代心理学、哲学、科学等角度与唯识学做比较性的研究。这些研究都极大地丰富了唯识学的内涵与意义，唯识学的研究与弘扬在中国方兴未艾！

二　唯识义辨析

瑜伽行派名称众多，"唯识学"（或宗）是最为通用的名称，因为它更能概括其理论面貌与特色。《成唯识论掌中枢要》对"唯识"解释云："识谓能了，诠五法故……唯谓简持，有心空境，是唯义也。简去境，持取心，故说简持是唯义也。亦决定义，及显胜义。"[①] 这里表明了"唯识"的三层用意：一识最具特色的作用是了别，了别具有显现或变现境相的作用；二否定外境，境由识的了别作用所显，所以不存在独立于识外的客观外境；三突出识的殊胜性，识在万法中具有无可替代的地位，这点也是唯识学毋庸置疑的理论特色。

（一）唯识概念的翻译[②]

关于唯识概念的翻译问题在古代没有任何争议，进入现代则出现了一些不同意见。希望通过对相关问题的辨析，对唯识思想有更深的分析与认识。

唯识对应的梵文是 vijñāna-mātratā 或 vijñapti-mātratā。vijñāna 由名词 jñāna 加前缀 vi 构成 vi-jñāna，jñāna 是从动词词根 √jñā 的直陈式异化而成的抽象名词。√jñā是"知、认知"义，前缀 vi 具有"种种""区分"等义，合成为 vijñā 表示"由区分而认知"。认知是识最为重要的特征，是识的主动面的作用，即能取，属于识的

---

① 《成唯识论掌中枢要》卷 1，T43，p0609b。
② 此段的梵文语法部分得到李炜先生的指正。参考了巫白慧《梵本〈唯识三十颂〉汉译问题试解》，《法音》2006 年第 2 期；稻津纪三《梵文〈唯识二十论〉中与"识"相对应的两种原文及其意义》，《唯识研究》第一辑；周贵华《唯识与唯了别——"唯识学"的一个基本问题的再诠释》，《哲学研究》2004 年第 3 期；慕藏《"唯识"概念的语源语义分析》，《唯识研究》第二辑。

见分。√vijñā 的主动语态直陈式单数第三人称是 vijānāti，由此再进行抽象名词化后，变成为 vijñāna。当 vijñā 名词化为 vijñāna 后，由原来的认知作用义转变为"具有认知作用者"义，即由原来的"由区分而认知"，变为了"具有由区分而认知的作用者"。如此将表示识的认知作用，通过名词化为了具有认知作用的识体。所以在唯识学中，表示八识概念时，多用 vijñāna，例如眼识（cakṣur-vijñāna）、意识（mano-vijñāna）、阿赖耶识（ālaya-vijñāna）等。有学者认为"唯识"能够对应的梵文只有 vijñāna-mātratā，在《唯识三十颂》梵文本中就有此 vijñāna-mātratā 用法，如第二十八颂的后半颂，玄奘法师翻译为："尔时住唯识，离二取相故。"此 vijñāna-mātratā，更多是从识体或能取的角度来反映唯识思想。

而 vijñapti 由 jñapti 加上前缀 vi 构成 vi-jñapti，jñapti 是从 √jñā 的使动式异化而成的阴性抽象名词。动词 vijñā 的使动形式过去分词是 vijñāpta，这样就从主动面的认知义转变为"使被知道"，最后再转作阴性名词即 vijñapti，指一种能令人了知的呈现、显现，其中明显带有境的意味。（M. Monier-Williams 编著）梵英词典对之解释为"information，report"。识的最大作用是 vijñā，即认知，而识在认识的过程中具有显现或变现境相的功能，所以 vijñapti 侧重于表现识能显境的功能，即对象并非客观的外境，而是由识的认知作用所显的境相，这是对见—相分理论的整体反映，这也是唯识学最为重要的理论之一。

传统以来对于 vijñapti 的翻译，无论玄奘大师亦或真谛三藏等，都将它与 vijñāna 一样翻译为"识"，这在当时并未引起任何争议。但时至今日，有些学者认为它应该翻译为"了别"或"表别"更为恰当。当然，如果单就概念本身而言，确实"表别"或"了别"的翻译更能体现境由识显的唯识意蕴。例如以"看见青色"为例，如果用 vijñāna-mātratā 表述，则侧重表明眼识能见青色，重点在能取，即识本身（见分）；而如果用 vijñapti-mātratā 表述，则更能表明青色是识在认知中所显的境相。这既表明了识的所取面（相分），更反映了能、所取的整体关系，即相分由见分所变显，相分即见分，两者一体而非对立的唯识意蕴。

不过玄奘大师并非不知道 vijñāna 与 vijñapti 的区别，对后者就有"了别"或"表"的翻译。如在《唯识三十颂》第二颂的前半颂"谓异熟思量，及了别境识"和第三颂的前半颂"不可知执受，处了常与触"中，其中的"了别"与"了"的翻译所对应的梵文就是 vijñapti。另外，玄奘大师将梵文 avijñapti-rūpa 亦翻译为无表色。

由此看来，对 vijñapti 的翻译显然是大师的有意为之，并非误译，那为什么要将它翻译成"识"而不是"表"或"了"呢？可能基于以下几方面的原因：一是唯识的概念在梵文中原本就有，并非汉译的创造。世亲菩萨在《三十颂》中就有 vijñāna-mātratā 用法，之前的译师如真谛等均将 vijñapti-mātratā 也翻译成唯识。玄奘大师有

"顺古故不翻"的翻译原则，他认为如果不是必须修订，就应该尽可能地遵循已有的翻译惯例，以免将问题复杂化，造成理解上的困难。二是从汉语本身一词多义的特点而言，无论"唯表别"还是"唯了别"，甚至于其他所谓更精确的翻译，其实并不会超出汉语"唯识"本身所指涉的意义。唯识概念本身已经包含有"境由识显"的唯表或唯了的意涵，这也正是唯识学所要极力传达的观念，因此它可以说是唯识学内部一个常识性的观念，并非因为现代学者对 vijñapti 的翻译提出异议后才真正搞清楚的一个问题。汉语言的特征使得思想的微言大义需要落入到具体文本的先后语境中才能彰显，复杂的唯识问题更是如此，所以与其用唯表或唯了这些不太常用的晦涩概念，还不如使用通用的唯识概念反而会使问题更加清晰明了。三是从唯识思想的整体而言，"了别"或"表别"只是显示了唯识学认知部分的理论，并且还只是限于前六识的范围；而唯识思想涵盖了存在、心理与认识领域，它们都基于"识"而展开，识又分八识。了别或表别只是识的部分作用而已，虽然这部分非常重要。所以使用"唯识"的翻译更为妥当，它比"唯了"或"唯表"的内涵外延更广，更能反映唯识学的整体风貌。综上诉述，我们可以基本认定"唯识"概念的翻译与使用显然是玄奘大师精心考量后的结果。

（二）唯识义的内涵

唯识概念契合瑜伽行派的理论特质与风貌，它包含三层唯识内涵，从存有、心理、认知角度全面系统地体现了瑜伽行派的整体思想。其一，在存有层面，它体现了唯识的缘起观，解释了存在现象的形成原理，带有宇宙论色彩。其二，在心理层面，它是唯识学对整体心理结构的分析，系统地阐释了心理生成、发展与变化的机制，深刻剖析了烦恼痛苦产生的原理及消除方法。其三，在认知层面，它包含了唯识学发达而严密的认知理论，其中见、相分理论最具特色。唯识概念揭示了识如何显境或建构对象的原理，论证了境由心生、识外无境的道理。对于证明凡夫认识的虚妄、颠倒性以及如何转识成智、亲证实相提供了一套完整严密的理论及修证方法。

1. *存有层面*

缘起是佛教最为基本与核心的思想。早期佛教业感缘起说的理论范围主要限于个体生命，到了大乘般若时期则将缘起法则扩展到了万法，适用于所有的存在现象。而唯识学的缘起观是唯识化的，这是基于阿赖耶识，通过种子生现行的模式来解释身心以及其他现象的生成原理。

具体来讲，无论是各类心识、心所有法的活动，还是作为色法的根身、山河大地等现象，它们都由种子与其他条件汇合所产生的现行法。可以说，种子是所有现象生起的直接内因。而第八阿赖耶识则是含藏万法种子的主体，所有的种子，无论无漏、有漏种子；色法、心法种子；烦恼、善种子等，都依附于它或被它收藏。种子产生各种现象，而种子又含藏在第八识中，从这个角度来说，种子是所有现象产生的生因，第八识是依因。例如色法现象，它们由自身的种子因缘变所生，并非是独立于第八识外的客观实在。色法世界与第八识，犹如海水与海水中事物的关系，它们不即不离。阿赖耶识缘起论就是要表明，阿赖耶识含藏万法种子，所有的存在现象都是由种子变现的现行法，它们与第八识是不离的关系。

> 处谓处所，即器世间。是诸有情所依处故。执受有二：谓诸种子及有根身。诸种子者，谓诸相名分别习气；有根身者，谓诸色根及根依处。此二皆是识所执受，摄为自体同安危故。执受及处俱是所缘。阿赖耶识因缘力故自体生时，内变为种及有根身，外变为器。即以所变为自所缘，行相仗之而得起故。[①]

2. 心理层面

心识或心理问题一直是佛教理论中最为重要的范畴。早期佛教经验主义色彩较浓，对于心识结构的分析相对浅显，仅有的六识说无法对业力的载体、轮回主体等问题做出很好的解释。唯识学在六识的基础上，进一步揭示了内在深层的心理结构，建立了八识说。并辅之以五十一种心所有法、种子等理论，对完整心识的各个构成部分做了全面而又细致的分析。由此，对于烦恼痛苦产生的原理、业果流转的机制、烦恼灭除的方法等重大佛学问题，都能够做出完整合理的解释。

具体而言，心识的完整结构由八识构成，它们又可以分为三类识，即三能变识。一是第八阿赖耶识，它是心识的真正主体，作用微细难知，主要功能是收藏种子以及摄持根身。二是第七末那识，它的活动也极其细微，主要产生对自我的执着，这是潜意识的本能，是造成前六识层面无明烦恼活动的内在根源。三是前六识，它们的作用都是可以经验到的，主要功能是了别，其特征是在了别的过程中既变现、建构了认识的对象，又将此对象执着为外在的实体，继而产生各种虚妄分别与烦恼造作。另外前七识的现行活动会熏生种子，种子又分等流、异熟二类，前者是所有种子的统称，后者是善、恶势力强盛的种子。有情众生对境生心、造业感果的大致原理是：由前五识感知五尘信息，相应产生苦、乐不同的感受；同时由于受到末那识我执的影响，染污的种子被激活，在第六意识层面产生各种虚妄分别——贪、嗔等的烦恼现行活动；进而继续生起三业的造作活动，因此感受求不得、爱别离等现实的痛苦；前述三业活动的同时还熏生或增长了新的种子，被第八识所收藏，由此引发未来总、别不同的果报。

---

① 《成唯识论》卷2，T31，p0010a。

识所变相，虽无量种，而能变识，类别唯三。一谓异熟，即第八识，多异熟性故；二谓思量，即第七识，恒审思量故；三谓了境，即前六识，了境相粗故，"及"言显六合为一种。

此三皆名能变识者，能变有二种。一因能变，谓第八识中等流、异熟二因习气。等流习气，由七识中善、恶、无记熏令生长。异熟习气，由六识中有漏善、恶熏令生长。二果能变，谓前二种习气力故，有八识生，现种种相。等流习气为因缘故，八识体相差别而生，名等流果，果似因故。异熟习气为增上缘，感第八识，酬引业力，恒相续故，立异熟名；感前六识，酬满业者，从异熟起，名异熟生，不名异熟，有间断故。①

3. 认知层面

唯识学最具特色与重要的理论在认知层面，这部分属于量论范畴。唯识学对有情生命的认识原理做了系统而深入的分析，运用现比二量、四分、三类境等理论，对于认识的主体、认识的模式、认识的结构、认识的对象等问题做了细致的剖析，解释了凡夫认识之所以虚妄颠倒的原因，更为重要的是，它使得根本无分别智亲证真如实相这一重大的佛教修正命题变得有理可循，而不再是神秘的宗教体验。

认识的主观性与虚妄性是唯识义的重点。识最为显著的特征就是了别或表别，了别有两层含义：一指识所具有的认识分别的功能，也称缘虑作用，即见分；二是显现、建构境相的作用，了别所显现的境相，即相分。在唯识学看来，认识的对象不是独立于认识之外的客体，对象本身就是由认识作用所变现的境相或产物。见分只要一活动就会显现相应的相分，了别（见分）总是伴随着境相（相分）而同时出现，这是有情众生法尔如是的认识结构。所以见、相二分并非二元，是一体的关系，了别即境相，相分即见分。然而有情众生在了别的时候，一方面显现境相，同时又把自变的境相执着为是识外的客体，即将自识所显的境相外化为"对象"，人为地将见、相割裂。如同愚痴者将镜子中自身的投影，执着为是外在真实的东西。这被唯识学看作是最大的法执，也是瑜伽行派极力要对治破除的障碍。

善男子，我说识所缘唯识所现故。世尊，若彼所行影像即与此心无有异者，云何此心还见此心？善男子，此中无有少法能见少法，然即此心如是生时，即有如是影像显现。善男子，如依善莹清净镜面，以质为缘，还见本质，而谓我今见于影像，及谓离质别有所行影像显现。如是此心生时，相似有异三摩地所

---

① 《成唯识论》卷 2，T31，p0007c。

行影像显现。①

三 本书的结构与内容

唯识学是印度大乘佛教思想的集大成者，是最具组织与逻辑性的佛学思想体系，因为包含的概念名目繁复，所以传入中国后也被称为法相宗。从整体结构性而言，其众多复杂的名相概念有着内在的逻辑关联性，它们分属于几大范畴，有机地构成了唯识学的理论整体。通常来讲，八识、心所有法、种子、量论、三自性、修道次第被认为是最为重要的理论范畴。为了便于讲习，本书做了一定的调整，编取了八识、种子、量论、三自性、止观、转依六大范畴进行介绍。其中，八识是关于心识结构的理论，种子是关于心理潜能以及现象产生内因的理论，量论是关于认知的理论，三自性与三无性是关于法性论理论，止观是关于禅或静虑的理论，转依则是关于解脱原理与次第的理论。以上六大范畴有教有证，将唯识思想与瑜伽修证方法做了整体性的有机统一，基本上反映了瑜伽行派思想的全貌。

（一）八识

八识说是对有情众生心识结构的深度剖析，是唯识学最为基础的理论范畴。根据识的性质与作用，八识又可归为三类心识，它们被分别称为"心、意、识"。其中"心"指第八阿赖耶识，主要包含"集起"义；"意"指第七末那识，主要包含"思量"义；"识"指前六识，主要包含"了别"义。

1. 第八识是前七识的根源，是生命的主体

因为第八识的成立，才使得早期佛教的轮回主体、业力载体为何的难题得到了真正的解决。第八识最主要的作用就是收藏种子，就某种意义而言，它就是种子的汇集体或瀑流。由第八识含藏的种子生起了前七转识的各种现行活动，同时现行又会熏生增长新的种子于第八识中。染污位的第八识活动极其细微，始终保持无覆无记性；认识的模式类似五识现量；它的认识对象是种子、根身与器世界；与它相应的心所有法只有五个遍行心所有法；第八识的存在法性是非断非常的"恒转"性，它如同瀑流，相续不断，又处于刹那生灭之中。

第八识的转依属于果位的顿转，因为它并非烦恼活动的主体，它的转依建立在六、七二识转染成净的基础上。当六、七二识彻底转依后，第八识才随之瞬间发生相应的转变，转依后称为大圆镜智，依此变现自受用身，唯佛自己受用。

---

① 《解深密经》卷3，T16，p0698b。

2. 第七末那识的作用微细而单一，永不间歇地思量第八识，由此产生对自我的执着，它的成立解决了"不共无明"主体为何的难题

在唯识学看来，众生所有的无明烦恼等活动，从表象上来看是第六意识的所为，但若往深处探究，则是受了第七末那识"我执"的影响所致。这是有情生命与生俱来、根深蒂固的自私、自我中心等的心理情结，是潜意识领域中最主要的心理本能，也是修行的主要对治目标。第七识的思量作用属于比量，这种思量与第六识的比量不同，属于潜意识的活动；思量的对象唯有第八识见分；染污位的第七识总共具有十八个心所有法；末那识属于有覆无记性，有覆指它的染污本质，无记表明它的活动微细而隐匿性。

末那识的转依大致分为三个阶段：首先，在见道位末那识转而生起了初品平等性智；其次，在第八不动地位时，进入无相无功用的境界，转生起了中品的平等性智；最后，在究竟的佛果位，转生起了最上品的平等性智，依此变现他受用身，以十地内的菩萨作为教化的对象。

3. 前六识最主要的作用是认知分别，即了别或表别

六识的了别最大特征就是一方面会显现、建构境相，同时又将境相执着为识外的客观对象，这是有情生命认识最大的虚妄与颠倒性，也被唯识学认为是最大的法执。

（1）第六识：在所有心识中，第六识的活动作用是最为活跃及复杂多样的。就认识模式来讲，包含了现、比二量；就意识的活动类型来讲，大致可以分为五俱意识、独散意识、梦中意识、定中意识四种；第六识的认识对象更是复杂多样，它们由名言概念构成，统为法尘境；包括认知、情绪、意志等所有的心理活动在第六识上都有相应表现，所以与它相应的心所有法在八识中最多，包括了全部的五十一种心所有法；第六识的伦理性质为善、恶、无记三性具足。

第六意识的转依也分三个阶段：首先在初地的入心位，转生起了初品妙观察智；其次在第八不动地位，纯粹无漏的无分别智可以自然地生起，转生起了中品妙观察智；最后在佛果位，转生起了上品妙观察智，此智圆满无缺地观察三千大千世界诸法的自相与共相。

（2）前五识：相比第六意识，前五识的活动类型、认识模式、所缘对象等都相对单一集中，眼、耳、鼻、舌、身五识的认知模式为现量，是对色、声、香、味、触五尘的感知，是有情生命获取"外在"色法信息的渠道；前五识由于受到第六识的影响，所以也具有了第六识的一些性质与作用；它们各自具有三十四种心所有法，并且也是善、恶、无记三性具足。

前五识的转依与第八识一样，属于佛果位时的顿转。随着大圆镜智的生起，五根从有漏粗劣性随之转变为无漏精细性质，由此五识也相应地转为成所作智，依此

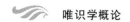

显现变化身，教化二乘、凡夫等众生。

（二）种子

种子说是唯识学最具特色与重要的理论范畴之一。唯识学用植物界种子来譬喻第八识含藏的各类潜能，认为它具有生起各种行为与现象的能力。种子理论的成立是对业力问题的解释，解决了前业与后果媒介为何的难题。种子是由前七识的善、恶等现行活动时留下的余势，它们储存在第八识中，又会生起后续的现行活动。由此"种子生现行、现行熏种子"的模式，成为唯识学对因果相续相生原理的描述。种子的品类极其复杂多元，大致可以分为色法种子与心法种子；有漏种子与无漏种子，前者指染污性的种子，后者指先天依附于第八识中的清净种子，它们是生起四智菩提等清净现象的内因；除此之外，还有名言种子与业种子，等流习气、我执习气、异熟习气等。

就种子自身的定义来讲，还有种子六义说，即刹那灭、果俱有、恒随转、性决定、待众缘、引自果。另外，熏习概念是理解种子思想的关键，具体有"能熏与所熏四义"。能熏四义，是指能够产生种子的主体需要满足哪些条件，即有生灭、有胜用、有增减与所熏共和合性；而所熏四义，指要成为收藏种子的主体需要满足哪些条件，即坚住性、无记性、可熏性与能熏共和合性。

（三）量论

唯识学的量论思想系统而深刻，与瑜伽解脱道理论密切相关，不仅仅是单纯的认识论或逻辑学。在本书中，量论不涉及因明部分，主要指认知理论，具体涉及现、比二量、四分说、三类境等，这部分是唯识学最具特色与价值的理论。

1. 现、比二量

现量是没有分别的，是认识主体对认识对象原初、当下与直接的认识。真正纯粹的现量认识（根本无分别智）有见分而无相分，是非对象性的认识。因为现量没有任何的分别性质，其见分只是纯粹的直观，所以见分不会因主观分别而变现出任何的相分。现量具体可分五种：前五识现量、五俱同缘意识现量、第八识现量、自证分现量、根本无分别智现量。

而比量认识是有分别的，通过自己变现、建构的相分来认识存在。完整的比量认识结构由相分、见分、自证分、证自证分构成。比量的作用会显现或建构相应的相分，此相分由名言概念构成，包括显境名言境与表义名言境二种。因此比量的直接认识对象并非存在本身，而是见分变现的相分境，但是凡夫众生往往不自觉地忽视了相分境产生的主观性，将它执着为心外的实在，这是比量虚妄分别的最大表现。比量的种类：五俱不同缘意识、独头意识、梦中意识、末那识的作用和后得无分别智。

2. 四分

四分是认识的内在结构，其中见、相二分最为基础。见分指认识活动的主动面，即认取、了别的能力。见分的了别作用一旦发生，就会变现或建构相分，这是识最为重要的特征。相分指认识活动的对象，它由见分的了别作用变现。就认识活动本身来讲，见、相分是一体两面的关系，它们是一个认识活动的统一整体，将相分执着为独立于心识之外的客体，由此将二分割裂对立，这是凡夫最为普遍及严重的法执之一。

自证分主要是指自明意识，指心识对于自身活动的当下自明性，属于现量。证自证分在实际的认识中并非必要，成立的目的主要是逻辑意义上的，由它来对第三自证分进行自明认识。

（四）三自性与三无性

唯识三自性属于法性论范畴，这是对般若思想容易导致偏空的某种矫正，即在俗、真二谛的基础上增加了"依他起性"，由此成立了遍计所执性、依他起性、圆成实性三性。遍计所执性与圆成实性分别代表了虚妄与真实的认识对象，依他起性是产生它们的重要条件，这是唯识学"假必依实"说的真实含义。

依他起自性指虚妄分别的活动本身；或指具有虚妄分别能力的认识主体，即第七、六二识，以及它们各自的间接对象，即第八识及山河大地等法，它们都是缘生的实法，具有现实的作用与存在性，属于依他起性。遍计所执性指第七、六二识（能遍计）对于存在（八识、五尘等）虚妄分别而产生的各种错误观念，如自我与存在有不变的自性、自我与存在二元对立等，它们由名言概念构成，与实相不符，虚妄不实。圆成实性指存在（依他起性）的真如实性，这是要断除第七、六识上的我、法二执（遍计所执性）后才能认识到的。

与三自性相关的还有三无性理论，即相无性、生无性、胜义无性。这是为了防止将依他起、圆成实性执着为实有而立的，属于密义说，真正了义说的还是三自性。相无性依遍计所执性而立，指凡夫虚妄分别产生的各种错误观念与实相不符，它们没有任何的客观存在性，就此观念的虚妄性，建立所谓的相无性。生无性就依他起性而立，指具有现实作用与存在性的法，如八识、种子、根身、器世界等，它们都是因缘所生法，并非自然而有，其中没有实体不变的自性，由此建立生无性。胜义无自性依圆成实性而立，指作为依他起法的真如实性，不是脱离缘起法而独立存在的某种实体；另外，此圆成实性要在断除遍计所执性的我、法二执后，才能为认识主体所亲证到，由此建立胜义无性。

（五）止观

止观二法即静虑波罗蜜多，这是佛教修行最重要的方法，是实践瑜伽行的核心。唯有最终通过止观的修行，才能最终断除烦恼、所知二障，使得八识发生彻底的转依，以达成修行瑜伽行的真正目的，亦即与实相相应，获得涅槃与菩提二果。止音译为奢摩他，即静，指通过注意力高度的集中，止息各种恶、不善法，远离散乱烦恼，使得身心平等寂静，属于定的范畴。观音译为毗钵舍那，即虑，是思维观察的意思，属于慧的范畴，但这不同于常人散心状态的思维分别，是在获得止的基础上，在定境中生起对于佛法道理的思维观察，是定中的思维活动。

止观修行的大致原理与次第：首先通过让心的注意力集中于一境（如呼吸、佛号、佛像等）的方法，来抑制心的散乱。随着注意力的集中，其他的杂念就会相应地减少，久而久之，心专注于一境的程度就会提高。伴随持续时间的延长，内心就逐渐远离了散乱杂念，这样就进入了止（定）的状态。从散心状态到初禅的获得，要经过九住心阶段（内住、等住、安住、近住、调顺、寂静、最极寂静、专注一趣、等持心），这是心的注意力逐渐集中、散心杂念逐渐减少的过程。进入初禅后，修行者还要运用了相、胜解等七种作意的方法修行九次第定，即初禅、二禅、三禅、四禅、空无边处定、识无边处定、无所有处定、非想非非想处定、灭尽定。修止的过程属于资粮位的修道阶段。根据止观理论，最适宜进行观修的是第四禅，所以修行者必须要获得四禅，才能开始观修。

当修行者获得四禅后，就可以依托四禅的定心，进行思维观察，如此就进入止观双运的修行，此时属于加行位的修道阶段。观修的对象分为安立谛与非安立谛两种。安立谛属于依言真如，主要是观四谛，需要用分别性的比量模式来进行思维观察。四谛包含了整个佛法的基本原理，即生命运转的规律。修行者在定中对四谛十六行相进行最为细致与深入的思维观察，这是为在见道后生起后得智，证得相见道做加行的准备。

修行者完成对安立谛的观察修行后，开始观非安立谛，这是观修的重点部分，为通向真见道做最后的准备。非安立谛指存在的真如实相本身，属于离言真如。所以观非安立谛的过程是扭转与超越比量的过程，由此最终获得根本无分别的现量智。修行者通过对于名、义、自性、差别进行四寻思、四如实智的观修，凭借定的力量对见、相分进行开阖的练习，使得修行者对于相、见二分唯识所显、彼此相待的道理获得实证性的验证，并且最终止息识的分别作用，真正停止相分的变现。由此真正超越分别，超越对象性的认识，以最为纯粹的现量，即根本无分别智，亲证真如实相，这样就进入了见道位。

（六）转依

转依属于解脱论范畴，是唯识学所有理论的最终归趣。转依，也称转识成智，实质就是心识的转变。依靠正确的修学佛法，使得心识逐渐发生转变，从充满无明、烦恼的凡夫状态，慢慢地转变为智慧、清净的圣者境界。转依理论大致由两大部分构成：转依四义和转依次第。

1. 转依四义

即所转依、能转道、所转舍、所转得四义。所转依指转依的主体，主要指第八识，属于依他起性。它是前七转识的根本依，是含藏染净种子的主体，所以第八识是杂染与清净所有现象的共同依托，由此转依也就是转变所依的第八识，即将第八识上有漏杂染的成分断除舍弃，转变为无漏清净的状态。

能转道指转依的方法，即加行、根本、后得三种智慧。加行智是在加行位阶段，通过止观修行所获得的智慧力量，因为还未见道，所以属于有漏法，而根本、后得二智则属于无漏法。在修道转依的过程中，先通过三智对烦恼、所知二障的种子进行初步的控制，使得它们不再生起现行活动，直至最后以根本、后得二智将二障种子彻底断除。

所转舍指转依要舍弃的部分，主要指烦恼、所知二障的种子，它们是造成众生染污烦恼的原因，属于遍计所执性。其余有漏善、无记法的种子，以及品质低劣的无漏种子，它们在即将进入究竟位，第八识转为纯粹的无垢识时，也被一并舍弃。

所转得指转依后所获得的部分，即涅槃、菩提二果。它们是大乘佛教修行的终极目标，代表了最高、最完美的生命境界，属于圆成实性。

2. 转依次第

转依的过程相对漫长，从凡夫到成佛需要经历三大阿僧祇劫，并且要遵循严格的先后次序，大致要经历五个阶段，即资粮、加行、见道、修道、究竟位。资粮与加行二位主要对治分别起的二障，逐渐伏灭它们的现行活动，修行者的无漏圣法还未能发生，还没有达到真正的转依。见道位时彻底断除了分别起二障的种子与现行活动，由此根本无分别智得以发生，亲证了真如实相，故名见道，此时修行者的身心获得了部分的转依。

修道位需要历经十地的修行，主要断除俱生二障的现行与种子，当修行至第八地时，第七识的俱生我执现行被彻底制伏，烦恼障至此断除，后续主要是断除俱生所知障的现行与种子。修行至第十地的满心位，即金刚道阶段，将残余的俱生烦恼障的种子与俱生所知障的种子、现行彻底断除，由此进入了究竟位，此时有漏的善法、低劣的无漏法也被一并断除，至此修行者的身心获得了最为纯粹彻底的转依，也宣告了瑜伽行的转依最终完成。

课时数：总计 16 周 ×4 = 64 课时，本章 4 课时。

第一章　八识

本章概要：

　　唯识学将心的结构分为八识，即第八阿赖耶识、第七末那识、第六意识、前五识，这是唯识学最为基础与核心的理论。本章从心、意、识三者的差别与三能变理论，对八识做了概要介绍；并重点围绕识的名称、成立理由、成立过程、行相与所缘、生起条件、伦理属性、转依等问题，对八识的染、净理论做了详细的分析与介绍。

学习重点：

　　第八识的藏识性质、第七识的思量作用、前六识的分别特征。

本章课时数：

　　总计 16 周 ×4＝64 课时，本章 10 课时。

早期佛教持六识说，由此造成轮回主体、不共无明主体等问题解释上的困难，例如"十二因缘中的'识'支到底为何"一直是个难解的问题。虽然部派佛教时期各派对此进行了各种诠释，在六识外又提出"不可说我""根本蕴""细心"等，但都不够合理与完备，直至瑜伽行派揭示了八识说，才真正完善了佛教的心识结构理论。由于第八、七二识的作用极其微细，常人无法直接感知，虽然对它们的存在一直有不同的意见，但是对于六识说带来的相关难题，是必须要予以面对与认真思考的。

对于八识的学习一定要从整体角度去理解。虽然八识的性质与功能各有不同，但它们是心识的完整结构与有机整体。任何一个识的作用产生都不是孤立的，而是与其他心识有着紧密的内在联系；反之，任何一识的变化也会对其他识产生连带的影响，所以八识彼此互相依存，互为因果，不一不异。经典中常将第八识比喻为水，前七转识为波，以此来阐释八识间的关系，例如《密严经》所云，"若离阿赖耶，即无有余识。譬如海波浪，与海虽不异。海静波去来，亦不可言一"①。

唯识学博大而精深的理论体系，是以八识作为基石而得以展开的。另外瑜伽行派思想的最终归趣是解脱论，解脱就是八识的转变，从无明染污到智慧清净的转变，也叫转识成智。所以解脱的实质是转依，转依的主体就是八识，由此八识理论的重要性是不言而喻的。

第一节 识的分类

一 心、意、识三者的差别

从识数上虽然可以分为八识，但按照识的特性则可以归为四类或三类。四类即第八阿赖耶识、第七末那识、第六意识、前五识；三类即第八阿赖耶识、第七末那识、前六识，两者的区别主要在于前五识与第六识分列与合并的不同。在唯识学经典中常以心、意、识三个概念分别指称第八识阿赖耶识、第七识末那识和前六识，体现它们各自不同的特征。但其他很多宗派由于心识理论的相对简单（大多采用六识说），所以在它们的典籍中心、意、识三概念是混用的，基本都被用来指称同一对象——前六识，然而在唯识学中则有着严格的区分。

心、意、识三者名称、含义不同，作用也不同。"心"主要包含"集起"义；"意"主要包含"思量"义；"识"主要包含"了别"义。

（1）第八识最主要的作用是收藏种子，犹如收集种子的大仓库，并由种子生起现行的各种现象，这种"集起"的作用是第八识所独有的，故"心"的概念独属于

---

① 《大乘密严经》卷2，T16，p0756b。

第八阿赖耶识。

（2）第七末那识最主要的作用是永不间歇地思量第八识见分，由此产生对自我的执着，这种"思量"作用在第七识上表现得最为明显，故"意"的概念独属于第七末那识。

（3）前六识最主要的作用是认知与分别，它们的认识对象是六尘，这种"了别"的作用在前六识上表现得尤为明显与强烈，所以"识"的概念独属于前六识。

> 谓薄伽梵处处经中说心意识三种别义。集起名心，思量名意，了别名识，是三别义。如是三义虽通八识，而随胜显。第八名心，集诸法种，起诸法故。第七名意，缘藏识等，恒审思量为我等故。余六名识，于六别境，粗动、间断、了别转故。①

二　三能变识

有关八识的分类，唯识学还有著名的三能变说。与先前的心、意、识三概念相比较，第二、第三能变与意、识在概念与含义上相同，而初能变与心虽然都指第八识，但两者的概念与含义都不相同。

（一）初能变识

称为异熟能变识，即第八识。异熟是变异而熟的意思，指第八识具有作为总报果体的作用，而总报与因的性质是有差异的，所以第八识也叫真异熟识，以区别于作为别报的异熟生概念，后者指前六识。异熟包含了三种含义，就真异熟识的含义来讲，主要取第三种。

1. 变异熟

指因、果间形态的差异，果是由因的变异而成熟的，所以彼此的形态发生了很大的变化。

2. 异时熟

指因、果间时间上的差异，由因到果的成熟，需要有先后的时间变异过程。

3. 异类熟

指因、果间伦理性质上的差异，这是就总报果与因来讲的。总报果依过去的善、恶行为而感得，虽然因有善、恶，但是总报果只能是非善非恶的无记性。总报果指六道的某一类属，严格来讲，无论人、天还是地狱、饿鬼等道，都不能将它们作绝对的善、恶定性，因为它们都具有善、恶变化的不同可能性。例如不能将地狱道定

---

① 《成唯识论》卷5，T31，p0024c。

性为恶，因为地狱众生也具有向善的可能性，所以地狱道作为总报来讲，只能是无记的。同理，天道也不能定性为善，因为天道众生也有向恶的可能性。所以通常称人、天道为善道，地狱、饿鬼等为恶道不够准确与严谨，只能根据总报条件的优劣差异，将人、天道称为可爱道，地狱等道为不可爱道。

（二）第二能变识

称为思量能变识，即第七识。思量代表了第七识最主要的性质与作用，即无始以来永不停歇地思虑、量度第八识，将它执着为实体性的我，并由此产生我执。

（三）第三能变识

称为了境能变识，即前六识。了境代表了前六识最主要的性质与作用，即对六尘境产生认知分别的作用。

需要注意的是，八识是有情生命法尔或天然的心识结构，三能变只是按照识的不同作用特征，将八识划归为三类，不可望文生义，将三能变理解成具有时间先后的意义，三能变不是心识先后发生过程的理论，因为八识是静态、稳定、非时间性的心识结构。

> 由假说我法，有种种相转，彼依识所变，此能变唯三：谓异熟、思量，及了别境识。初阿赖耶识，异熟一切种……次第二能变，是识名末那，依彼转缘彼，思量为性相……次第三能变，差别有六种，了境为性相。①

三 八识结构图

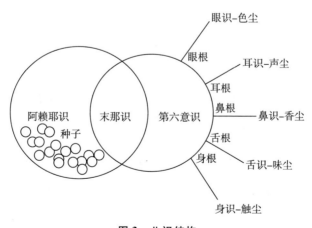

图3 八识结构

---

① 《唯识三十论颂》卷1，T31，p0060b。

第二节 第八识

一 第八识的三相及名称

第八识作为心识的主体与根源，它的性质与作用是极其特殊与重要的。唯识学通过自相、因相、果相三个角度和层面来反映它的综合性相。第八识的名称在八识中也是最多的，有心、阿赖耶识、种子识、异熟识、阿陀那识、根本识、所知依等，每个名称都具有特殊的含义，其中最为著名及常用的是阿赖耶识。

（一）自相——阿赖耶识（ālaya-vijñāna）

顾名思义，自相指第八识自身的相状，体现它最为重要的特性，与自相对应的名称即阿赖耶识。阿赖耶（ālaya）为梵文的音译，原为积、域、宫殿等义，古来也有将它翻译成宅，称第八识为宅识。后来一般翻译为藏，由此称第八识为藏识。第八识的自相，最主要的作用就是收藏种子，并具有能、所、执三藏义。

1. 能藏

这是从第八识的主动面来讲，它能含藏前七识在活动时所产生的种子，这样第八识是能藏，种子是所藏。

2. 所藏

这是从第八识的被动面来讲，它被前七转识所熏习，所藏也即是被熏，这样前七识的现行活动为能藏（熏），第八识为所藏（熏）。

3. 我爱执藏

这是指第八识被第七识思量为实我，并产生我执。

上述能、所二藏体现了第八识最为重要的作用，即收藏业力（种子），它是业力的承载体、大仓库。此二藏也反映了第八识与前七转识彼此互为因果条件，辗转熏生的关系：一方面第八识含藏的种子为因，产生了前七转识的现实活动，种子是产生各种事物的亲因，由种子变现的前七识活动是果；另一方面前七识的善、恶活动所产生的种子又熏习藏识，被第八识所收藏，这样现行的事物是因，产生的种子被藏于第八识中为果。所以经典中称第八识以摄持因果为其自相。

第八识虽然名称众多，但阿赖耶识最常用，除了藏识概念体现第八识最重要的作用外，还有其他两个原因：一是在修道过程中，阿赖耶识的名称最先舍弃不用（至八地菩萨位，因断除了我爱执藏作用，故之后舍弃此名称）；二是我爱执藏作用是烦恼的根源所在，危害最大。

初能变识，大、小乘教名阿赖耶，此识具有能藏、所藏、执藏义故。谓与杂染互为缘故，有情执为自内我故。此即显示初能变识所有自相，摄持因果为自相故。此识自相分位虽多，藏初、过重，是故偏说。①

也有学者认为 ālaya 的原义是"执着"。无著菩萨在《摄大乘论》中为了证明第八识的存在，引用了原始佛典中的一段经文②，其中的阿赖耶就是"执着"义。先前三藏义中的我爱执藏，应该就是此"执着"原义的保留或体现，后来可能是为了体现第八识收集种子的重要功能，此"执着"义慢慢演变成了"藏"义，最终藏识称为阿赖耶识的通释。

如彼增一阿笈摩说：世间众生爱阿赖耶、乐阿赖耶、欣阿赖耶、喜阿赖耶，为断如是阿赖耶故，说正法时恭敬摄耳，住求解心，法随法行。③

（二）因相——种子识

与因相对应的名称是一切种识，收藏种子是第八识独有的作用，其余法没有此功能。之前的自相中已经含有此意，为何还要重复建立因相？因为自相更具综合性，反映阿赖耶识摄持因果二相，与前七识互为因果，而因相侧重在因，即种子。因相是相对于前七转识及其他现象而建立的，因为种子是产生各种事物的直接原因，而种子又被第八识含藏，所以建立因相（种子识）一方面是要体现种子生法的作用，另外也表明第八识作为种子的收藏体，也具有了某种因义，当然它是法生起的依因，而不是直接原因。事实上唯识学确实非常突出第八识的因义，虽然种子是生法的亲因，但种子只是各种潜能，不具有主体性，所以从表述上，"阿赖耶识变现万法说"在很多时候取代了"种子变现万法"。种子识的名称凡圣通用，因为圣者的第八识也要执持清净的种子。

此能执持诸法种子令不失故，名一切种。离此，余法能遍执持诸法种子不可得故。此即显示初能变识所有因相。此识因相虽有多种，持种不共，是故偏说。④

---

① 《成唯识论》卷 2，T31，p0007c。
② 在南传佛典的相应部（相当于汉译的杂阿含）中，确实有爱阿赖耶等的概念，如在"第六梵天相应"中："依我所证得此法，甚深难见、难悟。寂静微妙，超越思念之领域。深妙唯贤者始知。又，此诸人等乐阿赖耶，喜阿赖耶，跳跃阿赖耶。诸人依于乐阿赖耶，喜阿赖耶，跳跃阿赖耶，而难见此理。"《汉译南传大藏经》第 1 册，第 136 页，元亨寺版。
③ 《摄大乘论》卷 1，T31，p0134a。
④ 《成唯识论》卷 2，T31，p0007c。

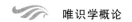

（三）果相——异熟识

第八识是种子的汇集体，所以具有了因的性质，称为因相，与之相对又建立果相，主要指第八识摄持与变现总报果的作用，与果相对应的名称是异熟识。就个体生命来讲，由善、恶种子感得的果，分为总报、别报两种。总报指某一类生命形态的总属，如人道、天道等。别报则指在总报上表现出来的个体差异性，如人道众生贫富、苦乐、美丑等种种不同。第八识是总报的摄持与变现者，它代表了总报果体，别报则主要由前七转识来体现。第八识作为总报果，也被称为异熟果，因为总报果由先前的业（因）变异而来，因有善、恶性质，而总报果唯属无记性，具体详见前异熟概念的介绍。

异熟果作为总报，包含三界、六趣、四生等所有不同类属的生命形态，它们是由先前善、恶行为所感得的总体果报，具有某种稳定与延续的性质、现象，比如寿命、不同生命间的共性等。所以它们需要第八识对总报果的摄持作用，不然这些现象就无法成立与维持，因为其他识则不具有摄持总报的能力。

异熟识的名称到金刚道（成佛前的最后修行阶位）后舍去不用，因为此后所有有漏的种子都被断除，总报果转为纯善、无漏的佛果，而非无记性，所以异熟概念不再适用。

> 此是能引诸界、趣、生善、不善业异熟果故，说名异熟。离此，命根、众同分等恒时相续胜异熟果，不可得故。此即显示初能变识所有果相。[①]

（四）第八识的其他名称

1. 阿陀那识

阿陀那（ādāna）旧译为"无解"，类似无明义。此识在旧译中指第七识，而玄奘大师新译为"执持"义，成为第八识的另一名称。阿陀那表示第八识对生理组织（五根）具有某种"执持"的作用与依托，并使得作为色法的根身产生苦、乐等的心理感受，此名称凡圣通用。自父母精血和合的刹那，第八识若对之执持，即宣告新生命的正式诞生，从此四大和合而成的生理组织，在阿陀那识的执持作用下发育成长，而不会分散坏灭，能随着寿命的长短而持续存在。

> 论曰：何缘此识亦复说名阿陀那识？执受一切有色根故，一切自体取所依故。所以者何？有色诸根由此执受，无有失坏，尽寿随转。又于相续正结生时，

---

① 《成唯识论》卷2，T31，p0007c – p0008a。

取彼生故，执受自体。是故此识，亦复说名阿陀那识。①

2. 根本识

此名称表明第八识是前七识的根源，生命内在的真正主体，所以又称第八识为前七识的根本所依。根本识名称凡圣通用，因为圣者的第八识亦是其余识的根本所依，这种作用与凡夫位的根本识一样。

根本识概念源自大众部。大众部认为在能够被自我觉知、经验到的六识背后，还有一种作用稳定、细微的心识。它是前六识发生的内因与依托，犹如大树的根部是枝干、树叶等生长的因，没有了树根，其他部分也就不复存在了，所以称此识为"根本识"。后来，无著菩萨在《摄大乘论》中以此来证明第八识的存在，可见在其他派别的经典中亦有类似理论。

于大众部阿笈摩中，亦以异门密意说此名根本识，如树依根。②

世亲菩萨进一步解释为：

谓根本识为一切识根本因故。譬如树根，茎等总因，若离其根，茎等无有。阿赖耶识名根本识，当知亦尔。③

二　第八识的成立理由

在唯识学看来，第八识是心识结构的核心部分，作用极其重要，但是它的活动过于细微，带有一定的超验性，常人无法直接经验到它的存在。另外，在早期的佛典中只有六识说，没有第八识概念，所以，很多其他宗派对第八识理论多持怀疑或否定态度。为此，唯识学对第八识的存在理由进行了大量的论证，以此说明建立第八识非但不违背教义，更是理论上的必需。其中有著名的十大理证，以其他宗派共许的观点为前提，并以早期佛教经文作为依据，展开关于第八识存在必要性的论证，很具有理论上的说服力。以下介绍其中几个最具代表性的理证。

（一）持种心证

这是从由谁保持种子的问题来证明第八识的存在。"业力不失"是佛教所有派

---

① 《摄大乘论释》卷1，T31，p0325a。
② 《摄大乘论本》卷1，T31，p0134a。
③ 《摄大乘论释》卷2，T31，p0327a。

别的共许思想，唯识学将业力取名为种子。业力或种子在佛教因果理论中，是前业（因）与后果关联的媒介，有着非常重要的作用，需要有一个作用持续不断，性质稳定的心识来保持它们，以保证业力的不失，而此功能只有第八识能够担当。因为在一些特殊的状态时，如灭尽定、昏迷等，前六识的作用会中断；另外前六识作用的生起需要众多条件，如根、认识对象、作意心所等的具足，并且前六识还时常处于善、恶的变化之中，所以前六识的作用既不持续，性质又不稳定，由此不能成为受熏的主体，无法保存种子，不能保持业力的不失。而第八识的性质稳定，永不间断，只有它能够担负起受熏、藏种的任务，由此证明第八识存在的必要。

> 谓契经说："杂染、清净诸法种子之所集起，故名为心。"若无此识，彼持种心不应有故。谓诸转识在灭定等，有间断故；根、境、作意，善等类别，易脱起故，如电光等不坚住故。非可熏习，不能持种，非染、净种所集起心。此识一类恒无间断如苣藤①等，坚住可熏。②

（二）执受识证

这是从由谁执持根身的问题来证明第八识的存在。在佛教看来，就根身来讲，无论是浮尘根还是胜义根都属于色法，同其他物质一样本身不具有任何心理的感受性，正是因为有识对色身的执持，才产生了苦、乐等感受，这点是佛教各派都共许的。而能执受根身的识，需要具备很多特殊的性能，只有第八异熟识符合这些条件，有能力对根身进行执受。具体而言，第八识满足三大条件：一者第八识具有真异熟性，虽然是由先前善、恶业力所感，但其自身保持无覆无记性；二者第八识能在三界中普遍存在；三者第八识的作用持续稳定，能保证在一期生命中对根身的执受作用不会间断。而眼等六识不具有如上三大特性，所以没有能力对根身进行执受，故而证明第八识的存在。

> 又契经说："有色根身，是有执受。"若无此识，彼能执受不应有故。谓五色根及彼依处，唯现在世是有执受，彼定由有能执受心。唯异熟心，先业所引，非善染等，一类能遍，相续执受有色根身。眼等转识无如是义。③

---

① 苣藤，即胡麻，古代印度人喜欢将胡麻与花混合后埋入地下，待花腐烂后，将胡麻取出榨油，由此油中带有花的香味。唯识学常用此比喻前七识对第八识的熏习，其中苣藤比喻第八识，花比喻前七识，香味比喻种子。
② 《成唯识论》卷3，T31，p0015b。
③ 《成唯识论》卷3，T31，p0016b－p0016c。

（三）生死时心证

这是从生、死阶段的心来证明第八识的存在。在生命形成的最初（即羯逻蓝，指父母精血和合后的最初七日内），以及临终的最后阶段，有情生命身心极度昏昧，类似无梦睡眠或昏迷状态，这时作用明显的前六识肯定不会生起活动，但是肯定还有一心识在执持着生命，正因为此心识的执持作用，使得此二阶段都还在生命周期内，上述观点是佛教各派所共许的，而问题是在此二阶段依旧执持生命的心识是哪个？如果说是前六识，但前六识的作用强烈，它们能被明显感知，而生、死时前六识的活动显然已经停止，所以那时只能是作用微细、稳定、永不中断的第八识在执持着生命。

又契经说："诸有情类受生、命终，必住散心，非无心、定。"若无此识，生死时心不应有故。谓生死时，身心惛昧，如睡无梦、极闷绝时，明了转识必不现起。又此位中，六种转识行相、所缘不可知故，如无心位必不现行。六种转识，行相、所缘有必可知，如余时故。真异熟识，极微细故，行相、所缘俱不可了。是引业果，一期相续，恒无转变。是散、有心，名生死心，不违正理。[①]

（四）十二因缘证

这是以十二因缘中的"识"支来证明第八识的存在。十二因缘是佛教最基础的理论，自然是佛教各派共许的。阿含类佛典中只有六识说，使得十二因缘的"识"支的内涵与所指较为模糊。而佛经中"识"与"名色"是互相依托、同时存在的二支，譬如几束芦苇，互相依靠，同时而立。"色"明确指羯逻蓝，而羯逻蓝位的胎儿还没有前五识的活动，所以"名"显然是指第六识，由此"识"支就只能是第八识了，否则"识"支与"名"都指第六识，那就重复了。既然佛陀在十二因缘的"名色"支外另立"识"支，不会重复概念，显然另有所指。之前的生、死心证中，已经说明在胎儿形成的最初阶段，还没有第六识的活动。而十二因缘的识支，在阿含类典籍中，一般解释为结生时的第一念心，所以此识支只能是第八识。也只有作用稳定持续的第八识能够一直执持名色，并作为它们的依托。

又契经说："识缘名色，名色缘识。如是二法，展转相依，譬如芦束，俱时而转。"若无此识，彼识自体不应有故。谓彼经中自作是释："名谓非色四

---

① 《成唯识论》卷3，T31，p0016c－p0017a。

蕴，色谓羯逻蓝①等。"此二与识相依而住，如二芦束更互为缘，恒俱时转，不相舍离。眼等转识摄在名中，此识若无，说谁为识？亦不可说名中识蕴谓五识身，识谓第六，羯逻蓝时，无五识故。又诸转识，有间转故，无力恒时执持名色，宁说恒与名色为缘？故彼识言，显第八识。②

（五）灭尽定证

这是以灭尽定来证明第八识的存在。灭尽定属于出世间定，在所有定的等级中最高，是定的终极状态。在灭尽定中，身口意三业，乃至所有的转识活动都被停止了，这是佛教各派所共许的。但是处于灭尽定的修行者并非死亡状态，仍是活的生命体，他的体温、生理组织都正常健康，所以佛经中说在此定中仍有不离身的识存在。而眼等六转识的分别躁动恰恰是修行灭尽定要消除的，也正因为断尽了转识的活动，才被称之为灭尽，所以在此定中肯定没有六识。只有作用微细持续、性质不变的第八识还在执持着生命，否则处于灭尽定的修行者就如同瓦砾等无情物体了。

> 又契经说："住灭定者，身、语、心行无不皆灭，而寿不灭，亦不离暖，根无变坏，识不离身。"若无此识，住灭定者，不离身识不应有故。谓眼等识行相粗动，于所缘境，起必劳虑，厌患彼故，暂求止息，渐次伏除至都尽位，依此位立住灭定者。故此定中，彼识皆灭，若不许有微细一类、恒遍执持寿等识在，依何而说识不离身？……又此位中，若全无识，应如瓦砾，非有情数，岂得说为住灭定者？③

三　第八识的成立过程

由于早期佛教理论的简洁性，使得后人无法很好解释轮回主体、业力载体、前因与后果的媒介等问题，造成因果理论解释上的模糊与脱节。然而这些问题都是佛教的核心教义，在佛教内部必然会产生强烈的解决需求。在部派佛教时期，围绕相关问题就产生了很多的诠释。虽然在此时期，存在很多理论范畴的争论与发展，但是关于"本识说"与"业力论"的讨论是其中的重点，因为这两大问题与十二因缘

---

① 羯逻蓝：胎或凝滑义，为胎儿五种状态之一，属于胎儿形成后最初七日内。按一般的说法，羯逻蓝位，由于五根还未发育，所以没有前五识；而羯逻蓝的最初阶段，第六识亦无。
② 《成唯识论》卷3，T31，p0017a–p0017b。
③ 《成唯识论》卷4，T31，p0017c–p0018a。

理论直接有关,对因果理论解释的完善起到了重要的作用。具体而言,"业力论"与唯识种子理论相关,而"本识说"与第八识相关。根据现有的资料我们发现,当时很多部派都试图在六识外再另立一个心识,虽然各自的理论色彩有所不同,但在动机与模式上大多异曲同工,比如犊子部的"不可说补特伽罗"、经部的"一味蕴"、化地部的"穷生死蕴"及大众部的"细意识"等。其中"不可说补特伽罗"作为轮回的主体、"一味蕴"的性质不变、"细意识"使得根身产生觉受等思想,都与唯识学的第八识理论有一定的近似性。

(一)犊子部的不可说补特伽罗①

犊子部为印度小乘佛教二十部派之一,据说是在佛灭后三百年左右,从说一切有部中分裂出来的②。其最著名也引起广泛争议的理论就是成立"不可说补特伽罗"。犊子部的理论主要记载于一些论敌的典籍中,如《俱舍论》《大毗婆沙论》,另外在《异部宗轮论》《三弥底部论》等中也有不少相关资料,后者归属于从犊子部分裂出去的正量部。

"五蕴无我说"是原始佛教的基本教义,这一思想阐明了生命"缘起"与"性空"的本质,这也是对婆罗门教"有我说"的批判。再加上佛陀对诸行无常、诸法无我、涅槃寂静三法印的强调,"无我"与"六识"被佛弟子们视为圭臬,不敢随意解释。到部派佛教时期,犊子部在六识外另立一"不可说的补特伽罗",自然遭到了很大的非议,如说一切有部就对之进行了激烈的批评。面对六识说带来的"轮回主体"等解释上的困难,有部仍坚持六识说,用五蕴自身的前后相续来解释轮回,并用草原上的火前后相续、蔓延的现象来做比喻③。在犊子部看来,这依旧是对轮回现象的笼统描述,没有解决根本问题。据《俱舍论》的记载,犊子部建立"不可说我"的原因,是因为六识极不稳定,如果一定要坚持六识说,则会带来轮回主体、记忆载体,甚至包括因果理论解释上的困难。

> 前筏蹉④经分明说故,若定无有补特伽罗,为说阿谁流转生死?不应生死自流转故。若一切类我体都无,刹那灭心,于曾所受久相似境,何能忆知?……若

---

① 补特伽罗:具有灵魂、人、身体等含义,意译为人或数取趣,即在六道中不断受生死者,在此是指犊子部在六识外另立的一个心识,由它作为轮回的主体等。

② 根据《异部宗轮论》记载:"后即于此第三百年,从说一切有部流出一部,名犊子部。"然而《舍利弗问经》中则说:"我去世时三百年中,因于净故,复起萨婆多部及犊子部。于犊子部,复生昙摩尉多别迦部、跋陀罗耶尼部、沙摩帝部、萨那利迦部。"也就是说,犊子部与说一切有部一样,是直接从根本上座部中分出的。

③ "此复如何流转生死?由舍前蕴取后蕴故,如是义宗前已征遣。如燎原火,虽刹那灭,而由相续说有流转。如是蕴聚假说有情,爱取为缘流转生死。"《阿毗达磨俱舍论》卷30,T29,p0156c。

④ 筏蹉:古代印度的国名,据说犊子部的论师为筏蹉国的比丘,所以也以此国名来称呼犊子部。

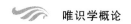

实无我，业已灭坏，云何复能生未来果？①

1. 关于轮回的主体

按犊子部的说法，在六识外另立的"补特伽罗"或"我"，既不是五蕴本身，也不是脱离五蕴外的某种存在，而是依着蕴、界、处现象假名设施的。犊子部认为，能经验到的各种存在现象都缘起无常，这些现象又分暂住与刹那灭两类，物质世界包括有情生命的根身属于暂住法，只能在一期生命内保持相对的稳定、暂住；而六识与其相应的心所有法是刹那灭法，它们极不稳定，时常间断。而作为从前世到今生流转的主体，它需要具备稳定与持续的性质，色法、六识及心所有法显然不具有此性质，无法承担起主体的任务。所以犊子部认为，另立一个作用恒常不变的"识"是必要的，它的建立能够很好地化解生、死主体解释上的困难。其实这个动机与"第八识成立理由"中的"生死证"与"十二因缘证"的道理相似。

> 有犊子部本宗同义，谓补特伽罗非即蕴离蕴，依蕴处界假施设名。诸行有暂住，亦有刹那灭。诸法若离补特伽罗，无从前世转至后世。②

2. 关于记忆的主体

另外，犊子部认为，由于六识的性质变化无常，并且时常中断，如果不另立一个"我"，则在前念心与后念心的发展变化过程中，就没有一个稳定的主体，那么先前见闻觉知到的境界，就无法在后念的心中被回忆起来。另建一个作用稳定的"识"，则能对记忆现象做出合理的解释。

> 补特伽罗既不可得，又无前心往后心，理，何缘能忆本所作事？……谓或有执补特伽罗，自体实有。如犊子部，彼作是说，我许有我，可能忆念本所作事，先自领纳今自忆故。若无我者，何缘能忆本所作事？③

若就唯识学而言，在记忆过程中，第八识固然有其重要作用，但还需种子的帮助。因为种子是所有现象生起的直接原因，尤其是其中名言类的种子与记忆的关系更为密切。按照种子的"熏习"理论，先前的六识在进行认知活动时，会留下名言种子，它们作为信息被储存于第八识中，之后在"念"心所的帮助下被激活，重新

---

① 《阿毗达磨俱舍论》卷30，T29，p0156c–0158c。
② 《异部宗轮论》卷1，T49，p0016c。
③ 《阿毗达磨大毗婆沙论》卷11，T27，p0055a。

又呈现出先前经历的各种对象，由此完成记忆活动。所以种子是被储存的所经历过的信息，第八识则是信息的储存体。由于相关资料不够翔实，对于犊子部理论中是否有明晰的种子理论还不太清楚，其另立的"不可说补特伽罗"很有可能承担起了"种子"与"第八识"的双重功能，以此来解释记忆原理。

犊子部的补特伽罗说建立后，在当时受到了较大的争议。面对论敌的责难，犊子部对补特伽罗不做过多的正面定义，更多用否定的遮诠法来显示它存在的必要性。例如，"我"既不是五蕴本身，又非脱离五蕴；既非有为法，也非无为法；既不会中断，也不是永恒不变等①。犊子部还建立了五藏说，即过去法藏、现在法藏、未来法藏、无为法藏、不可说法藏，补特伽罗属于不可说法藏。当它还处于未解脱时，与三世、五蕴既非同一也非相异；若已进入无余涅槃的解脱境界，则与无为法既非同一也非相异。

> 彼犊子部立所知法藏，总有五种。谓三世为三、无为第四、不可说第五，即补特伽罗是不可说摄。彼宗立我，若在生死中，与三世、五蕴不可定说一、异。若舍生死入无余涅槃，又与无为不可定说一、异。故说此我为其第五不可说法藏。②

（二）化地部的穷生死蕴

化地部属于印度小乘佛教二十部派之一，在佛灭后第三百年左右，从说一切有部中分出③。据说此部有"穷生死蕴"思想，被无著菩萨在《摄大乘论》中用来作为第八识存在的证明之一，无性论师在《摄大乘论释》中对之做了详细的解释。化地部认为蕴有三种：一者一念蕴，指刹那不住的，生起即灭的心念，这显然是指前六识及心所有法；二者一期生蕴④，指从生到死，在一期生命中不会间断、作用持续的蕴，有人认为是指命根；三者穷生死蕴，指从无始以来一直到金刚喻定⑤时，作用都不会间断的蕴。太贤的《成唯识论学记》中称穷生死蕴为"微细意识"，即在六识外，还有一个识，它是生命的主体。它的作用非常微细，但性质稳固、不断，从无始以来直至成佛前都不会变化中断，故名"穷生死蕴"。

---

① 具体理论可以参见《俱舍论颂疏论本》卷29之"破我品"，T41，p0978a。
② 《俱舍论记》卷29，T41，p0440c。
③ "次后于此第三百年。从说一切有部。复出一部。名化地部。"《异部宗轮论》卷1，T49，p0015b。
④ 此一期生蕴具体所指不是太清楚，根据太贤的《成唯识论学记》（《卍新续藏》X50，p0067b）中说："彼立三蕴：一一念蕴，谓刹那灭法；二一期蕴，谓乃至死恒转根等；三穷生死蕴，至金刚转微细意。""乃至死恒转根等"可能是指命根，也有认为是指异熟的总报果体。
⑤ 金刚喻定：又名金刚道，是成佛前的最后修行阶段，唯识学认为在第十地的满心位。

化地部等者，于彼部中，有三种蕴：一者一念顷蕴，谓一刹那有生灭法；二者一期生蕴，谓乃至死恒随转法；三者穷生死蕴，谓乃至得金刚喻定恒随转法。[①]

不过《异部宗轮论》说到化地部时，未提到上述思想，而是记载了化地部的"末宗异义"中的如下思想。

随眠自性，恒居现在。诸蕴、处、界，亦恒现在。[②]

这个恒居现在的随眠自性，显然是与唯识学的"种子"相似的某种存在物。窥基大师在《异部宗轮论述记》中，就明确将它解释为种子。而恒居现在的诸蕴、处、界也是指各自的种子[③]。所以有人认为三蕴中的"一期生蕴""穷生死蕴"不是指现行的识，而是种子。

（三）经量部的一味蕴（根本蕴）

经量部是在佛灭第四百年左右，从说一切有部中分裂出来的[④]，被认为与大乘瑜伽行派关系密切。针对六识说带来的"轮回主体""记忆如何可能"等解释上的困难，经量部另外建立"一味蕴"来解决上述问题。一味蕴的作用极其微细，常人无法体验到，所以也叫细意识。它不是脱离六识外的存在，而是与六识及心所等和合一体、共同相续变化。前六识的善、恶性质变化无常，而此一味蕴的性质则相对稳定，保持不变。它是无始以来不间断的轮回流转的主体，是生命内在依托，是五蕴及生死现象的根本。因为五蕴等依托此一味蕴而生起，所以也称根本蕴，而五蕴或六识等则称为根边蕴。

一味者，即无始来展转、和合、一味而转，即细意识，曾不间断，此具四蕴。有根边蕴者，根谓向前细意识，住生死根本，故说为根。由此根故，有五蕴起，即同诸宗所说五蕴。然一味蕴是根本，故不说言边，其余间断五蕴之法是末起，故名根边蕴。[⑤]

---

① 《摄大乘论释》卷2，T31，p0386a。
② 《异部宗轮论》卷1，T49，P0017a。
③ "随眠恒现在，恒居现，为因生诸法故。虽有过未，现在不断。""即种子三科恒现在，唯能生诸法，五法定能缚系有情，不出生死。"《异部宗轮论述记》，《卍新续藏》X53，p588c。
④ "至第四百年初，从说一切有部，复出一部，名经量部。亦名说转部，自称我以庆喜为师。"《异部宗轮论》卷1，T49，p0015b。
⑤ 《异部宗轮论述记》，《卍新续藏》X53，p465c。

另外，在《大毗婆沙论》中有段文字讨论关于记忆如何可能的问题，其中记载了当时的一派意见，应该属于经量部。他们认为蕴有两种：一是作用蕴，二是根本蕴。作用蕴指五蕴，即前六识与根身等，它们是变化无常的；根本蕴是在六识外另立的识，它的性质稳定、不变，有情生命就是由此二蕴和合而成。作用蕴在认识各种事物后，由根本蕴起到保存的作用，根本蕴是忆念的主体，由此保证记忆的可能。

> 或复有执，蕴有二种：一根本蕴、二作用蕴，前蕴是常，后蕴非常。彼作是说，根本、作用二蕴虽别，而共和合成一有情，如是可能忆本所作，以作用蕴所作事，根本蕴能忆故。若不尔者，何缘能忆本所作事？[①]

（四）大众部的细意识

根据《异部宗轮论》的记载，在佛灭后的百余年间，僧团发生了最初的分裂，形成上座、大众两大派系，后来各自又继续分裂，其中大众部总共形成有九大派别。在《异部宗轮论》的记载中，其中大众部、一说部、说出世部、鸡胤部，这四部认为除了六识外，还有一个"遍于身的细意识"说。窥基大师对此有做解释，因为有细意识的存在，才使得属于色法的根身对各种刺激产生相应的觉受。有时身体的各个部位同时受到不同的刺激，身体能同时对它们产生觉受，由此可证明这种遍于身的细意识的存在，不然如何能在同一时间对不同的刺激产生感受呢？细意识的这种作用与第八识的别名阿陀那识义类似，阿陀那是执持义，其主要功用就是对根身的执持，并使之产生觉受。

> 即细意识遍依身住，触手刺足俱能觉受故，知细意识遍住于身，非一刹那能次第觉，定知细意遍住身中。[②]

另外在《摄论》中提到大众部有"根本识"说，以此用来作为第八识的存在证明之一。大众部认为在六识外还有一个识，称之为根本识。它是深层、根源性的识，是六转识产生的因，与前六识的关系，犹如树根与树木的关系。后来唯识学中也有类似的表述[③]。

① 《阿毗达磨大毗婆沙论》卷11，T27，p0055b。
② 《异部宗轮论述记》，《卍新续藏》X53，p0583b。
③ "依止根本识，五识随缘现，或俱或不俱、如波涛依水。"《唯识三十论颂》卷1，T31，p0060c。

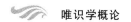

于大众部阿笈摩中，亦以异门密意说此名根本识，如树依根。①

四 第八识的行相与所缘

识的活动表象称为行相，虽然八识的活动行相复杂多样，而了别是它们的共同特征。唯识学认为识活动的最大特征就是了别，了别即识的认识与分别作用，主要属于见分的功能。在八识中，以前六识的了别功能最为显著。了别就模式来讲，可以分为现、比二量；就种类来讲，八识各自不同，就算是同一识也有多种类型；另外在性质、作用等方面还有着复杂多样的区别。所缘是指认识的对象，识以了别为行相，而了别就会有其相应的对象，这属于相分范畴。因为八识的了别作用的模式、种类等各不相同，所以与之相应的对象也都有所不同。

（一） 第八识的认识作用

第八识作为独立的心识，也有它的了别作用，但经典中相关的论述不是很多。《成唯识论》只是提到第八识在染污位的时候，它的了别作用极其微细，不能够判断对象的弊、利，并保持同一种性质，不间断地持续发生。为了更加清楚地显示这种了别的特征，论中还将它与定、慧二心所法做了比较。首先，第八识的了别与定心所不同，定心所能让心识持续地集中注意力于一个对象上，而第八识是对于境界一刹那间自然而无分别地了别，并不断地了别不同的对象；另外与慧心所也不同，慧可以区分、辨别境界的功德、过失等，而第八识的认识作用极其微弱，没有能力进行辨别区分。

> 此识行相、所缘云何？谓不可知执受、处、了。了谓了别，即是行相，识以了别为行相故……此识行相，极不明了，不能分别违顺境相，微细、一类相续而转……定能令心专注一境，此识任运，那别缘。慧唯简择德等事转，此识微昧不能简择，故此不与别境相应。②

第八识的了别不同于慧心所，因为它不具有比量的分别能力；并且《成论》说到它是任运自然、瞬间地了别对象；另外第八识始终保持无覆无记性，没有善、恶等的心理变化，并且作用极其微细。由此综上分析，第八识的了别作用应该属于现量。但是这种现量与定心的现量不同，因为它不断地了别不同的对象，所以八识这种作用微细的现量与前五识的感觉现量有相近之处，都是对于对象瞬间地直观，不

---

① 《摄大乘论本》卷1，T31，p0134a。
② 《成唯识论》卷3，T31，p0012a。

同的是，第八识的了别作用非常微弱、昏昧。《成唯识论了义灯》明确将第八识的了别与眼、耳、鼻、舌、身、五俱意识划为一类，都是现量。

> 见谓眼根现见外色……见、知二种现量所摄……知者即是耳、鼻、舌、身、五俱意识、第八心品及诸定心，瑜伽别说自内所受所证等故，又说此知现量摄故。[①]

（二）第八识的认识对象

第八识既然有认识作用，就应有相应的认识对象，它的对象有两类：处与执受。处指山河、大地等物质世界，由第八识含藏的色法种子所变现，它们是有情众生活动居住的场所，也称为依报。执受指第八识所执持的能够产生各种现象、名称、分别的种子与五根身。根身由色种所变现，分为净色根与浮尘根，因为有第八识（阿陀那识）的执持力，根身才不会坏灭，并会产生各种心理觉受，成为正报的一部分。由此第八识的认识对象实际有三种：种子、根身与器世界。

虽然经典中说："第八识在因缘条件的作用下，内变种子与根身，外变器世界，以自所变为认识对象。"但严格来讲，种子被第八识所摄藏，根身由第八识所执受，种子是根身与器世界产生的亲因，它们属于因缘变[②]所生。因为种子都被第八识所含藏，所以方便说根身与器世界为第八识所变现，第八识并非变现它们的亲因。

> 处谓处所，即器世间，是诸有情所依处故。执受有二，谓诸种子及有根身。诸种子者，谓诸相、名、分别习气；有根身者，谓诸色根及根依处。此二皆是识所执受，摄为自体，同安危故。执受及处，俱是所缘。阿赖耶识因缘力故，自体生时，内变为种及有根身，外变为器，即以所变为自所缘，行相仗之而得起故。[③]

五 第八识生起的条件及相应心所

（一）第八识生起的条件

任何法的产生与存在都需要因缘条件，第八识也不例外。虽然经典中没有关于

---

① 《成唯识论了义灯》卷11，T43，p0776a。
② 因缘变：指由各种客观的因缘条件和合而产生，现实事物一般由因缘变所生；分别变指仅凭识的认识分别等作用而产生，幻觉、梦境等中的非现实事物一般由分别变所生。
③ 《成唯识论》卷2，T31，p0010a。

第八识生起条件的直接论述，但是根据四缘①及其他相关理论，可以认为第八识生起大致需要五缘：种子、境、作意心所、俱有依、等无间缘。

1. 种子

种子是一切事物产生的直接原因，第八识也不例外，所以《成论》认为八识都有自身的种子作为生起的内因。不过也有观点认为，第八识的作用无始以来持续不断，一直就以现行的方式存在，从未间断过。如果说它也是以种子为因而生，那么就会有时间上的最初生起时刻，这样不符合道理，所以第八识的生起条件中无须种子。

2. 境

境是指认识的对象，即种子、根身、器世界。它们是第八识了别作用产生的重要条件。另外就第八识的藏与执受作用而言，也离不开种子与根身。

3. 作意心所

作意是五遍行心所之一，类似现在所谓的注意力，具使心警觉，将心引向所缘对象的作用。如果没有作意心所，心则无法对境产生认识，所以作意也成为所有认识活动产生的重要条件。

4. 俱有依

指与第八识同时存在的依托条件，即第七识②，它们彼此都是对方的俱有依。第七识一方面与第八识同时存在，另外它的性质相对稳定③，并且持续存在，不会间断，即使在灭尽定中，也只是暂停了染污的我执这部分的作用，所以它能成为第八识的俱有依。这也说明第八识一方面是余识的根本依，而同时它的存在也离不开余识。如果没有了前七识包括种子，第八识也就失去了实质性的存在内容，因为从某种角度而言，第八识代表了心识的整体，所以第八识与余识、种子是不一不异的关系。

5. 等无间缘

是指第八识自身前一刹那已灭去的心念。正因为前念心的灭，才能使得后念心相续不断地生起。

---

① 四缘：一因缘，事物产生的直接原因，主要指种子；二等无间缘，指前念已灭的心，正因为它们的灭去，才能引生后念的心法；三所缘缘，指认识的对象，其中又有亲、疏的区分，前者是直接对象，后者为间接对象；四增上缘，其余对于事物的产生起到帮助条件的总称。

② "阿赖耶识俱有所依，亦但一种，谓第七识。彼识若无定不转故。论说藏识恒与末那俱时转故，又说藏识恒依染污，此即末那。"《成唯识论》卷4，T31，p0020c。

③ 之所以说第七识的性质相对稳定，是指它的作用与性质相对单一，染污位的第七识以产生我执为其作用，并时常保持有覆无记性；清净位则转变为平等性智。不像前六识时常处于善、恶、无记的交替变化中。

（二）第八识相应的心所有法

1. 心所有法的定义

心所有法指依着八识心王而产生的各种具体的心理活动。唯识学总计归纳出五十一种心所有法，包含知、情、意所有的心理活动类型。它们与心王的关系表现为三大特征：一是"恒依心起"，即在通常状态下，任何一识作用生起的同时，或多或少都有心所有法伴随而起；二是"与心相应"，即心所与心王所依的根、认识的对象、发生的时间等都是相同的；三是"系属于心"，即心所依属于心王，心王为主，心所是其附属心理。

心王与心所虽然关系密切，可以认为心所有法就是心王活动的具体表现，但是唯识学认为心王的活动不全由心所体现，也有其自身独立的作用，并与心所有所区别。心王认识事物的总相，总相是指事物的整体相状，而心所主要认识别相，别相是指事物的各别、局部的相状，另外心所也能认识总相。经典中比喻心王认识总相，如同画师绘画时，先描绘所画事物的轮廓；而心所认识别相，如同画师的助手在轮廓内，继续添绘各种色彩。

> 此六转识总与六位心所相应，谓遍行等。恒依心起、与心相应、系属于心，故名心所。如属我物，立我所名。心于所缘唯取总相，心所于彼亦取别相，助成心事，得心所名。如画师资，作模填彩。[①]

2. 第八识的相应心所

染污位的第八识活动极其细微，始终保持无记性，认识的模式又类似五识现量，所以在八识中，它的活动表象是最轻微的。由此与它相应的心所有法也最少，只有五个遍行心所有法，即触、作意、受、想、思。由于第八识性质的特殊，这几个心所的作用表现与其他识的也有所不同。其中触、作意的作用与其他识的基本一致，而受心所属于非苦非乐的舍受，因为第八识本身作用属于无记性。想心所的作用是"于境取相"，取相即心识形成、构造对象的重要作用。八识的想心所各自的取相作用有所不同，比如前五识的想，形成感觉性的映象；五俱同缘意识的想，形成知觉性的映象；第六独头意识的想，则会形成记忆表象、想象、概念等；而第八识的想，其取相作用应该与前五识的想类似，因为第八识与前五识的现量近似，只是作用极其微细。思心所的作用是"令心造作"，类似现在的意志或意向心理，因为第八识是现量，所以思心所不会有明确目的，应该属于作用非常轻微的意向心理。

---

① 《成唯识论》卷5，T31，p0026c。

清净位的第八识，即第八识转变成大圆镜智后，因为转变成纯无漏、善性，并且作用增强，所以其相应的心所法增加到二十一个，即五遍行心所法、五别境心所法、十一个善心所法。其他的七识转依后的心所有法，也都是此二十一法，不同于染污位时，八识相应的心所有法各不相同。

> 此识与几心所相应？常与触、作意、受、想、思相应。阿赖耶识无始时来，乃至未转，于一切位恒与此五心所相应，以是遍行心所摄故……然第八识总有二位。一有漏位，无记性摄，唯与触等五法相应，但缘前说执受、处境。二无漏位，唯善性摄，与二十一心所相应，谓遍行、别境各五，善十一。[①]

六　第八识的伦理属性

八识的性质作用各不相同，所以它们的伦理属性也有相应的差异，可以分为善、恶、有覆无记、无覆无记四种。第八识属于无覆无记性。覆是指染污的烦恼法，障碍圣道的生起，能蒙蔽内心，使之不清净。第八识没有染污性，所以称为无覆。记是指善恶法，自身有显著的特征可以进行区分，会感得可爱或不可爱的果报。第八识性质作用微细，非善非恶，没有任何一个善或烦恼的心所有法与它相应，所以是无覆无记性。

第八识的这种属性与它自身的性质功能密切相关，因为它是有情众生的生命主体，含藏万法的种子，是染、净所有现象的共同依托，所以它的伦理属性也必然要符合自身的这些重要功能，否则就会造成彼此的冲突矛盾。具体而言，有三大理由：一是因为是异熟性的缘故，第八识作为总报果体，若有善或恶的固定属性，势必造成六道中的各类众生属性也固定、僵化，由此生命发展变化的可能性也就丧失了，即失去了未来堕落或解脱的可能性，这与现实情况不符。二是第八识为根本识，是一切染、净现象的依托，若第八识自身有善、恶的属性，则必然会排斥与自身属性相违的事物，这样又如何成为染、净二法的共同所依呢？三是第八识是接受前七转识熏习的主体，若自身具有善、恶性质，自然无法容纳善、染不同的种子的熏习。由此第八识只能保持无覆无记的性质，否则上述的三大重要功能都无法成立。

> 法有四种，谓善、不善、有覆无记、无覆无记。阿赖耶识何法摄耶？此识唯是无覆无记，异熟性故。异熟若是善、染污者，流转还灭应不得成。又此识是善、染依故，若善、染者，互相违故，应不与二俱作所依。又此识是所熏性故，若善、染者，如极香臭应不受熏，无熏习故，染、净因果俱不成立。

---

① 《成唯识论》卷2，T31，p0011b－p0014a。

故此唯是无覆无记。覆谓染法，障圣道故，又能蔽心，令不净故。此识非染，故名无覆。记谓善恶，有爱、非爱果及殊胜自体可记别故，此非善恶，故名无记。[1]

七　第八识的非断非常性

但凡对唯识学理论有所异议的，大多都集中于第八识上，认为第八识有实体化的嫌疑，甚至认为它近似于外道的"神我"，这是对第八识理论极大的误会与曲解。简要来讲，第八识的存在法性可以定义为非断非常。《成论》用了"恒转"概念来具体解释这种非断非常性。"恒"否定间断，表示从无始以来乃至未来，第八识的作用都持续发生，不会有片刻的中断，并始终保持无覆无记的性质，是三界、六道、四生的成立根本，保存种子，使不流失。"转"表示并非永恒不变，指第八识虽然不会中断，但又处于刹那生灭之中，不是静态不变的实体，由此才能接受前七识的熏习，它与前七转识永远处于"种子生现行、现行熏种子"的因果互动变化之中。第八识的恒转性质如同瀑布的水流，第八识是种子的瀑流，刹那生灭但又相续不断，种子遇到各种因缘条件而生起前七转识及其他各种现象，同时识自身又相续不断；前七识活动所熏生的种子又被第八识所含藏，由此第八识与含藏的种子、转识等其他事物不即不离，如滚滚洪流向前奔腾不息。

早期佛教的"五蕴无我"说揭示了身心的缘起无常性，也是对婆罗门教"神我"思想的否定。"常、一、主宰"是"神我"的三大特征："常"指神我没有变化；"一"表示神我不由其他条件构成，是绝对的实体；"主宰"指神我无须其他条件的配合，单凭自身就可以支配身心。而从第八识的恒转性质来看，它与外道的"神我"截然不同。首先，第八识自身刹那生灭，所以非常；其次，第八识的生起也需要其他条件，第八识是生命的整体，前七识、种子等其他事物都是构成第八识的条件，离开了它们，第八识也就无所存在了，故非一；最后，身心任何作用的生起，都需要各种条件的具足，第八识作为根本依，只是其中的条件之一，故非主宰。

阿赖耶识为断为常？非断非常，以恒转故。恒谓此识无始时来，一类相续，常无间断，是界、趣、生施设本故；性坚持种，令不失故。转谓此识无始时来，念念生灭、前后变异，因灭果生，非常、一故，可为转识熏成种故。恒言遮断，转表非常，犹如瀑流，因果法尔。[2]

---

① 《成唯识论》卷3，T31，p0012a。
② 《成唯识论》卷3，T31，p0012c。

八 第八识的转依

大乘唯识学以断除烦恼、所知二障，证得涅槃、菩提二果为修行解脱的最高目标。在唯识学看来，解脱的实质就是心识的转变，即从无明、烦恼的状态转变为智慧、清净的境界，所以唯识学将修学佛法获得解脱的过程，称之为"转依"。转依是生命整体系统性的变化，因八识各自性相的不同，所以它们的转依模式、次第等也各有不同。

关于八识解脱的先后顺序有"六、七因中转，五、八果位圆"之说，其中六、七二识是修行对治的真正的对象，它们的转依需要漫长的过程与严格的次第，属于因位的渐转。而五、八二识因为自身并非烦恼活动的主体，它们的染、净变化主要受六、七二识的影响，所以五、八二识的转依不靠自身，而是随六、七二识的转依而立。当六、七二识彻底转依后，五、八二识随之瞬间发生相应的转变，属于果位的顿转。

第八识具有收藏种子、染净所依、异熟总报果等功能，所以在凡夫位它必须永远保持无覆无记性，没有任何烦恼心所与它相应。它的认识模式也类似前五识现量，没有虚妄分别的作用。因此严格来讲，第八识自身不存在杂染性质。但第八识又是生命的整体，是种子与前七识的所依，而它们都具有杂染的性质，所以从这个角度，第八识也随之具有了"染污性"。因此根据二障的断除进程，第八识相应也有了"转变过程"。实质上，变化的主体还是种子与前七识，随着它们的转变，第八识的名称会发生相应的变化，从第八识三种名称的不同适用范围，大致反映了上述的"转变过程"。第一，阿赖耶识名称的适用范围，是从凡夫到七地菩萨阶位，因为到了不动地即八地阶位后，第七识的我执作用被彻底断除，由此阿赖耶识的名称舍弃不用；第二，异熟识名称的适用范围，是从凡夫到金刚道阶位，因为金刚道后，第八识转变成纯善无漏性，所以异熟识名称被舍弃；第三，无垢识名称的适用范围，只有佛果位适用，因为此时的第八识性质彻底清净与圆满，并生起了大圆镜智，成为自受用身的依托。

《八识规矩颂》对此也做了很好的归纳。

不动地前才舍藏，金刚道后异熟空，大圆无垢同时发，普照十方尘刹中。

（一）阿赖耶识相应位

阿赖耶识名称的适用范围是从凡夫到七地菩萨位（小乘到三果阿那含位）。阿赖耶识包含三藏义，其中的"我爱执藏"指第七识对第八识的执着。而到八地菩萨位开始，第七识的俱生我执作用被彻底止息，所以"我爱执藏"义不复存在，阿赖耶识的名称至此不再适用。虽然俱生烦恼障的种子还未断除，但是作为烦恼根源的我执现行被彻底制伏，由此俱生烦恼障就再也不会生起现行活动。就小乘来讲，修行到阿罗汉位，阿赖耶识的名称也不再适用，大乘的八地菩萨，就永远止息烦恼障现行来讲，也可以称之为阿罗汉。需要特别说明的是，这里舍弃的仅仅是阿赖耶识的名称，而非识体，因为哪怕在成佛后，第八识依然相续存在，永远不会停止或中断。

> 又不动地已上菩萨，一切烦恼永不行故……然此菩萨，虽未断尽异熟识中烦恼种子，而缘此识我见、爱等，不复执藏为自内我，由斯永舍阿赖耶名……①

（二）异熟识相应位

异熟识名称的适用范围是从凡夫到阿罗汉、辟支佛②及大乘的第十地菩萨（包括十地的满心位，即金刚道）。异熟识的含义指由善、恶业力所感的总报果体，它属于无记性质，因为果的无记与因的善、恶性质有区别，故名异熟。菩萨虽然修行到了八地，永远止息了烦恼障的现行活动，舍弃了阿赖耶识的名称，但是俱生烦恼障的种子以及所知障的种子与现行法都还在。尽管此时残余的所知障属于"不染污的无明法"，但本质上来讲还是有漏法，这些都要到金刚道（成佛的前一刹那）才能彻底断尽。凡夫、二乘及大乘所有十地阶位的菩萨，因为还未能将第八识含藏的有漏的种子彻底转化，所以他们的第八识仍然是属于无记性，而非纯粹的无漏善性，他们的第八识都符合异熟的性质，适应异熟识的名称。

佛果位的圣者，所有的种子都已经转为纯无漏，由无漏善性的种子生起的自然是无漏善性的现行，并且尽未来永远相续不断。此时第八识真正转变成纯粹的无漏善性，再也不是无记性质了，由此不再符合异熟的定义，当然不适合再用异熟识的名称了。

> 或名异熟识，能引生死善不善业异熟果故。此名唯在异生、二乘、诸菩萨位，非如来地犹有异熟无记法故。③

至于二乘的阿罗汉、辟支佛位的圣者，是否还适用异熟识名称？《述记》中有观点认为，若就个人解脱而言，此二位的圣者已经彻底断除烦恼障的种子与现行，

---

① 《成唯识论》卷3，T31，p0013b。
② 阿罗汉与辟支佛被大乘认为只是断尽了烦恼障，但没有彻底断除所知障，所以他们只是证得了涅槃果，但没有获得大菩提果。
③ 《成唯识论》卷3，T31，p0013c。

故也没有异熟性了，所以不适合再用异熟识名。

> 若约断缚说，即二乘无学无有此名，彼二乘无学已断生死缚故。①

（三）无垢识相应位

无垢识的名称只有佛果位适用，因为所有的有漏法种子与现行都已经断除，此时的第八识最极清净与圆满，成为各种无漏法的依托，所以此名称只有大乘的佛果位适用。而凡夫、二乘、菩萨因为都还有相应的有漏法没有断除，所以他们的第八识不能称为无垢识。只有到了无垢识相应位，即究竟的佛果位时，与第八识相应的大圆镜智才真正发生。第八识的转依方式与六、七二识最大的区别就在于，妙观察智与平等性智的发生是渐进的。最初的转变发生都在见道位，但此时发生的二智品质、功能都较低弱，所以称为下品；然后随着修行的进展，再逐步生起中、上品的二智。而大圆镜智的发生非渐进及品类差别的，当第八识因为二障的彻底断除，转为无垢识时，大圆镜智就顿时发生了。

> 或名无垢识，最极清净，诸无漏法所依止故。此名唯在如来地有，菩萨、二乘及异生位，持有漏种，可受熏习，未得善净第八识故。如契经说："如来无垢识，是净无漏界，解脱一切障，圆镜智相应。"②

第三节　第七识

前六识的存在被人普遍接受，因为它们的作用很容易就能经验到，而第八、七识的作用微细，常人无法感知，因此不太容易接受它们的存在。唯识学之所以要极力揭示八、七二识的存在，主要是为了理论解释的需要。成立第八识可以很好解释"轮回主体""业力载体"等难题，而第七识的成立则可以解决"不共无明的主体为何"的难题。佛教认为有情生命从无始以来就有一种无明作用伴随着生命而存在，并在任何状态中都持续发生着，永远不会中断，这就是所谓的"不共无明"，它是众生染污烦恼、轮回流转的根本原因。前六识的性质不够稳定，经常会间断，无法作为产生"不共无明"的主体；第八识属于无覆无记，没有染污性，所以就有必要再建立一个心识，作为产生这种持续存在的"不共无明"的主体，这就是成立第七

---

① 《成唯识论述记》卷6，T43，p0344b。
② 《成唯识论》卷3，T31，p0013c。

末那识的原因所在。

在唯识学看来，众生所有的无明、烦恼现象，表面上是第六意识的所为，若往深处探究，则是受到了第七末那识"不共无明"作用的影响所致。此"不共无明"正是第七识产生的"我执"作用，是有情生命与生俱来、根深蒂固的自私和自我中心等的心理情结；是有情众生潜意识领域中主要的心理本能；是众生无明、烦恼的根源；是修行的主要对治目标。

一　第七识的名称

第七识的别名不多，一般称为末那识。末那（manas）是梵文的音译，意译为"意"，为思量义，指第七识永恒地思虑、量度第八识见分，由此产生我执。所以第七识也可以称为意识，不过从梵文复合词的语法来讲，此"意识"（第七识）属于持业释，"意"指"识"的思量作用，故识即意。例如同是持业释的"藏识"（第八识），"藏"指"识"的收藏功能，故识即藏。而第六识的"意识"名称属于依主释，"意"是主格，指第七识（意根）；"识"是属格，指第六识，所以"识"异"意"，即依托意根生起的第六意识。例如同是依主释的"眼识"，"眼"为主格，指眼根；"识"为属格，指眼识，即依托眼根生起的眼识。

为了避免名称上的混淆，第七识一般只称为"意"。第七识名"意"也是从作用上，区别于心、识概念。因为第七识在收藏种子、认识境界的作用上不如其他心识，但是它的这种恒审思量作用要胜过其他心识。另外第七识名"意"，也是为了显示第七识与第六识的特殊关系，第七识是第六识的意根，也称为临近依托。

是识圣教别名末那，恒审思量，胜余识故。此名何异第六意识？此持业释[1]，如藏识名，识即意故。彼依主释[2]，如眼识等，识异意故。然诸圣教，恐此滥彼，故于第七但立意名。又标意名，为简心、识，积集、了别劣余识故。或欲显此与彼意识，为近所依，故但名意。[3]

二　第七识的所依、所缘与行相

（一）第七识的所依与所缘

第七识的活动极其微细，属于潜意识活动。简要而言，它的所依、所缘都是第

---

① 持业释：梵文复合词一种，前词一般做形容词、副词使用；后语一般为名称、动词。前语用来形容后语，表示后者的属性等，如红花、绿叶等。
② 依主释：梵文复合词的一种，前词一般为名词，做主格使用；后词一般为前词的属格，如王子。
③ 《成唯识论》卷4，T31，p0019b。

八识，即末那识以第八识作为内在的依托而生起活动行相，同时认识的目光又返回，以第八识作为认识的对象。《唯识三十颂》的"依彼转缘彼，思量为性相"颂文就是对此的描述，"依彼"显示了第七识产生所需要的依托条件，这里的"彼"是指第八识，它是第七识生起的依因（俱有依），但不是生因（种子是因缘依）；"转"指第七识的作用不会间断，但其性质会发生变化①，所以称为转识。

> 依彼转者，显此所依。彼谓即前初能变识，圣说此识依藏识故……有义此意以彼识种及彼现识俱为所依，虽无间断而有转易，名转识故，必假现识为俱有依②方得生故。转谓流转，显示此识恒依彼识，取所缘故。③

以上是对第七识所依的解释，下面是《成论》关于它所缘的论述：

> 谓即缘彼，彼谓即前此所依识，圣说此识缘藏识故……应知此意但缘藏识见分，非余。彼无始来一类相续，似常、一故，恒与诸法为所依故。此唯执彼为自内我。④

《唯识三十颂》"依彼转缘彼"的"缘彼"就是指第七识的认识对象，此"彼"即第八阿赖耶识。具体而言，第七识的认识对象是第八识的见分，而非其他法⑤。由于第八识无始以来保持无覆无记性，一直相续不曾间断，并永远作为一切事物的所依，从表象上看似乎是没有变化、静态的实体。第七识正是受此蒙蔽，颠倒认识，误认为第八识是不变的实体，进而执着为实体性的"自我"，由此产生了我执。

（二）第七识的行相

与其他心识相比，末那识的活动行相单一，就是"恒审思量"，思量的对象是第八识，思量的结果是"我执"。恒指始终、不间断，审指审查，思量是思虑、量

---

① 第七识的变化主要表现在性质上，凡夫位的第七识属于有覆无记，随着修行的进展，第七识的我执作用会逐渐减弱，直至产生平等性智，这样第七识就转变为无漏纯善性。

② 俱有依：指与心、心所同时依存的事物，它们作为依托条件，对心、心所的生起起到帮助作用，也称之为增上缘依靠。唯识学认为心、心所的生起，所需的内在依托条件有三：一是种子；二是俱有依；三是等无间缘。

③ 《成唯识论》卷4，T31，p0019b。

④ 《成唯识论》卷4，T31，p0021c－p0022a。

⑤ 第七识之所以不认识第八识的相分，因为第八识的相分境是种子、根身、器世界，这些显然不是第七识的认识对象。第八识的自证分、证自证分作为第八识的内在认识作用，显然也不是第七识能够认识到的。只有见分是第八识的外在作用，以此代表第八识自体，所以末那识只能认识第八识的见分。

度的意思，即末那识从无始以来，就一直不间断地审查、思虑、量度第八识见分，这也是第七识被命名为"末那"的原因。由于第八识的外在表象有似常、似一的假相，所以末那识错误地将它思量为实体性的"我"，进而产生了对自我的执着。从理论上来讲，第七识的这种思量作用显然不是直观式的现量，应该归属于比量，不过这种思量作用属于潜意识领域的活动，不同于第六识比量的强烈明显。末那识产生的"我执"，是有情众生心理深处与生俱来的本能，成为前六识烦恼现象产生的内在根源。而到了转为平等性智后，则一直审、思、量无我之相，由此"恒审思量"既是第七识的活动行相，同时也是末那识自身的主要性质。

> 颂言思量为性相者，双显此识自性、行相，意以思量为自性故，即复用彼为行相故。由斯兼释所立别名，能审思量，名末那故。未转依位，恒审思量所执我相；已转依位，亦审思量无我相故。[①]

三 末那识的染污性质

（一）我执与烦恼的关系

各类烦恼心理是造成众生痛苦、轮回的原因。烦恼品类众多，表现形式各异，《百法明门论》归纳有三十种，其中根本烦恼十个、随烦恼二十个。随烦恼主要由根本烦恼派生，很多是根本烦恼在不同状态下的侧面作用，但若要再进一步探究根本烦恼产生的源头，它们都与心理深处的"萨迦耶见"有关。"萨迦耶见"意思是身见，指认为在身心中有一个实体不变的主体，这是有情生命与生俱来的本能心理，也即是末那识的"我执"作用。"我执"被认为在所有的根本烦恼、随烦恼心理中起到了"为上首"的作用，这种"为首"性具有两种意义：一是指在所有烦恼心理中，我执的烦恼负面作用最强，危害也最大；二是指我执的心理作用对其余烦恼心所的产生起到了派生或助缘作用，因为贪、嗔、痴、慢等烦恼都是在以自我为中心、自私等的"我执"心理基础上产生的，或者说末那识的这种顽固"我执"作用加重并放大了贪、嗔、痴、慢等烦恼的活动强度，而由烦恼在身心上引发的负面效应也被极大地增强。另外，受到我执影响的根本烦恼与随烦恼心所被称为烦恼障，它们是涅槃的障碍。

> 烦恼障者，谓执遍计所执实我萨迦耶见而为上首百二十八根本烦恼[②]，及

---

① 《成唯识论》卷4，T31，p0022a。
② 百二十八根本烦恼：是将十个根本烦恼，按见道位、修道位各自的对应，再结合苦、集、灭、道四谛各自的相应，共计一百二十八种。

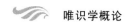

彼等流诸随烦恼，此皆扰恼有情身心，能障涅槃，名烦恼障。①

（二）我执对前六识的影响

末那识的我执作用所引发的连带效应强大，对第六意识，甚至前五识都会产生巨大的影响。因为从识的依托关系来讲，第七识是第六识的根，所以它们的关系紧密。虽然从活动行相来说它们各有区别，第七识是向内的自我执着，前六识则是向外的分别，但末那识的我执作用微细而顽固，这种我执本能全面渗入进了前六识的活动领域，对前六识的活动起到了操控的作用。在唯识学看来，只要末那识没有发生彻底地转依，我执作用没有真正停止，那么前六识的所有活动表象，时时刻刻都受到我执作用的影响。关于末那识对前六识的影响作用，在有关"我执"的理论中就有直接的反映。

> 然诸我执，略有二种：一者俱生，二者分别。俱生我执，无始时来，虚妄熏习内因力故，恒与身俱，不待邪教及邪分别，任运而转，故名俱生。此复二种：一常相续，在第七识，缘第八识，起自心相，执为实我。二有间断，在第六识，缘识所变五取蕴相，或总或别，起自心相，执为实我。此二我执，细故难断，后修道中，数数修习胜生空观，方能除灭。
>
> 分别我执，亦由现在外缘力故，非与身俱，要待邪教及邪分别，然后方起，故名分别，唯在第六意识中有。此亦二种：一缘邪教所说蕴相，起自心相，分别计度，执为实我。二缘邪教所说我相，起自心相，分别计度，执为实我。此二我执，粗故易断，初见道时，观一切法生空真如，即能除灭。②

我执分为两种：一是俱生我执，二是分别我执。俱生我执，无始以来，依托虚妄颠倒的熏习所生成的种子的力量，永恒地伴随着众生的身心，不依各种错误的教理及错误的认识等后天的原因自然而无条件地生起，所以称为与生俱来的我执。俱生我执又可分为两种：一是永远持续地发生着，即第七识以第八识作为认识对象，生起了自识的相分境，错误地执着为实体不变的我。二是有间断的，指第六识以第八识变现的五蕴为对象，以此五蕴的总相或别相为对象，生起了自识的相分境，执着为实体我。这两种俱生的我执，作用微细难以断除，需在后面的修道位中，不断地修习殊胜的我空观，才能灭除。

分别起的我执，要依外在条件的力量才能产生，不是与生俱来的，依错误的教

---

① 《成唯识论》卷9，T31，p0048c。
② 《成唯识论》卷1，T31，p0002a。

义及错误的思维分别，然后方能生起这种我执，所以称之为分别起的我执，这种我执只在第六识中有。分别我执也可以分为两种：一是依错误的教义所说的五蕴、十二处、十八界等理论，进而在第六识上生起相关境相，错误地思辨推测，执着其中有实体性的我。二是依着错误的教义所说的关于自我的理论（例如神我），在六识上生起相应境相，错误地思辨推测，执着为实体性的我。这两种分别起的我执，作用粗显容易断除，刚刚见道时，亲证到一切法我空所显示的真如实相时，就能断除。

上述理论已经清楚地表明，末那识的我执是其他各类我执产生的根源。虽然在第七、六识中都有我执作用的表现，但第六识因为自身的间断、不稳定性，所以与其相应的俱生我执也会间断，末那识则是产生"常相续俱生我执"的主体。间断起的我执虽然表现在第六识层面，但背后显然受到常相续我执的影响，因为俱生我执的产生不受后天外在力量的影响，所以它的产生与第六意识的关系并不大，第六识仅仅是它的表现渠道。至于在第六识上产生的分别我执，虽然后天生起，但与末那识的俱生我执还是有着密切的关联，因为末那识是第六意识的"根"，是其生起的依托，所以第七识的我执作用对于第六识的现实活动都会有干扰或控制作用，所谓的"邪教"及"邪分别"只是外在的助缘，内因还是末那识的俱生我执，由此使得第六识无法认识到实相，生起种种颠倒的认识。

从根源上来讲，末那识的"我执"是造成前六识染污的内在与深层的原因，所以末那识成为前六识染污的内因，也称为染污的依托。反之，如果能够断除末那识的我执，那么第六识也就不会再受到"我执"的控制，自然也就得到解脱，以下《瑜伽论》中的一段论述就是表明了上述理论。

又复意识，染污末那以为依止，彼未灭时，相了别缚不得解脱，末那灭已，相缚①解脱。②

所以第七识的我执的断除与否，成为前六识染污或清净的关键依据。末那识的我执以及相应而起的四根本烦恼、八个大随烦恼心所，成为前六识负面心理产生的根源，令众生颠倒梦想，处于长时的生死轮回之中不得出离。若是第七识我执断除，前六识则随之也转为清净，由此《八识规矩颂》中称第七识是前六识的"染净依"。

恒审思量我相随，有情日夜镇昏迷，四惑八大相应起，六转呼为染净依。

---

① 相缚：对于所缘的对象，受其表象的迷惑，无法认识到其如幻、如化的真实本质。
② 《瑜伽师地论》卷51，T30，p0580c。

四 第七识的成立理由

末那识的作用常人无法直接感知，在早期佛典中，没有非常明晰的相关概念。虽然在"十八界"理论中，有"意根"说，但此"意根"究竟为何，该理论没有非常清晰的说明。到了部派佛教时期，发生过意根是"色""非色"等的论争。与论证第八识的存在理由一样，在唯识学看来，如果不证明第七识的存在，也会遇到相应的难题。对此《成论》中有详尽的论述。以下介绍几个关于第七识存在的主要理由。

（一）恒行无明证

恒行无明也被称为"不共无明"①，佛经中描述它在任何时候都持续发生，但作用又很微细，能够障碍无分别智的生起，令众生见不到真如实相，早期及部派的佛典中已经有此概念。这种无明的性质与一般意义上的无明心理不同，因为它单独活动，不与其他烦恼心理俱时生起。唯识学认为其余心识不具备产生它的条件，唯属于第七识，所以叫不共。

无明即愚痴心理，指对真如实相的无知，属于根本烦恼，与贪、嗔合称为三毒。无明在某些时候也被认为是所有烦恼的代名词，众生之所以造业感果、轮回流转，主要原因就是内心无明烦恼的作祟。凡夫与圣者的差别，主要体现为无明烦恼的断除与否。所谓的凡夫性，即指无明烦恼性，无明烦恼应该是众生身心中的某种稳定、恒常的染污法。它无始以来就伴随着有情生命，无论众生处于任何状态，它都持续地发生着负面作用，使得众生永远具有凡夫性，所以佛经中说（见下引文）："凡夫一直处于轮回的漫漫长夜中，被无明遮蔽了眼睛，内心被昏醉所缠绕，从来没有真正觉醒过。"凡夫的不共无明势必是常相续的，不可能有片刻的中断，否则众生的凡夫性就会随之失去，这与佛经的理论是违背的，也应该是佛教各派所共许的。

由此，这种恒相续的不共无明必定要有一个依托的心识。前六识不具有稳定性，经常间断，这种"恒行无明"显然不可能依托前六识生起；第八识属于无覆无记性，没有任何烦恼心理与之相应，更不符合产生"恒行无明"的条件。所以另立一个心识，它的性质符合产生"恒行无明"的条件，来解决上述的理论困难。这就是唯识学要揭示第七识存在的理由，这也是末那识存在最有力的证明。

---

① 不共无明：有部将无明分为两种，一相应无明，即与贪等烦恼心所相应而起的无明心理；二不共无明，即与贪等烦恼不相应而起的无明。唯识学则进一步将不共无明分为二种，一是恒行不共无明，指与第七末那识相应之无明，此无明作用在平等性智发生前，不会中断；二是独行不共无明，指与第六意识相应，但与贪等根本烦恼不相应者。此独行不共无明又分两种，如果与大随、中随烦恼俱起的，称为主独行不共无明；如果与小随烦恼俱起的，称为非主独行不共无明。

谓契经说："不共无明，微细恒行，覆蔽真实。"若无此识，彼应非有。谓诸异生，于一切分，恒起迷理不共无明，覆真实义，障圣慧眼。如伽他①说："真义心当生，常能为障碍，俱行一切分，谓不共无明。"

是故契经说："异生类恒处长夜，无明所盲，惛醉缠心，曾无醒觉。"若异生位有暂不起此无明时，便违经义。俱异生位，迷理无明有行、不行，不应理故。此依六识，皆不得成。应此间断，彼恒染故。许有末那，便无此失。②

（二）意根证

眼等五根是前五识的不共俱有所依，对五识的生起起到重要的增上缘作用，第六意识自然也有自己的不共俱有所依。原始佛教的十八界理论中的"意根"概念，就是指第六意识的内依托，道理与五色根作为前五识的内在依托一样。由于早期佛典只有六识说，所以对意根的解释非常隐晦。在唯识学看来，意根与第六意识的关系，应该同前五根与五识的关系相同。首先它们各自都有相对的独立性，另外它们与识是同时性的存在，都是识的内在依托与发生条件。所以意根肯定不是第六识，它有自身的独立性，因为意根是意识作用发生的助缘与内依托，否则就无须另立意根概念了。另外前一刹那已灭去的第六意识，也不能作为意根，因为这属于等无间缘范畴，意根是第六识的俱有依，所以它们两者间必须是同时性的存在。意根也不能属于色根，否则依之生起的第六意识就会类同前五识，只能产生感觉类的直观，而无法产生具有分别作用的认识，因为只有心识属性的意根才能使得第六识产生分别性的认识作用。所以唯识学认为，只有第七识满足意根的所有条件，它有自身的独立性，与第六识同时存在，并且属于心法，所以意根就是第七识，这也是它存在的重要证明。

又契经说："眼、色为缘，生于眼识，广说乃至意、法为缘，生于意识。"若无此识，彼意非有。谓如五识，必有眼等增上不共俱有所依，意识既是六识中摄，理应许有如是所依。此识若无，彼依宁有？不可说色为彼所依，意非色故，意识应无随念、计度③二分别故。亦不可说五识无有俱有所依④，彼与五根

---

① 伽他：又名伽陀，是佛经的一种体裁。采用韵文形式，一般放在一个段落或经文的末尾。它与重复长行经文思想的偈颂不同，所以也译为孤起颂、不重颂偈。

② 《成唯识论》卷5，T31，p0024c - p0025a。

③ 随念、计度分别：随念分别指根据忆念心所的作用，形成对于过去的事情的认识作用。计度分别指根据慧心所的思维作用，形成对非现前事物的认识作用。另外还有自性分别，是指根据寻、伺心所的作用，形成对当下、现前事物的认识。

④ 俱有所依：简称俱有依，指与某个主体同时存在的依托条件，如五根是五识的内在依托，两者同时存在，所以五根是五识的俱有依。

俱时而转，如牙影①故。又识与根既必同境，如心、心所，决定俱时。

由此理趣，极成意识，如眼等识，必有不共，显自名处，等无间②不摄，增上所依。极成六识，随一摄故。③

（三）无想定与灭尽定的差别证

在原始佛典中就有关于无想定与灭尽定的记载，这两种禅定的差异是大小乘佛教各派都公认的。根据佛教的禅定理论，无想定被归为外道所修的禅定，它的修行原理及修行目的都与佛教不符，入定的程度也不够究竟与彻底。而灭尽定被认为是出世间的禅定，也是定的终极状态。无想定与灭尽定的区别主要表现在两方面，一是禅修原理，两者入定前的作意方式不一样，这点在后面再专门做详细介绍；二是定中被控制的心识数目不一样，无想定中只是停止了前六识的活动，而灭尽定则在此基础上，将第七识的我执作用也暂时停止了，这是二定差异的本质。因为在二定中，前六识的所有作用都被暂时停止，这点是大家共许的，所以如果否定第七识的存在，无想与灭尽二定的本质差异就无从体现。如果说依着作意、界地、所依等的不同来体现二定的区别，道理上也不对。因为那些所谓的不同，从根本上来讲是因末那识而有，如果没有末那识，那么造成那些不同的原因也就没有了，所以必须承认有第七识。通过分析无想与灭尽定的区别，也是末那识存在的很好证明。

又契经说："无想、灭定，染意若无，彼应无别。"谓彼二定俱灭六识及彼心所，体数无异。若无染意于二定中，一有一无，彼二何别？若谓加行、界地、依④等有差别者，理亦不然。彼差别因，由此有故，此若无者，彼因亦无。是故定应别有此意。⑤

---

① 牙影：牙指牙旗，古代军队主帅的旗帜，一般上面有牙纹。牙影指牙旗与影子，二者同时存在，不相分离，用来比喻意根与意识的关系。
② 等无间缘：属于唯识学的四缘理论之一。指前念灭去的心、心所，为后念心、心所的生起，起到开导、避让的作用。有部《俱舍》主张六识说，否定意根是独立于六识外的识体，认为所谓的意根就是前念灭去的六识。"论曰，即六识身无间灭已，能生后识，故名意界。谓如此子即名余父……论曰，如五识界，别有眼等五界为依，第六识无别所依。"《阿毗达磨俱舍论》卷1，T29，p0004b。
③ 《成唯识论》卷5，T31，p0025b。
④ 加行、界地、依：加行指进入二定前的作意心所有所不同，无想定以出离想为作意，灭尽定以止息想为作意；界地指二定在三界中的不同归属，无想定属于色界四禅天，灭尽定属于无色界的非想非非想处天；依指二定修行主体的区别，无想定是外道所修，灭尽定是佛弟子所修。另外根据《俱舍论》卷五的记述，此二定的区别总计有十种。
⑤ 《成唯识论》卷5，T31，p0025b。

五　第七识的成立过程

早期佛典中虽然没有非常明确的第七识概念，但是意根说可以看作是佛陀对第七识存在的暗示。根据十八界理论，六识作用的发生，需要两大基础条件，一是作为认识对象的六尘；二是作为内在依托（机制）的六根。前五识的内在依托属于物质性的五根，第六识自然也需有自身的"根"作为内依托，意根概念由此而来。显然这种意根不可能就是第六识本身，更不会是作为等无间缘的前念已灭去的第六识。不过由于原始佛教理论侧重于经验性，只有六识说，对意根并没有过多的解释，所以很多时候意根与第六意识被人为混淆。

另外"恒行无明"或"不共无明"也是佛陀对第七识存在的重要暗示。正如之前的分析所言，凡夫的无明烦恼一直存在，不会因为六识的变化，甚至中断而有所改变。而表现在前六识层面，能为人们感知及经验的无明、贪、嗔等，只是浅表性的无明烦恼，应该还有层次更深、作用更恒常顽固的无明，以保证凡夫的染污性质不会因为六识的变化、中断而改变。也正是在此思想背景下，到部派佛教时期，出现了与之类似的理论，印顺法师的《唯识探源》认为它们与第七识有很强的关联性。与阿赖耶识有关联性的理论，在部派佛教的文献中有很多，然而跟第七识相关的线索则非常少，《大毗婆沙论》在论述"遍行因"，提到分别论者[①]有如下思想：

> 或复有执，五法是遍行，谓无明、爱、见、慢及心，如分别论者，如彼颂言："有五法遍行，能广生众苦，谓无明、爱、见、慢、心是为五。"[②]

说一切有部用"六因说"来解释有情生命的缘起原理。其中的"遍行因"指某些带有普遍生起后续染法作用的烦恼心理，共计十一种，即四谛之苦谛下的身见、边见、邪见、见取见、戒禁取见、疑、无明；以及归属集谛下的邪见、见取见、疑、无明，此十一烦恼是生起后续其他烦恼的遍行因。

而分别论者则认为遍行因不仅指心所，应该还有心王。它们共计有五种：无明、贪（爱）、（身）见、慢、心，其中前四个遍行因与唯识学第七识所具有的四大根本烦恼心所（我贪、我痴、我见、我慢）从名目上完全一样。最后的心究竟何指？这

---

① 分别论者：分别论者的观点在《大毗婆沙论》等中有记载，但是它究竟属于二十部中的哪个派别，不是非常清楚。吕澂的《印度佛学源流略讲》第二章："《大毗婆沙论》所说的分别说部，只是泛说一般采用分别说的态度与方法者，并未确定是指那一派。其中，既有化地部，也有南方上座部，甚至于也有案达的大众部。但是，上座系与分别说部的关系最为密切。"印顺法师的《说一切有部为主的论书与论师之研究》第九章第一节认为："《大毗婆沙论》的分别论者，是印度本土，尤其是流行于北方罽宾区的化地、法藏、饮光——三部。"
② 《阿毗达磨大毗婆沙论》卷18，T27，p009。

得涉及分别说者的心识理论了，学界认为分别说者与化地部关系最为密切，而化地部主张在六识外还有一类作用微细、不会间断的心识，称为"穷生死蕴"。这里作为遍行因的心应该不是指六识，因为作为遍行因的心，应该是作用持续、不会中断的染污心，而六识性质变化无常，还会间断，显然不具有遍行因的性质。所以此"心"应该就是指作用稳定持续的"穷生死蕴"之类的细心，再加上无明、爱、见、慢四大烦恼，此五法是产生后续烦恼的根本原因，这样的思想与唯识学末那识的理论确实已经非常相近了。

部派佛教时期，很多派别不满足于六识说，纷纷又另立一识，比如"不可说我""根本蕴""穷生死蕴"等，这样就从六识说增进到七识说。但还没有资料显示当时有八识说，即在七识外再立一识。分别论者应该也不例外，最多也是持七识说，由此作为遍行因的"心"与"穷生死蕴"，为同一个心识的可能性最大。它一方面与第八识性质类似，作用稳定持续，不会间断，担负有轮回主体、记忆载体等的功能；另一方面又近似末那识，具有染污性质，与无明、贪、见、慢四大烦恼，共同作为产生其他烦恼的遍行因。这样此"心"同时担负起第八、七二识的双重功能。然而在唯识学看来，一个心识上同时兼具八、七二识的双重性能是不可能的，因为它们二者的伦理性质完全不同。第八识除了具有稳定性外，还必须是无覆无记性，否则就无法成为业力（种子）的收藏体，以及作为总报异熟果，所以它不能有任何的善、染属性。而第七识作为产生不共无明的主体，烦恼的根源，它必须是染污性的，所以是有覆无记。所以第八、七二识必须分开，各自独立，这也是唯识学成立第七识的重要理由。

属于说一切有部的《阿毗达磨品类足论》在论述心所有法时，说有四无记根：

> 四无记根，即无记爱、无记见、无记慢、无记无明。[1]

这四法与第七识相应的四大根本烦恼心所名称完全相同，并且定性为无记，这与末那识的有覆无记的属性也一致，所以它们之间的关联性显而易见，很难否定。此四无记根概念，在唯识学的典籍中后来也有出现，与禅修理论有关，被认为是属于色界、无色界的障碍禅定的烦恼[2]。

《成唯识论》为了证明末那识的存在，曾引《解脱经》说：

---

[1] 《阿毗达磨品类足论》卷1，T26，p0693a。
[2] "杂染者，谓四无记根，一爱、二见、三慢、四无明。由此四惑染污其心，于诸染污静虑定门，令色、无色界一切有覆无记，烦恼随烦恼生长不绝。"《大乘阿毗达磨杂集论》卷9，T31，p0736a。

《解脱经》中，亦别说有此第七识，如彼颂："染污意恒时，诸惑俱生灭，若解脱诸惑，非曾非当有。"①

窥基大师的《成唯识论述记》认为此《解脱经》属于小乘经典，是四阿含没有收录的零散之经的汇集本，不过现在已经无从考证了。

六　第七识的生起条件及相应心所

（一）第七识生起的条件

第七识作用生起所需要的因缘条件，大致来讲有种子、根本识、境、作意心所、等无间缘五种。

1. 种子

是第七识生起最为直接的内因。第七识的作用与第八识一样始终持续，即使在灭尽定中也不会间断，但会发生性质上的转变，即从染污的我执作用逐渐地转变成平等性智。

2. 俱有依

第七识的俱有所依是第八根本识，因为一方面它与第七识同时存在，另一方面第八识的作用永远持续存在，不会有片刻的间断，它是第七识的内依托。

3. 境

第七识的认识对象是第八识见分，第七识以第八识为内依托生起作用，同时反过来又以第八识见分为认识对象，对之恒审思量，产生我执。

4. 作意心所

作意具有使心警觉，将心引向所缘对象的作用，它引导第七识去思量执着第八识。

5. 等无间缘

指第七识自身前一刹那已灭去的心念，正因为前念心的无间灭去，才能使得后念心相续不断地生起，它是后念心生起的开导依。

（二）第七识相应的心所有法

第七识是产生俱生我执——不共无明的主体，是烦恼现象的根源。由于第七识的活动极其微细与独特，不是所有的心所法它都具有，有一些烦恼心所与它相应。总体而言，染污位的第七识总共具有十八个心所有法，它们分别是根本烦恼中的我见、我慢、我贪、我痴；五个遍行心所；别境心所中的慧心所；以及掉举、昏沉、

① 《成唯识论》卷5，T31，p0024c。

不信、懈怠、放逸、散乱、不正知、失念八个大随烦恼。清净位的第七识转而生起了平等性智，与之相应的心所法同第八识一样也是五遍行、五别境、十一个善心所，总计二十一个。

善心所之所以不与第七识相应，因为末那识恒审思量第八识，所以始终保持着染污性，不同于第六识有善、恶的性质变化。

就根本烦恼心所而言，我见、慢、贪、痴与第七识作用与性质相符，并且由于第七识的染污性质也相应加重了它们的我执性，所以在它们的名称上特别增添了"我"；而嗔与疑分别所对的是自己厌恶或疑惑的对象，第八识对于末那识来说，是喜爱与明确的对象，否则无法产生贪爱及我见了，所以它们不与第七识相应；至于其他的边见等根本烦恼，由于它们与我见的性质相反，所以也不与第七识相应。

就别境心所来讲，慧心所指思维作用，第七识需要此染污慧心所的作用来思量第八识；欲是面对未接触到的对象，进而产生求求心理，而第七识无始以来一直思量第八识，所以不存在希求心；胜解面对的是未知、疑惑的事物，而第八识始终是第七识的确认对象，所以不会有胜解心；忆念面对的是过去的境界，第七识始终认识当下的第八识，所以也不会有忆念作用；定心是禅定中的心理作用，第七识并非禅定状态，所以不具有此定心所。

就不定心所来讲，第七识对第八识的执着极其顽固且持续，所以不可能有恶作（后悔）与睡眠心理；寻、伺是第六意识向外的分别活动，是对境相深入、细致的思维观察作用，第七识属于向内的自我执着，它的分别性不如第六意识明显强烈，所以不具有寻、伺心所。

就随烦恼来讲，与第七识相应的是掉举、昏沉、不信、懈怠、放逸、散乱、不正知、失念八个大随烦恼，因为它们的活动强度较弱，与第七识作用细微的性质相符；而忿、恨、恼等十小随烦恼及无惭、无愧二中随烦恼，因为它们染污性质与活动强度较高，有些与第七识的性质又不相符，所以与第七识无法相应。

七　第七识的伦理属性

末那识的伦理属性为"有覆无记"。"有覆"说明末那识的染污本质，因为它是产生不共无明——俱生我执的主体，并且还有我贪、我见、我痴、我慢四大烦恼心所与它相应生起，所以它的性质是染污性的。这种染污性质，犹如灰尘覆盖心灵，障碍圣道的生起，故名"有覆"。而"无记"则表明末那识虽然是"有覆"的，但它又不具有前六识般的善、恶表现。六识的活动强烈明显，可以直接感知并对之进行善、恶的区分（有记），而末那识自身以及相应烦恼心所的活动太过细微，常人无法感知，无法对之进行善、恶的区别，所以称为"无记"，如同色界、无色界相应的烦恼心所，由于受到禅定力量的抑制，表现得不明显，所以也是无记。末那识的"有覆无记"性,既表明了它的染污本质,又体现了其活动的微细与隐匿性。在染污位,第七识始终不断地保持着有覆无记性,不会有其他性质的变异,直至转依后生起平等性智,它才转变为无漏的善性。

> 末那、心所何性所摄?有覆无记所摄,非余。此意相应四烦恼等是染法故,障碍圣道,隐蔽自心,说名有覆;非善、不善,故名无记。如上二界诸烦恼等,定力摄藏是无记摄;此俱染法,所依细故,任运转故,亦无记摄。若已转依,唯是善性。①

八 第七识的转依

第七识的俱生我执作用隐匿而顽固,对前六识的影响与控制力巨大,这种不共无明被认为是无明烦恼现象的幕后动因,也是凡夫染污性的根源,并且还有四大根本烦恼、八个随烦恼心所与之相应俱起,所以末那识是解脱的重要障碍,也是修行对治的主要目标。因为末那识的染污作用极其顽固,所以它的转依与阿赖耶识不同,后者与前五识属于果中顿转,而此识的转依与第六识一样,需要一个漫长的渐进过程,不可能在瞬间、顿时完成。末那识转依后生起的是平等性智,它的性质与我执正好相反,它们属于此消彼长的关系,即当末那识的我执作用被彻底抑制时,平等性智作用就转而发生了。随着"我执"消除进度的深浅,相应生起的平等性智可以依次分为初、中、上三个品级,由此第七识的转依可以分为三个阶段。另外由于第七识的作用微细,常人无法感知,自然无法对其直接控制,所以第七识的转依需要通过前六识层面来进行,因为六识是常人能够直接经验与操控的。运用正确的修行方法(主要通过修行我、法二空观)对六识进行控制与干预,进而逐步影响到心识深层的末那识领域,最终使之发生转变。转变末那识的过程是艰难而漫长的,因为它的染污作用极其顽固,不是一朝一夕就能消除的。

有关第七识的转依理论,在《成论》等中有很多的论述,《八识规矩颂》将其梳理为三个阶段:首先在见道位(初地的入心位,初地称为欢喜地或极喜地),生起了初品平等性智;其次在第八不动地位时,进入无相无功用的境界,生起了中品的平等性智;最后在究竟的佛果位,生起了最上品的平等性智,依此变现他受用身,以十地内的菩萨作为教化的对象。

> 极喜初心平等性,无功用行我恒摧,如来现起他受用,十地菩萨所被机。

---

① 《成唯识论》卷5,T31,p0023c。

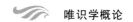

（一）极喜初心平等性（初品平等性智）

第七识在见道位，即初地的入心位时，无漏的初品平等性智转而生起。第七识作用微细，常人无法直接经验与控制，所以它的转依要仰仗第六识来进行。由于在第六识层面修行成就了我空观，进而阻碍第七识的我执，使之暂不生起。不过此时第七识的俱生我执现行与种子还未彻底消除，需要在后面的修道位中，逐步断除相应的二障种子与现行活动，直至金刚道阶段，残余的二障种现才彻底断除。

> 谓此识于初地，初心既转成无漏，则相应心品转智亦成无漏，由第六识入双空观故。谓第六入生空观故，碍此第七我执不生，法执犹恒……谓第七识无力断惑与执，全仗第六识也，故颂云："分别二障极喜无，六、七俱生地地除。"第七修道除种、现，金刚道后总皆无。故第七成于无漏，皆由第六以断惑、证理胜故。①

（二）无功用行我恒摧（中品平等性智）

第七识在进入第八地时，生起了无漏的中品平等性智。因为在八地之前，第六识不是永远处于我、法二空观的缘故，所以第七识俱生我执的作用还会间断生起。而修行到了第八不动地之后，由于第六识能永远处于我空观，所以第七识的俱生我执的现行作用此时永远伏灭，但俱生法执还是会间断生起。

> 谓此识于第八地以前，法执犹恒，我执间断，由第六不恒在双空观故。至此不动地，则我执永伏，法执间起，由第六恒在生空观故。②

（三）如来现起他受用，十地菩萨所被机（上品平等性智）

第七识到佛果位时，生起最上品的平等性智。在金刚道位（第十地的出心位），即成佛前的刹那，第七识残余的俱生我执的种子、法执的现行及种子都断除干净。上品的平等性智能变现十种他受用身，分别教化十地中的菩萨。

> 谓此无漏第七识相应平等性智，佛果位中现十种他受用身，即能被之佛，十地菩萨，乃所被之机也。③

---

① 《八识规矩补注》卷2，T45，p0473b。
② 《八识规矩补注》卷2，T45，p0473c。
③ 《八识规矩补注》卷2，T45，p0473c。

综上所述，末那识的转依分为三个阶段。首先修行到见道位时，当根本无分别智发生时，与第六识相应的分别起的二执被顿时断除，第七识的俱生我执现行暂时停止，此时生起了初品平等性智，由于在后续的修道位中，俱生我执偶尔还会间隔生起，所以平等性智也会间断；其次是到第八地时，由于第七识的俱生我执现行被永远止息，此时生起了中品平等性智，并且之后不会再有间断，不过俱生我执的种子还未彻底消除，另外法执的种子、现行亦尚存在；最后是到究竟的佛果位时，因为在金刚道阶段，第七识残余的我执种子、法执的种子与现行活动都被断除干净，此时生起了最上品的平等性智，圣者依托此智显现十种他受用身，尽未来际教化十地中的诸位菩萨。

第四节　前六识

心识活动的最大特征是"了别"，这种功能虽然八识都有，但是以六识（尤其第六意识）的了别作用最为强盛，它们的作用显著而活跃，常人能直接经验。前六识的活动类型极其丰富，第六识与五十一个心所有法都相应，前五识相应的心所法有三十四个，包含认知、情感以及意志等各种心理活动。前六识根据所依托的根及各自作用的不同，又可分为前五识及第六意识两类。前五识以物质性的五根为依托而生起了别作用，即五种感觉认识；第六意识以意根为依托而发生认识作用，包括知觉、思维、想象、回忆等。与末那识内向性的自我思量作用不同，六识更多是向"外"的了别，即对于色、声、香、味、触、法六尘境的认识。凡夫六识了别的最大特征是唯识性与虚妄性，即在分别中变现了境相，但将此境相执着为外境，外化为对象。在我执、各种习气以及外在观念等的影响下，六识（主要是第六识）对于自我与存在产生了各种颠倒的认识，如虚无主义、实体主义、一元论、二元论等。它们都是六识虚妄分别的产物，也是造成众生痛苦轮回、无法解脱的重要原因之一，因为错误的存在观会导致错误的人生价值观与解脱取向。

如何扭转六识的虚妄分别，将之趋向"如法"，使得六识的了别作用符合实相，并具有正面的意义，从而真正有利于个体与人类福祉的增进，这成为修行解脱的重要课题。而要扭转、破除上述的虚妄分别，进而亲证到诸法实相，最终彻底断除末那识的俱生我、法二执，需要通过闻、思、修三慧及戒、定、慧三学来完成，而此三慧及三学都需付诸六识层面来实施，因为只有六识是我们能够直接经验与控制的。

一　六识的名称

藏识、末那识（意识）的名称都属于梵文复合词中的持业释，它们都依各自的功能而立，名称就体现了各自的性能。而前六识的名称则属于依主释，名称反映了它们各自的内依托，因为六识分别以意根、眼等五根为各自的不共所依，其中五根属于色法，而意根属于心法。根据所依根的不同，所以六识分别被称为意识、眼识、耳识、鼻识、舌识、身识。依据内在依托的根而立名还具有五种含义：依着内依托的根而建立识名、由所依托的根而引发识的作用、识种子随着所依的根而生起现行、识的作用对根亦起到助缘作用、根与识同样都属众生范畴。

另外六识也可以各自的认识对象来命名，六识的了别对象是六尘，所以也可以称为色识、声识、香识、味识、触识、法识，例如在世亲菩萨的《摄大乘论释》中就有如此的称呼①。但因为转依后，六根可以互相通用，即在一个根上所生的识可以认识余根的对象，这样如果还是以对象来命名就会造成混淆，所以一般还是以所依的根来命名六识更为妥当。

> 此识差别总有六种，随六根、境种类异故，谓名眼识乃至意识，随根立名，具五义故。五谓依、发、属、助、如根。
>
> 虽六识身皆依意转，然随不共，立意识名；如五识身，无相滥过。或唯依意，故名意识。辨识得名，心、意非例。
>
> 或名色识乃至法识，随境立名，顺识义故，谓于六境了别名识。色等五识唯了色等，法识通能了一切法，或能了别法，独得法识名。故六识名，无相滥失。
>
> 此后随境立六识名，依五色根未自在说；若得自在，诸根互用，一根发识缘一切境。但可随根，无相滥失。②

二　六识的行相与所缘

常人能够直接感知经验的心理活动就是六识，它们的活动强烈明显，类型丰富多样，其中又以了别为其行相的最大特征。了别指心识的认识与分别功能，虽然八识都具有此功能，但以六识的了别功能最为强盛。第六意识与前五识的了别模式及对象各有所不同，大致而言，前五识的行相与所缘相对单一，它们的了别作用为现量，对象为色等五尘境；而第六意识的行相与所缘种类丰富，了别模式既有现量也有比量，所缘的对象复杂多样，多以名言概念构成，总称为法尘境。

---

① "释曰：此难余十界不应说唯识，前明身识即是五根，谓眼识乃至身识；前明应受识即是五尘，谓色识乃至触识。"《摄大乘论释》卷5，T31，p0183b。
② 《成唯识论》卷5，T31，p0026a。

（一）第六意识的行相与所缘

在所有的心识中，第六识的作用最为活跃及复杂多样。其认识模式，包含现、比二量；其活动类型，大致可以分为五俱意识、独散意识、梦中意识、定中意识四类。第六识的认识对象更是复杂，它们主要由名言概念构成，统称为法尘境。按三类境理论，意识所缘的对象包含性境、带质境、独影境。

1. 第六识的各种行相及所缘

关于第六识的活动类型，在唯识学典籍中的论述相对零散，后来的《宗镜录》做了较为集中的归纳。

> 问：第六心王，有其几种？答：义说有四，一明了意识，与前五识同缘五尘，分明显了；二定中意识，引得上定，定中所起；三独散意识，不与前五同缘，为拣明了，故立独名，又非定中所起，故名为散，独于散位而生起故；四梦中意识，于睡眠位，起此识故。[①]

第六意识活动的种类虽然丰富多样，然而根据上述的归纳，大致可以分为四种类型：

（1）明了意识：又名五俱同缘意识，主要的作用就是帮助五识认识五尘。根据唯识学的理论，前五识单凭自身无法产生认识作用，它们需要第六意识的帮助才能认识五尘，所以此五俱同缘意识也叫明了意识。它与前五识同时生起；同以五尘境作为认识对象；认识模式也与前五识一样，都为现量，即对五尘境第一刹那的原初、直接的认识；所缘对象的性质同属性境。

另外还有一种意识活动被称为五俱不同缘意识，它是在五俱同缘意识作用发生之后，继续生起的意识活动。其认识的对象不是五尘境，而是以先前五俱同缘意识感知到的五尘信息滞留在意识中的印象为认识对象；认识模式为比量，即在先前五俱同缘意识的基础上，对五尘信息的印象进行后续的整理、分析与判断，相当于知觉认识；所缘对象的性质为带质境。

（2）定中意识：处于定中的意识状态，主要以令心入定的业处（如呼吸、佛号、佛像等）为认识对象；其认识模式属于现量；所缘对象的性质为性境。

（3）独散意识：这是第六识普遍的活动类型，因为不与前五识同时生起，所以叫独；另外又不是定的状态，所以叫散。独散意识的种类丰富，如记忆、想象、思维、幻觉等，它们的对象都由名言概念构成，统称为法尘境；它的认识模式为比量，

---

① 《宗镜录》卷36，T48，p0623c。

运用推理、归纳、分析等方法分别法尘境，由于处于散心状态，所以在很大程度上受制到我执、各种烦恼以及观念、经验、文化等的干扰与影响；所缘对象的性质为独影境。

（4）梦中意识：睡梦状态中的意识活动，也可以归为独散意识。它的认识对象是各种梦境；认识模式为比量；所缘对象的性质为独影境。

2. 第六识的七种分别

第六意识的作用在八识中最为活泼与丰富。《瑜伽师地论》对第六识活动的具体类型、状态等做了归纳，有分别所缘、审虑所缘、若醉若狂、若梦若觉、若闷若醒、若能发起身业语业、若能离欲若离欲退、若断善根若续善根、若死若生等。其中的分别所缘指第六识的了别作用，其中还可以细分为有相分别、无相分别、任运分别、寻求分别、伺察分别、染污分别、不染污分别七种。

> 云何分别所缘？由七种分别，谓有相分别、无相分别、任运分别、寻求分别、伺察分别、染污分别、不染污分别。有相分别者，谓于先所受义，诸根成就，善名言者所起分别。无相分别者，谓随先所引，及婴儿等不善名言者所有分别。任运分别者，谓于现前境界，随境势力任运而转所有分别。寻求分别者，谓于诸法，观察寻求，所起分别。伺察分别者，谓于已所寻求，已所观察，伺察安立所起分别。染污分别者，谓于过去顾恋俱行，于未来希乐俱行，于现在执着俱行，所有分别；若欲分别、若恚分别、若害分别，或随与一烦恼、随烦恼相应，所起分别。不染污分别者，若善、若无记，谓出离分别、无恚分别、无害分别，或随与一信等善法相应；或威仪路、工巧处及诸变化，所有分别。①

（1）有相分别：在前五识感知五尘信息后，进而产生后续的寻求、决定心，是对五尘境进一步认识分别与确定的意识活动；是心智成熟的成人，善于使用名言概念所进行的认知活动。第六意识的虚妄分别性虽然在各种认识中都有所表现，但在有相分别中表现得更为强烈，这种虚妄分别的最大特征就是将前五识或第六识所变现的相分境，一方面错误地认为即是实相本身，另一方面又顽固地执着为是识外的客观实在，即将原本一体的相、见二分执着成二元性的所取与能取。

（2）无相分别：在寻求、决定心后的染净、等流心，是先前意识活动的惯性作用；或者指婴儿等心智尚未成熟者，不善于运用名言概念所进行的具象认知活动。

（3）任运分别：对于当下现前的认识对象（一般是极其熟悉的），不是刻意、用心地认识，而是随顺对象的行相及变化，自然"无意识"地认识，此通定及散心

---

① 《瑜伽师地论》卷1，T30，p0280c。

位，属于无相分别。

（4）寻求分别：对于认识对象，在经过五俱同缘意识的感觉认识及五俱不同缘意识的知觉认识后，希望进一步探寻，进而继续观察认识的心理活动，属于有相分别。

（5）伺察分别：在已经寻求分别后，对于已认识确定的对象，进一步细致、深入地认识，属于有相分别。

（6）染污分别：因为贪心的缘故，对于喜欢的认识对象，已经过去的留恋执着，还未发生的急切希望，现在发生的迷恋沉醉；或者对于不同的认识对象，在认识时混杂了或贪、或嗔、或害的心理，即与某个根本烦恼、随烦恼心理一同生起。

（7）不染污分别：在进行认识时，或者与善心所一同生起，或是处于无记状态。所谓与善相应的分别指与出离心同时生起的认知心理、与无嗔心同时生起的认知心理、与无害心同时生起的认知心理，或是与其他如信等某一个善心所同时生起的认知心理。无记分别指第六意识处于非善非恶状态下，所表现出来的各类肢体行为、各种技能活动、神通变化等，无记分别是处于非善非恶心理时的认识活动。

（二）前五识的行相与所缘

相比第六意识，前五识的活动类型、认识模式、所缘对象等都相对单一集中。眼、耳、鼻、舌、身五识的作用就是对色、声、香、味、触五尘的感知，是有情生命获取"外在"信息的重要渠道。五识的认知模式为现量，所缘的认识对象属于性境。需要注意的是，虽然前五识有自身的独立作用，但它们需要第六意识的帮助才能完成对五尘的了别，所以自然受到第六识的影响，由此前五识层面也具有了第六意识的某些性质。

有关前五识活动行相与对象的具体特征，《瑜伽师地论》总结有六种：

> 彼作业者，当知有六种。谓唯了别自境所缘，是名初业；唯了别自相；唯了别现在；唯一刹那了别；复有二业，谓随意识转、随善染转、随发业转；又复能取爱非爱果，是第六业。①

1. 了别自境所缘

凡夫位前五识的认识对象集中而单一，它们只能以各自对应的五尘境为认识对象，即眼识缘色境、耳识缘声境、鼻识缘香境、舌识缘味境、身识缘触境。而到了圣者位，则具有"六根互用"功能，即五识中的任何一识可以认识所有的五尘境。

---

① 《瑜伽师地论》卷1，T30，p0279b。

2. 了别自相

前五识的了别作用属于感觉，是根与境接触后，识生起的最初认识，属于凡夫层面的现量。因为有五俱同缘意识作用的同时生起，所以多少受到第六意识的影响。现量的认识对象为自相，就五识而言，能认识事物外在的各种单一属性，它们都是事物所独有的，所以称为自相。

3. 了别现在

前五识的了别属于现量，只能以当下显现的境为认识对象。过去、未来属于"无法"，是不存在的事物，它们需要比量的分别作用才能变现出相应的境相，从而被认识，它们是第六识比量的对象。

4. 一刹那了别

现量认识是静态与片段性的，前五识对于五尘的认识，属于一刹那的认识；比量分别则具有动态的连续性。

5. 随意识转、随善染转、随发业转

随意识转，因为前五识单凭自身无法产生了别作用，需要第六识（五俱意识）的帮助才能够认识五尘，所以只要五识发生了认识活动，必定有第六识与之同时生起；随善染转，因为第六识伴随与前五识共同生起，所以第六识的善染性质也会影响到五识，使得它们也具有了善染性；随发业转，第六识的意业是身、口二业的内驱，所以前五识层面的身、口二业是在第六识的发动下所产生的。

6. 能取爱非爱果

前五识随意识转、随善染转、随发业转，由此造作善、恶等业，未来的总报若生在人天等善趣，其中由善业所感的异熟生眼等别报，称为取可爱果；若总报生在地狱等恶趣，其中由恶业所感的异熟生眼等别报，则称为取不可爱果。

三　前六识的关系及生起条件

（一）第六识与前五识的关系

第六识与前五识的关系密切，双方都有互相促进与影响的作用。首先就前五识而言，第六识帮助它们生起作用，因为没有五俱意识的帮助，前五识单凭自身无法产生作用；另外意识对五识的认识有增强与参与的作用，对五尘能够更加清楚地认知与分别，所以称第六识为五识的分别依。

> 若尔，五识已了自境，何用俱起意识了为？五俱意识助五令起，非专为了五识所缘。又于彼所缘，能明了取，异于眼等识，故非无用。由此圣教说彼意

识名有分别，五识不尔。①

　　第六识的增进及参与，使得某些成分渗入到前五识的活动中去。表面上看，前五识是对五尘信息的被动、现量的感知，似乎是纯粹独立的作用，没有主观其他因素掺杂其中，实际上第六意识的分别性以及意识层面的诸多因素，如各种情绪、烦恼、经验知识、价值判断等，都或多或少地渗入到五识的活动中，只是这种影响常人往往不自觉而已。正因如此，五识的现量是不纯粹的，只能属于凡夫现量，所以它们认识到的也不可能是五尘的实相，真正纯粹的现量，是见道位发生的根本无分别智。

　　反过来，五识的感知活动对第六识也有非常重要的作用，因为认识主体只能通过五识来获取关于五尘的信息，五尘信息经由五识形成了各种信息的质料，第六意识要以它们为基础与对象才能进行后续的认知加工。另外前五识对五尘的感知活动已受第六意识的认识模式、习惯等的影响，所以五识所变现的关于五尘的原初相分境，已经带有主观的色彩，似乎是识外的客观实在，而意识对此印象的后续分别更是加重、加深了这种二元的色彩。

　　第六意识的认识活动则受到内、自、外三重因素的影响。内在因素指第七识的我执作用、各种烦恼种子；自指第六识层面的认识模式、认识习惯、文化及经验背景等；而影响第六识的外在因素，主要指经由五识感知而形成的关于五尘的印象。第六意识正是在上述三重因素的影响下对法尘境进行分别，进而形成各种判断与观念。其中很重要的一点是，第六识在进行认识活动时，往往受制于认识的习惯模式影响，并夹杂了烦恼。唯识学认为，认识心理与烦恼心理虽然属于不同的心所有法，如触、作意、想、思、慧等认识心所与贪、嗔、痴、慢等烦恼心所虽有区别，但在实际的认识活动过程中，两者往往交织在一起，共同生起，互相影响。《成论》中一段有关"五心"的理论，就反映了上述思想。最初的率尔心属于眼识的作用；寻求、决定只是第六意识的作用；决定心发生之后，有染净心的生起；接着还有等流心的生起，同时眼识也随着等流心继续生起作用，并有善、恶的相应变化。从此以后，在第六意识不转变认识对象前，眼识与第六意识两者一起或善或染，持续地转变生起。

　　　　复次，由眼识生，三心可得，如其次第，谓率尔心、寻求心、决定心。初是眼识；二在意识；决定心后，方有染净；此后乃有等流，眼识善、不善转，而彼不由自分别力。乃至此意不趣余境，经尔所时，眼、意二识或善或染，相

----

　　① 《成唯识论》卷7，T31，p0038b - p0038c。

（3）根：第六识直接依托末那识，末那识是第六识作用发生的内在依托，如同五根对于五识的作用。末那识也是第六识的染净依，因为末那识的我执作用是造成第六识染污的根源，反之此我执的断除，也是第六识转识成智的关键。

（4）境：第六识的认识对象极其广阔，在八识中最为丰富，它可以认识自、共相；过去、现在、未来法等，这些对象都由名言概念构成，统称为法尘境。

（5）作意心所：作意具有使心警觉，将心引向所缘对象的作用，它引导第六识去认识分别各种法尘境。

（6）等无间缘：指第六识自身前一刹那已灭去的心念，正因为前念心的无间灭去，才能使得后念心相续不断地生起，它是后念心生起的开导依。

2. 前五识的生起条件

前五识作用的生起要受制于一些外在因素，所以它的活动发生频率在八识中是最低的，所需的条件在八识中也是最多的。如果以眼识为例，大致需要种子、根本依、染净依、分别依、根、境、作意心所、空间、光明、等无间缘十种条件。

（1）种子：种子是眼识作用生起的亲因。前五识要在认识五尘的时候，才会发生五识的作用，并且受制于一些外部条件，所以它们的活动发生频率不高。

（2）根本依：第八识是眼识的根本所依。

（3）染净依：第七识是眼识的染净依，因为第七识是第六识染污或清净的依托，而前五识又受到第六识善、染性质的很大影响，所以从间接来讲，第七识对前五识也具有染、净的影响。

（4）分别依：第六意识是眼识的分别依，因为在五识对五尘的感知活动中，第六意识起到了帮助与参与的作用。

（5）根：眼根是眼识的直接依托，虽然五识产生的直接内因是种子，但是五根对于五识作用的产生也起到了重要作用。

（6）境：眼识的认识对象是色境。

（7）作意心所：作意具有使心警觉，将心引向所缘对象的作用，它引导眼识去感知色境。

（8）空间：眼识要能够清楚地认识色境，需要色境与眼根保持适当的距离，太远或太近都不适合。

（9）光明：光明或光波是眼识能够认识色境的重要条件，因为色境必须通过光波的反射（或直射）才能够对眼根产生适宜的刺激，眼识进而对之产生相应的感知分别。

（10）等无间缘：指眼识自身前一刹那已灭去的心念，正因为前念心的无间灭去，才能使得后念心相续不断地生起，它是后念心生起的开导依。

另外，耳识作用的产生需要九缘，即在上述眼识十缘基础上去除光明缘，因为耳根的适宜刺激是声波，所以无须光明缘。而鼻、舌、身三识作用的产生需要八缘即可，即在耳识九缘的基础上，再去除空间缘，因为此鼻、舌、身三根需要与香、味、触三境接触后，才能使得鼻、舌、身三识产生相应的感知，所以无须空间缘。

3. 五根与五识的关系

就五根与五识的关系问题上，唯识学反对唯物主义的观点，即意识仅是根身上派生的某种属性与作用。因为在唯识看来，识的最大特征是具有"了别"的作用，而这种功能是无论物质如何演变、进化也无法产生的，除非物质本身就隐藏具有这种属性。然而唯识学也并不认同精神创生物质这种极端唯心主义的观点，因为在阿赖耶识缘起的或阿赖耶识变现万法的思想大框架内，色法自身还是具有相对独立的性质，色法产生的直接原因是造色种子而不是阿赖耶识；另外疏所缘的成立，也表明对于五尘存在的某种承认，虽然它们在第八识内，被作为第八识的相分。另外，五识作用产生的直接内因是自种子，但是五根对于五识作用的产生也起到了非常重要的助缘作用，这些观点在护法、玄奘系的"有相唯识学"中表现得尤其明显。

五根属于色法类的生理组织，还分为浮尘根及胜义根两类，前者是比较粗重、肉眼能够看见的器官组织，后者是由更加精细的色法所构成的组织系统，前者是后者的依托之处。胜义根是促使五识作用发生的真正内机制，它的作用比浮尘根更重要，也是五根的真正主体，所以称为胜义根。虽然胜义根常人看不到，但是仍然具有质碍的性质，因此它们属于色法。有人认为胜义根就是近代医学发现的神经系统，但也有人反对，因为神经系统是肉眼可以看见的，所以它们还是属于浮尘根，而胜义根是更加精细微妙的组织器官，凭目前的技术水平还是无法观察到的。在阿含类经典中对胜义根已经有所说明。

> 云何眼是内入处？佛告彼比丘：眼是内入处，四大所造净色，不可见有对[①]。耳、鼻、舌、身内入处亦如是说。[②]

五根本身没有感知、认识功能，它们的作用如同镜子映现影像，镜子本身不具备对影像的感知能力。浮尘根的作用是接收五尘的刺激信号，胜义根将接收到的刺激做进一步的信号转化，同时激活五识种子，由此产生五识的现行活动，对经由胜义根转化的信号进行感知。

而从有关根、识关系的五义（依、发、属、助、如）中则可以发现，它们彼此都对对方起到助缘或影响的作用，如其中的"发"（由所依托的根而引发识的作用）

---

① 有对：对即障碍，指色法因为有质量及广延性，所以互相形成障碍。
② 《杂阿含经》卷13，T02，p0091c。

及"属"（识种子随属于所依的根而生起现行），表明了五根对五识作用的发生起到了重要的帮助作用；而"助"（识的作用对根亦起到助缘作用）则反映了识的状态对根同样具有影响作用，比如听到舒缓的音乐、看到适宜的风景，对于五根也会起到放松、调节的作用。

总体而言，唯识学反对一元论模式（a 派生 b），因为五根与五识都是由各自种子所变现，各自具有不同的属性与功能。唯识学也反对二元论（a 与 b 平行独立），因为它们对于五识作用的产生起到了非常重要的帮助作用，反过来五识状态对于五根的变化也具有相对的影响作用。另外五根并非独立于识外，它们是第八识的相分境，所以在阿赖耶识缘起的大框架下，识与根彼此作用、影响，互相成为对方生起及变化的重要条件之一。

四　前六识的相应心所与伦理属性

第六意识的性质是八识中最活跃的，它的活动发生频率很高，它的活动类型更是极其复杂多样，包括认知、情绪、意志等所有的心理活动在第六识上都有相应的表现。所以与它相应的心所有法在八识中也是最多的，具有全部的五十一种心所有法，即五遍行、五别境、十一善心所、六根本烦恼、二十随烦恼、四不定心所。

虽然前五识自身的作用是现量，但由于受到第六识的影响，所以具有第六识方面的一些性质与作用，使得五识的活动表现更加复杂，它们总共具有三十四种心所有法，即五遍行、五别境、十一善心所、三个根本烦恼（贪、嗔、痴）、八个大随烦恼（不信、懈怠、放逸、惛忱、掉举、失念、不正知、散乱）、二个中随烦恼（无惭、无愧）。因为五识的作用属于现量，所以不具有比量分别的抉择能力，从而产生慢、疑、恶见三个根本烦恼；至于忿、恨、恼、覆、诳、谄、骄、害、嫉、悭十个小随烦恼，它们的作用明显，活动强烈，五识不具有；而悔、眠、寻、伺四个不定心所只与第六识相应，前五识也不具有。

第六识的伦理属性与它们的活动状态是密切一致的，第六识具足五十一种心所有法，活动类型极其复杂多样，当与信等善心所相应时，它就处于善的状态，因为能对今生、来世的生存带来益处；与贪等烦恼、随烦恼心所相应时，它就处于恶等状态，因为能够对今生、来世的生存带来损害；如果没有善、烦恼心所相应，它就处于无记状态，因为无法记别善和不善、有益及损害。由于六识作用强烈明显，上述的善、恶状态是可以直接感觉区分的，所以第六识的伦理属性不同于第八、七识的无记，而是善、恶、无记三性具足，并随着六识活动类型及状态的变化，三性也时常变换。前五识虽然就自身来讲是对五尘的现量感知，主观的善、恶能动性较弱，但受第六意识的影响，当第六识处于或善或恶的状态时，五识无形中也受其影响，从而具有善、恶等的属性。

此六转识，何性摄耶？谓善、不善、俱非性摄。俱非者，谓无记，非善、不善故名俱非。能为此世、他世顺益，故名为善。人、天乐果，虽于此世能为顺益，非于他世，故不名善。能为此世、他世违损，故名不善。恶趣苦果，虽于此世能为违损，非于他世，故非不善。于善、不善益损义中，不可记别，故名无记。此六转识，若与信等十一相应，是善性摄；与无惭等十法相应，不善性摄；俱不相应，无记性摄。[①]

以是否为今生或来世的生存带来益处或损害，来判定行为的善或恶，从表面上看带有很强的功利主义色彩，但就佛教伦理的实质来看恰恰相反。因为所谓的益处虽然包含物质上的利益，但这不是究竟意义上的，仅属于人、天层面的益处，就解脱来讲，若还执着于物质的益处，本身就是贪的表现。所以在上面的论述中也强调人、天的快乐果报本身并不一定能够带来后续的利益，沉迷其中反而会助长烦恼，进而带来后续的危害；反之苦道也不一定会对未来带来损害，道理也是如此。所以益处在佛教的真正所指是断除贪、嗔、痴等烦恼后的自由与清净的境界；反之，真正的损害与物质的匮乏无关，而是指由无明、烦恼的行为而带来的痛苦感受与后续苦果。由此对行为的善、恶判断，要与佛教的人生观与解脱观相联系来进行判断，什么样的行为能够帮助断除烦恼的就是善，反之就是恶。另外，作为总报果的六道本身并不具有伦理上的善、恶性质，个体行为的善、恶与其身处的或"善"或"恶"道是无关的，所以只能以人的感受（苦、乐）来对六道定性，可以相应地称为可爱道或不可爱道。

五 前六识的间断与转依

（一）前六识的间断

1. 前六识的间断

第八、七二识的活动细微，生起所需的条件永远具备，所以在凡、圣位的任何时候都持续地发生作用，即便在灭尽定这种禅定的终极状态时，第八识也不会中断作用，依然起着摄持种子、根身等作用；第七识在此定中也只是终止了我执的作用而已。而前六识的活动强烈明显，作用的持续性不如八、七二识，尤其前五识本身不能思维分别，只是向外认知，生起所需的条件众多，所以中断的时间多，活动生起的时间少；第六识自身能够思维分别，认识作用内、外兼有，生起所需条件不多，所以活动频繁活跃，作用中断的时间少，生起的时间多，但在五种特殊状态时也会

---

① 《成唯识论》卷 5，T31，p0026b。

暂时中断。

> 由五转识行相粗动，所藉众缘时多不俱，故起时少，不起时多。第六意识虽亦粗动，而所藉缘无时不具，由违缘故，有时不起。第七、八识行相微细，所藉众缘一切时有，故无缘碍，令总不行。

> 又五识身不能思虑，唯外门转，起藉多缘，故断时多，现行时少。第六意识自能思虑，内外门转，不藉多缘，唯除五位，常能现起，故断时少，现起时多。①

2. 第六意识的五无心位

第六意识虽然作用活跃，并且生起所需的条件也不受制于外部因素，但在五种特殊状态下，它的活动作用也会中断，这五种状态被称为"五无心位"。

（1）无想天：想心所对第六识的分别活动起到了非常重要的推动作用，外道认为停止想心所的活动就能获得解脱，所以在修无想定时，产生了厌恶想心所的力量，由此生到了无想天，此天是在第四禅九天中的第四天。此天众生的寿命有五百大劫，除了刚投生及命终时有六识的活动，其余时间前六识及心所的作用都不生起。

> 无想天者，谓修彼定厌粗想力，生彼天中。违不恒行心及心所，想灭为首，名无想天。故六转识，于彼皆断。②

（2）无想定：无想定是外道所修的禅定，无法获得真正的解脱，修习此定的最好结果是来生获得无想天的果报。此定的修行者认为六识的活动是造成痛苦与轮回的原因，如果六识活动都停止了，自然也就不会再产生烦恼与痛苦，也即是解脱的终极境界。而想心所（对境取相，安立名言）是第六识思维分别的重要基础，是令六识造作活动的主要原因。修行者以脱离三界，进入无想天的作意为先导，以停止想心所为修行此定的首要任务，进而停止前六识的所有活动。修行无想定者已经伏灭了属于遍净天（三禅）的俱生贪，但是四禅及以上的贪还没能控制。在无想的状态中，身体安定和谐，所以也称之为定。

> 无想定者，谓有异生，伏遍净贪，未伏上染，由出离想作意为先，令不恒

---

① 《成唯识论》卷7，T31，p0037a – p0037b。
② 《成唯识论》卷7，T31，p0037b。

行心、心所灭。想灭为首，立无想名；令身安和，故亦名定。①

（3）灭尽定：按佛教的定学理论，灭尽定是最终极的定，也是断除烦恼，证入涅槃的必修之定。无想定只是停止了六识的活动，是不究竟的，因为六识的活动中虽然包含了烦恼恶业等现象，但它们的根源还在于潜意识中的本能——末那识的俱生我执以及各种烦恼的习气，所以仅仅停止六识的活动是治标不治本。灭尽定的修行以停止想心所活动的作意力量为先导，在停止六识活动之后，进而深入到心识的深层领域，末那识的染污活动都一并中止。从禅修次第来讲，灭尽定是在获得非想非非想定的基础上，将残余的细微心识活动都予以止息。在灭尽的状态中，前六识的所有活动以及第七识的我执活动都被停止了。灭尽定是解脱必修之定，因为修行者必须通过它来断除微细而顽固的末那识的我执等染污活动。修行此定者已经伏灭了属于无所有处的俱生贪，但非想非非想处及以上的贪还不一定都已经控制。在灭尽的状态中，身体安定和谐，所以也称之为定。

> 灭尽定者，谓有无学或有学圣，已伏或离无所有贪，上贪不定，由止息想作意为先，令不恒行、恒行染污心、心所灭，立灭尽名；令身安和，故亦名定。②

（4）无心睡眠：常人大多的睡眠状态中，第六意识并没有停止作用，常以梦的形式发生活动，梦的活动强度有时候甚至不亚于清醒状态。但也有深度且无梦的睡眠状态，因为非常疲惫等原因造成的身体状态，不容前六识再产生活动，所以称为深度的睡眠。在这种极重睡眠状态中，虽然没有睡眠心所的活动，但是由于与之相似，所以也假名为睡眠。

> 谓有极重睡眠、闷绝③，令前六识皆不现行。疲极等缘所引身位，违前六识，故名极重睡眠。此睡眠时，虽无彼④体，而由彼似彼，故假说彼名。⑤

（5）昏迷：因为风病、热病或受到外伤等其他原因造成的身体状态，不容六识作用的生起，处于闷绝状态中，俗称为昏迷或失去意识。

---

① 《成唯识论》卷7，T31，p0037b。
② 《成唯识论》卷7，T31，p0037c。
③ 闷绝：此处的闷绝指下面"（5）昏迷"。
④ 彼：指睡眠心所，唯识学认为它是一种独立的心所有法，即指第六意识在睡眠中的昏昧、微弱作用状态，它使得身体、五识无法自由活动，并具有障碍观的作用，但在此极重睡眠中则没有睡眠心所的活动。
⑤ 《成唯识论》卷7，T31，p0038a。

风、热等缘所引身位，亦违六识，故名极重闷绝。①

（二）前六识的转依

1. 第六识的转依

常人能够自我经验到的所有染污行为都表现在六识层面，而第六意识作为意业活动的主体，其所产生的染污作用的类型是非常多样的，具体而言就是十大根本烦恼与二十随烦恼，合计为三十烦恼心所。根据它们与我、法二执的对应关系，又可以将它们归为烦恼障、所知障二类。烦恼障是指与我执共同生起的三十烦恼心所；所知障是指与法执共同生起的三十烦恼心所，它们两者是染污程度深浅的区别，并非具有不同的主体。另外此二障各自还有分别起与俱生的差别，分别起的二障，是指在后天的认识活动过程中产生的二障，它们的表现明显，相对容易断除；俱生起的二障，是指与生俱来的二障，它们的活动隐蔽而顽固，不容易断除。第六识的意业还使得身、口二业产生染污性的活动。因为第六识的可经验性，所以它的转依可以自主控制，并且对于末那识的修行对治也要通过第六识的渠道来进行。它的转变与末那识一样，是渐变的，《八识规矩颂》根据妙观察智作用的三品差别，将第六识的转依归纳为三个阶段：

发起初心欢喜地，俱生犹自现缠眠，远行地后纯无漏，观察圆明照大千。

即首先在初地的入心位（见道位），生起了初品妙观察智，不过，与第六识相应的俱生烦恼障的种子，以及末那识的俱生我执的现行还未彻底断除，仍然会不断地干扰修行者；其次，在八地位开始（第七远行地后），生起了中品妙观察智，此时纯粹无漏的无分别智可以自然地生起；最后在佛果位，生起了最上品的妙观察智，其智圆满无缺，可以观察三千大千世界诸法的自相与共相。

《成论》卷十有段关于二障理论的论述，从中也可以梳理出第六意识转依过程的大致脉络。

烦恼障中见所断种，于极喜地见道初②断；彼障现起地前已伏。修所断种，金刚喻定现在前时，一切顿断……所知障中见所断种，于极喜地见道初断；彼障现起地前已伏。修所断种，于十地中渐次断灭，金刚喻定现在前时方永断尽；彼障现起，地前渐伏，乃至十地方永伏尽。八地以上，六识俱者不复现行，无

---

① 《成唯识论》卷7，T31，p0038a。
② 见道初：指快要见道前的一刹那，又称为无间道。

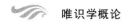

漏观心及果相续，能违彼故。[1]

烦恼障中属于见道位所断的种子（分别起烦恼障种子），在初地即将见道位时的无间道位时断除；其现行活动在初地前已经被制伏。此障属于修道位所断的种子（俱生烦恼障种子），在成佛前一刹那的金刚喻定位时，都顿时被彻底断除干净……

所知障中属于见道位所断的种子（分别所知障种子），在初地无间道位时断除；其现行活动在初地前已经被制伏。此障属于修道位所断的种子（俱生所知障种子），在十地的修道过程中逐次被断除，在成佛前的金刚喻定生起之时被彻底断除干净。此障的现行活动，在初地前逐渐制伏，一直到十地位时彻底伏灭。具体来讲，八地位以上，与第六识相应的俱生所知障现行活动不再生起，因为无漏的我空无分别智及其果（后得智等）持续发生，所以不容其再生起。

根据上述理论，可以将第六识的转依过程归纳为三个阶段：

（1）见道位时，由于将与第六识相应的分别起的二障种子与现行都彻底制伏、断除，此时生起了初品妙观察智。另外在初地位后，与第六识相应的俱生烦恼障的现行也不再生起。

（2）八地位时，与第六识相应的俱生所知障的现行不再生起，所以生起中品的妙观察智。另外需要说明的是，第六识的转依固然因为其自身性质的转变，但与第七末那识的转变也有着密切的内在关联性。末那识的我执现行在八地位时被彻底止息，对第六识的转依也起到了重要的影响作用。当然由于末那识的作用微细，无法经验，所以修行还得依托第六识，通过第六识层面定的作意与控制，最终将末那识我执制伏，而末那识我执的制伏反之对第六识的转依也起到重要的影响作用。

（3）佛果位时，由于在此前的金刚喻定阶段，将与第六识相应的俱生烦恼、所知障的残余种子彻底断除，此时生起了最为上品的妙观察智。

2. 前五识的转依

前五识的转依与第八识一样，属于果位的顿转，这是由前五识自身的性质与作用所决定的。五识的认识模式为现量，其作用仅是对五尘的感知，是主体接受五尘信息的渠道。另外五识需要第六识的帮助才能发生认识活动，所以五识自身其实没有太强的自主能动性。虽然五识的伦理属性包含善、恶、无记三性，但表现在五识层面的烦恼心所或善心所，其实都是受第六识意业活动的影响所致，染污或善行的真正主体是第六识。由此五识的转依主要依赖第六意识，第六识若转识成智，对五识就不构成负面的影响，所以转依的主动权并不在五识自身。到了佛果位时，构成五根的四大也从有漏、粗劣转变为清净、精细的性质，而无漏的五根对五识的转依

----

[1] 《成唯识论》卷9，T31，p0054a。

也起到重要的影响。

《八识规矩颂》认为五识要到佛果位时，随着大圆镜智的发生，才一并转为成所作智，它们属于后得智，是以变带空的形相来认识真如空相，所以五识在转依后的佛果位时，对真如的认识不同于根本智的直接亲证。

> 变相观空唯后得，果中犹自不诠真，圆明初发成无漏，三类分身息苦轮。

《成论》认为成所作智要到成佛时才能最初发生。因为在之前的十地中，依着有漏第八识所变现的五根，在性质上仍是有漏的，由有漏的五根引发无漏的五识，这在道理上无法成立，因为有漏的五根与无漏的五识在认识对象时，前者昏昧、后者明晰，完全有别。所以成所作智，要等到成佛的时候，依着无漏的五根，才能生起。成所作智的作用会有间断，因为需要作意的力量才能生起。

> 成所作智相应心品……有义成佛方得初起，以十地中依异熟识所变眼等，非无漏故；有漏不共必俱同境根发无漏识，理不相应故；此二于境，明昧异故。由斯此品，要得成佛，依无漏根，方容现起，而数间断，作意起故。①

第五节　八识关系

八识理论反映了有情生命心理的整体结构。单就个体而言，它们都具有独特的属性与功能，不能说是绝对的同一。例如各自的活动作用、内在的依托、认识的对象、相应的心所有法都不相同；另外一个识若停止活动，并不影响其余心识的照常活动；前七转识是能熏的主体、第八阿赖耶识是受熏的主体等。但这些独特性都基于整体的结构，八识并非孤立的个体，任何一识的性质与作用表现都不是绝对孤立的，而与其他心识密切相关。这种相关性既有单个心识彼此间的互相影响作用，更是八识整体结构意义上的相关性。如果说八识是孤立的个体，则彼此的因果关系就无法成立，这与阿赖耶识缘起理论相悖。有关八识间的整体关系，在唯识学的典籍中多用水与波涛的关系来比喻，如《唯识三十颂》《楞伽经》《成论》等将第八识比喻为大海，前七转识比作波浪，非常生动形象地反映了八识间的内在关系。

> 八识自性，不可言定一，行相、所依、缘、相应异故，又一灭时余不灭故，

---

① 《成唯识论》卷10，T31，p0056b。

能、所熏等相各异故。亦非定异，经说八识如水波等无差别故，定异应非因果性故。①

一 八识间的依托关系

阿赖耶识缘起论虽然包含有宇宙论成分，但其真正的重点在于心识自身，它从整体、深层的角度对心的发生、运作机制做了全面的揭示。就心的发生原理，八识间的彼此依托作用非常重要，第八、七、六识各自对其余识的发生都起到了依托作用，是心识能够产生作用的内在机制。具体而言，五识的内依托（俱有依）有四种：五色根、第六、七、八识，缺少任意一种，五识必定不能生起作用。它们分别称为同境依、分别依、染净依、根本依，这是根据它们对五识所起到的不同作用来命名的。

第六意识的俱有依只有两种：第七、八识，若缺少一种，第六识必定不能生起作用。虽然与五识同时存在的第六识（五俱意识）能清楚地认识对象，但五识不是第六识生起的必要条件，所以五识不是其所依。

第七意识的俱有所依，只有一种，即第八识。如果没有第八藏识，第七识的作用必定不生。

阿赖耶识的俱有依，也只有一种，即第七识。如果没有第七识，第八识必定不能生起作用。论典中有说第八藏识永远与第七末那识同时生起，有说藏识一直依托染污，即指末那识。

由此五识俱有所依，定有四种，谓五色根、六、七、八识，随阙一种，必不转故。同境、分别、染净、根本，所依别故。圣教唯说依五根者，以不共故；又必同境，近相顺故。

第六意识俱有所依，唯有二种，谓七、八识，随阙一种，必不转故。虽五识俱取境明了，而不定有，故非所依。圣教唯说依第七者，染净依故，同转识摄，近相顺故。

第七意识俱有所依，但有一种，谓第八识。藏识若无，定不转故。如伽他说："阿赖耶为依，故有末那转，依止心及意，余转识得生。"

阿赖耶识俱有所依，亦但一种，谓第七识。彼识若无，定不转故。论说藏识恒与末那俱时转故，又说藏识恒依染污，此即末那。②

---

① 《成唯识论》卷7，T31，p0038c。
② 《成唯识论》卷4，T31，p0020c。

俱有所依是与心、心所同时存在并作为其所依托的法。八识中除了前五识，余识彼此间都成为对方的俱有所依，担负的作用各有不同。简单来讲，第六识为分别依，主要的作用是促使五识生起作用，并帮助它们认识五尘；第七识为染净依，是前六识的染污与转净的根源所在；第八识是根本依，第八识含藏万法的种子，是前七转识的根本依托；反过来，第七识又是第八识的俱有依，因为此二识从无始以来，一直同时生起与存在。虽然第八识作为根本依，具有重要的意义与作用，但离开了前七转识、种子等，第八识也无从存在。从某种角度而言，第八识与前七识犹如整体与部分的关系，这点在唯识学的典籍中，多次用海水（第八识）与波浪（前七转识）的关系来比喻。八识间的俱有依关系，反映了它们的结构性特征，八识不是无差别的同一体，它们是具有各自独立性能的识体，它们构成了一个有机的心识结构整体，否定任何一个识的作用，都是对八识结构的破坏，而脱离八识整体来单独谈论某个识的作用更是无效的。

二 八识的相伴生起

上述的俱有依理论，主要是从静态的结构角度反映八识间的整体关系。而八识的具体作用是动态的，诸识的作用各不相同，又变动不居，由此从它们作用发生角度分析八识的关系，是对相关理论的进一步补充与深化。有关八识的相伴生起理论，即从动态的发生角度反映了八识的关系。一切有情众生，他们的第八识（心）与第七末那识永远一直同时生起；如果再生起第六意识，则有三个心识同时生起；其余的五识随着因缘条件的具备，生起一识乃至五识，则为四个心识同时生起；乃至八个心识同时生起。

> 是故八识，一切有情，心与末那二恒俱转；若起第六，则三俱转；余随缘合，起一至五，则四俱转；乃至八俱。是谓略说识俱转义。[①]

《解深密经》有段关于以阿陀那识作为根本依，在因缘条件具足的情况下前五识及第六识相伴同时生起的理论，是对上述理论更加详细的论述。大致意思是，只要有一眼识生起，同时就有一个五俱意识（第六识）生起，并与眼识认识相同的对象。如果其余的耳、鼻、舌、身识生起，同时也有一个五俱意识生起，并与五识认识相同的对象。

八识相伴生起的原理与瀑布水流一样，如果有使一浪产生的条件具备，就只有一浪生起，如果有使得二或者更多浪产生的条件具备，就有多浪生起，而瀑布水流

---

① 《成唯识论》卷7，T31，p0038b。

保持本身的属性一直流淌不断。又比如一个非常平滑、干净的镜子，如果有使一个影子生起的条件出现，就只有一个影子显现，如果有使得二个或者更多影子生起的条件出现，就有更多的影子显现，并非单靠镜面本身就可以变现出影像，无论镜中的影像如何出现、消失，镜面自身既没有产生，也没有消失。

> 广慧，若于尔时一眼识转，即于此时唯有一分别意识，与眼识同所行转。若于尔时二、三、四、五诸识身转，即于此时唯有一分别意识，与五识身同所行转。
>
> 广慧，譬如大瀑水流，若有一浪生缘现前，唯一浪转，若二若多浪生缘现前，有多浪转，然此瀑水自类恒流无断无尽。又如善净镜面，若有一影生缘现前，唯一影起，若二若多影生缘现前，有多影起，非此镜面转变为影，亦无受用灭尽可得。
>
> 如是广慧，由似瀑流阿陀那识，为依止、为建立故，若于尔时有一眼识生缘现前，即于此时一眼识转，若于尔时乃至有五识身生缘现前，即于此时五识身转。[1]

《解深密经》的这段论述没有提及末那识。而在实际的心识活动过程中，应该加上末那识的作用，因为无论处于任何状态，第八、七二识的作用一直持续发生，并且末那识的我执作用，对于第六识的影响甚大，第六意识无论是在参与前五识的感知活动，抑或自己进行各种分别等活动中，都渗透进了末那识的影响。

📖 本章小结

八识理论是对心识完整结构的描述，它们的性质与作用非常复杂，各有不同，先要掌握各自的重点，其中第八阿赖耶识（集起名心），最重要的作用是收藏种子；第七末那识（思量名意），最重要的作用是执着第八识；前六意识（了别名识），其中第六识的作用是分别法尘境，前五识的作用是了别五尘境。

📖 思考题

1. 什么是能藏、所藏与我爱执藏？
2. 第七末那识为什么是无明烦恼的根源？
3. 什么是第六识的四大活动类型与七种分别？

---

[1] 《解深密经》卷1，T16，p0692b - p0692c。

第二章　种子

本章概要：

  种子理论是唯识学对佛教缘起与业力思想的深度诠释。种子是含藏在第八识中的各种潜能，它们是前七转识现行活动的余势，是产生所有现象的亲因。本章主要就种子的分类，即名言习气、我执习气与有支习气；种子的定义，即种子六义；种子产生与保存的条件，即能熏与所熏四义；种子理论的成立过程，其中特别对有部的无表业与唯识学的戒体思想等做了分析与介绍。

学习重点：

  种子的定义与分类；种子与现行的辗转因果关系，即种现互相熏生理论。

本章课时数：

  总计 16 周 ×4 ＝64 课时，本章 10 课时。

种子说是唯识学最具特色与重要的理论范畴之一。简要而言，种子是含藏于第八识中的能够生起善、恶等性的行为及三界、九地等现象的各种功能。自然界的植物种子，蕴藏于大地之中，具有生根发芽、开花结果的能力，唯识学以此来譬喻第八识含藏的各类潜能也具有生起各种行为与现象的能力。种子一方面能引生后续的同类种子（种子生种子），另外也能够生起各种现行（种子生现行）（见图4）。种子相对于后续的自类种子及自类的现行果报，是产生它们的亲因。现行指前七转识及相应的心所有法变现出的相分、见分；善、恶、无记三性的行为；三界、九地等现象。除了佛果位纯善的前七转识及相应心所，作用微细、无覆无记的第八识活动外，其余的现行活动基本都能够产生自类的种子，并熏习在第八识中。前七转识及心所的活动相对于自类的种子，是产生它们的亲因。①

图4 种子说

早期佛教的因果思想，到了唯识学的兴起才真正达到理论解释上的完整，其中第八识与种子理论的提出贡献最大，前者解决了轮回主体、业力载体的解释困难，后者填补了前业与后果联系媒介空缺的难题。唯识学对"业"与"业力"概念进行了明确的区分，业是指众生在心理、语言、身体行为等方面的现实活动，而业力是指它们在现实活动时所留下的一种"余势"，即残余的功能，它们留存在第八识中成为"潜能"，作为未来"业"生起的因。由此唯识学称呼"业"为"现行"（现实的活动），将"业力"命名为"种子"（潜在的功能），种子与现行是一对密切相关的概念，它们是唯识学诠释佛教因果思想最为基本的两大要素。

如果说末那识的我执相当于潜意识的本能，那么种子就是含藏在潜意识中的潜能，它们是产生各种意识活动表象的内在动力。种子理论极其复杂，自身都构成了一个相当庞杂的理论体系，具体而言包括种子的分类、种子的定义（六义）、种子产生与保存的条件（能熏与所熏四义）、种子与八识的关系等方面的理论。

第一节 种子的分类

按唯识学的理论，所有的存在现象，无论物质抑或精神的现象、染污或清净的

---

① "种子者，谓本识中善、染、无记、诸界、地等功能差别，能引次后自类功能，及起同时自类现果。此唯望彼，是因缘性。现行者，谓七转识及彼相应，所变相、见、性、界、地等，除佛果善、极劣无记，余熏本识生自类种。此唯望彼，是因缘性。"《成唯识论》卷7，T31，p0040a。

现象等，它们都是由种子所变现的，种子是产生它们最直接、内在的原因。第八识含藏了万法的种子，种子的品类极其复杂多元，大致可以分为色法种子与心法种子、有漏种子与无漏种子、名言种子与业种子等。

一　色法种子

正如前述，所有的存在现象都由种子所变现，种子是产生它们的亲因，由此物质现象自然也有产生它们的种子，这些种子就是所谓的"造色种子"，它们也含藏在阿赖耶识里，随着因缘条件的成熟，从而变现出具体的色法现象。这种变现属于"因缘变"，不同于认识活动中的"分别变"，说明色法现象的形成需要遵循某种稳定的客观规律，与完全随心所欲式的分别变有所不同。另外需要注意，造色种子是形成色法现象的直接内因，也叫"共相种子"，但它们并非就是四大（地、水、火、风）种子，四大种只是在造色过程中起到了助缘的作用，因为单凭造色种子无法变现色法，还需要四大种子的配合，才能真正形成色法现象。

> 问：一切法生，皆从自种而起，云何说诸大种能生所造色耶？云何造色依彼、彼所建立、彼所任持、彼所长养耶？答：由一切内外大种、又所造色种子皆悉依附内相续心。乃至诸大种子未生诸大以来，造色种子终不能生造色，要由彼生，造色方从自种子生，是故说彼能生造色，要由彼生为前导故，由此道理，说诸大种为彼生因。
>
> 云何造色依于彼耶？由造色生已，不离大种处而转故。云何彼所建立？由大种损益，彼同安危故。云何彼所任持？由随大种等量不坏故。云何彼所长养？由因饮食、睡眠、修习梵行三摩地等，依彼造色倍复增广，故说大种为彼养因。如是诸大种望所造色，有五种作用应知。[①]

按上面的论述，色法的形成需要两大基本要素，一是造色种子；二是四大种子，它们都依附于第八识中。在四大种子还未形成四大现行之前，光靠造色种子是不能直接变现出色法的，要等四大种子转变为四大现行，色法现象才能从自身种子产生，四大种在造色过程起到类似先导的作用。另外四大种子在色法的形成中起到了非常重要的依托、建立、任持、长养的四种作用，尤其从任持的作用来看，色法具有的质量与广延性质，正是四大种所赋予的。所以造色种子，它们是形成色法的直接内因，而四大种子，它们对色法现象的形成起到了助缘作用。

《成唯识论》中的一段论述似乎说明，四大种并非是形成色法初始阶段的要素，

---

① 《瑜伽师地论》卷3，T30，p0290a。

它们也只是由共相种子（即造色种子）所变现的色法现象，这是将色法形成问题进一步唯识化的表述，由此《成论》对物质世界持类似多元论的观点，因为色法由阿赖耶识含藏的造色种子所变现，而阿赖耶识是多元的，因为每个众生都拥有自身的阿赖耶识，所以我们看到的似乎唯一、共享的器世界，其实是由我们自身的第八识各自变现的，然而因为形相相似，位置相同，如同许多不同的灯所发出的灯光融合一体，虽然各自普遍照耀，但看起来好像是一盏灯所发出的灯光。

> 所言处者，谓异熟识由共相种成熟力故，变似色等器世间相，即外大种及所造色。虽诸有情所变各别，而相相似，处所无异，如众灯明，各遍似一。①

既然色法现象唯识所现，并非心外的实在，那么是什么原因使得色法以似乎实在的形相显现？这是由众生无始以来的虚妄分别所致，即执着地认为色法是独立于识外的实体，由此长期熏习累积形成的种子的力量，在当下的认识中生起了似乎实在的色法形相。这些似乎实在的色法形相成为染污法的依托。因为若没有它们，就没有因此而产生的颠倒认识，也就没有后续产生的烦恼等行为，正如《摄大乘论》颂文所说："被错乱执着的各种现象及能错乱执着的心识，应该承认它们就是色等五尘境与眼等五识，如果没有被错乱执着的现象，能错乱执着的心识也就不存在了。"

> 若诸色处，亦识为体，何缘乃似色相显现，一类坚住相续而转？名言熏习势力起故，与染净法为依处故。谓此若无，应无颠倒，便无杂染，亦无净法。是故诸识亦似色现，如有颂言："乱相及乱体，应许为色识，及与非色识，若无余亦无。"②

对于普通人来讲，物质现象总给人非常强烈的实在感，似乎就是独立于心外的客观实体，这种实体、二元的判断对于绝大多数人来讲根深蒂固、坚信不疑。它们产生的原因，在唯识学看来，一方面是众生内心先天就有实体主义及二元论的情结，因为凡夫总有追求永恒的倾向，这与末那识我执等烦恼的影响有关；另一方面常人总以肉身作为"我"的代表，因为只有肉身可以直接经验，自然将在身体外的色法，判断为在"我"之外的。这种对色法的常识性的认识观念，经过长期潜移默化地熏习累积，使得储存在心中相关的名言种子的势力不断累积增长，并逐渐成为一种认识上的习惯或本能，由此当人在对色境进行现实的认识时，显现出的色境总以

---

① 《成唯识论》卷2，T31，p0010c。
② 《成唯识论》卷7，T31，p0039b。

实在、二元的模式出现。

二　本有种子与始起种子

（一）本有与始起种子

第八识含藏的种子，还可以分为本有与始起两类，这种区分既是时间维度的先后之分，也是无漏种子与有漏种子的区分。首先就时间维度上的"先"来讲，阿赖耶识的存在既然无始，没有一个时间上的开头，无始以来在第八异熟识中，自然就有能产生五蕴、十二处、十八界现象的各种不同的功能，世尊依照此理说有情众生无始以来就具有各种各样不同的因（种子），就像恶叉聚密集聚合的果实一样，自然就有。这就是所谓的本有种子，也叫本性住种性。

另外，从"后"的时间维度来讲，阿赖耶识的存在又是无尽的，不会有结束的时刻，那么就会不断地有新的种子，无始以来因为前七转识现行活动不断的熏习而产生，世尊以此说有情众生的心由于被染污或清净的各种行为所熏习，是无量种子的积集场所。各种论典中也说染污或清净的种子是由于杂染或清净的行为熏习所产生的，这就是所谓的由熏习而新生的种子，即始起种子，也叫习所成种性。

> 有义种子各有二类：一者本有，谓无始来异熟识中，法尔而有生蕴、处、界功能差别，世尊依此说诸有情无始时来有种种界，如恶叉聚①法尔而有。余所引证，广说如初，此即名为本性住种。二者始起，谓无始来数数现行熏习而有，世尊依此说有情心染净诸法所熏习故，无量种子之所积集。诸论亦说染净种子由染净法熏习故生，此即名为习所成种。②

这种时间上的先、后之分，只具有相对意义，先相对于后而言，所谓的先还有更先。八识的存在、转识的熏习作用都是无始的，自然种子的产生也是无始的，所以并没有绝对意义上的本有种子。反之，后起的种子也是同样的道理。在印度当时也有认为种子只是本有或只是新熏的观点③，而《成论》是持本有与始起相结合的观点。

（二）无漏种子

提出本有种子说，另有一个重要目的与无漏种子有关。在唯识学看来，无漏清

---

① 恶叉聚：植物名，它的果实密集聚集成一处，果实的内核即金刚菩提子。

② 《成唯识论》卷2，T31，p0008b－p0008c。

③ 根据《成唯识论》的记载，种子本有说属于护月论师的观点，他认为种子是第八识中已然含藏的各种功能（包括无漏种子），并非靠后天的熏习作用而产生，熏习的作用只是让本有的种子增长势力而已。种子新熏说则是难陀论师的观点，他认为所有的种子都是靠熏习的作用产生的，包括无漏种子也是经由听闻正法的熏习作用所产生。

净事物的产生原理应该与染法一样，都是由种子作为直接原因而形成。如果只有新熏的染法种子，作为有为法的无漏事物就没有产生它们的因了，也就无法生起。因为有漏的事物不能作为无漏事物的种子，反之无漏种子也不可能生起有漏的事物。否则成了佛还会重新生起有漏的烦恼，善的事物应该成为不善法的种子了，所以属于无漏法的四智菩提与其种子，在性质上必须相同一致，即四智菩提必须由无漏的种子所变现。所以凡夫的阿赖耶识中不仅充满了各种染污的种子，还有一类无漏的种子依附于它，它们也属于本有种子，因为无始以来就依附在第八识上，并非新熏而生。

当然无漏种子只是转凡成圣的潜能而非现行。通过后天艰苦的学修熏习，在加行位与见道位之间的胜进位时，相关学修的熏习使得无漏种子最终激活，由此产生无漏智慧的现行，无漏法生起之时，则又熏成了无漏的种子。

> 若唯始起，有为无漏无因缘故，应不得生。有漏不应为无漏种，勿无漏种生有漏故。许应诸佛有漏复生，善等应为不善等种……由此应信，有诸有情，无始时来有无漏种，不由熏习法尔成就，后胜进位，熏令增长，无漏法起，以此为因；无漏起时，复熏成种。有漏法种，类此应知。①

（三）五种姓说

唯识学的无漏种子理论解决了无漏事物的成因问题，另外也成为五种姓主张的依据。五种姓说属于唯识学的特殊理论，与其他宗派的众生皆有佛性，皆能成佛说相反。五种姓说坚持认为有一类众生永远不能解脱，原因就在于他们天生就没有无漏种子，所以自然也就无法生起解脱的无漏法。根据无漏种子的有无及品类区别，可以将众生划分为一阐提、声闻、独觉、不定、佛种姓五大类。

> 依障建立种姓别者，意显无漏种子有无。谓若全无无漏种者，彼二障种永不可害，即立彼为非涅槃法；若唯有二乘无漏种者，彼所知障种永不可害，一分立为声闻种姓，一分立为独觉种姓；若亦有佛无漏种者，彼二障种俱可永害，即立彼为如来种姓。故由无漏种子有无，障有可断不可断义。然无漏种微隐难知，故约彼障显性差别。②

因为无漏种子微细隐秘难以知道，所以有些经典中借二障来显示种姓的差别，

---

① 《成唯识论》卷2，T31，p0008c－p0009a。
② 《成唯识论》卷2，T31，p0009a。

其实无漏种子才是五种姓的真正依据，因为无漏种子的有无或品类差别，二障才有可以断除或无法断除的区别。五类种姓的区别：

1. 阐提种姓（非涅槃法）

也被称为断善根者，原因是这类众生先天没有无漏种子，自然无法生起无漏法，也无法断除二障，当然就永远无法解脱。

2. 声闻种姓

这类众生具有的无漏种子从品质上来讲不是太高，只能够断除烦恼障，所以最多只能达到声闻乘的解脱水平。

3. 独觉种姓

这类众生具有的无漏种子品质略高，能够达到独觉乘的解脱水平。

4. 佛种姓

这类众生具有的无漏种子品质最高，能将二障都断除，所以能达到佛果的解脱水平。

5. 不定

另外还有一类不定种姓，上面没有提到，这类众生具有的无漏种子品质介于独觉与佛之间，所以能够到达的解脱境界不确定，根据外缘情况的不同，有可能成就阿罗汉果，也有可能成为独觉或佛果，所以称为不定。

佛陀当年以众生平等的主张来反对及批判婆罗门教的四种姓制度，由此受到了广大普通民众的欢迎与拥护，平等观念也成为佛教思想的特质之一。虽然唯识的五种姓与婆罗门的四种姓有所不同，后者属于社会阶级论，而前者属于解脱等级论，但本质上来讲，都将人群进行了某种等级划分。那么唯识学为什么要坚持五种姓说呢？原因可能有两方面：一是与当时大小乘教派之间的巨大矛盾有关，由于小乘人对大乘佛法的非议激烈，所以五种姓主张也可以看作是大乘人对小乘人的某种回应，以种姓的划分来贬低小乘人，认为他们之所以否定大乘法门，原因就在于他们是小乘根性，所以无法理解大乘佛法的深妙奥义；二是对现实观察的反映，众生间确实存在着善、恶等千差万别的类型，在唯识学人看来，万法平等或众生皆能成佛的观念，属于价值层面的追求目标，而非客观事实，不同事物及各类众生之间的差异性是客观的事实，有一类众生天生不具备无漏种子，无法成佛也是有可能的。另外五种姓的主张也能让众生体悟学佛的不易与珍贵，由此更加提升学佛的动力。

需要注意的是，五种姓说与众生皆有佛性说的理论依据不同。五种姓的建立依据是无漏种子，无漏种子是无漏法生起的亲因，它具有实际的作用，所以属于有为法，可以称作有为佛性。而如来藏思想的众生皆有佛性论，所说的佛性是指法性真如，属于无为法，是理法，也称作无为佛性。作为无为法的真如佛性，自然是众生皆有，唯识学其实也是认同的；而无漏种子（有为佛性）是如来藏理论中所没有的概念，所以不能简单地就认为五种姓说与皆有佛性说属于同一问题的相反结论。

五种姓说是唯识学理论的特色之一，也是一直以来遭受不解或非议最多的部分。尤其在中国，如来藏思想的众生皆有佛性说更受欢迎，并在绝大部分时间占据主流地位，玄奘法师当年临回国之际，担心五种姓说会引起中国人对唯识学的反感，犹豫回国后该不该宣扬此说，为此遭到了老师戒贤长老的严厉呵斥，所以回国后还是忠实地介绍了该思想，结果确如他之前所顾虑的一样。

三　名言习气、我执习气与有支习气

第八阿赖耶识含藏的种子绝大部分是有漏性质的，众生无始以来不断地产生着各种烦恼造作的行为，所以它们熏习累积下的种子势力极其庞大而深重。有漏种子是通称，根据性质或类别的不同，还可以分为名言习气、我执习气、有支习气三种。习气是种子的异名，习指熏习，气指气味，其含义与熏习理论有关，即染污的前七识在活动的过程中（如同用花熏习苣藤）所留下的残余势力（花的香气）。

> 复次，生死相续由诸习气，然诸习气总有三种。一名言习气，谓有为法各别亲种。名言有二：一表义名言，即能诠义音声差别；二显境名言，即能了境心、心所法。随二名言所熏成种，作有为法各别因缘。
>
> 二我执习气，谓虚妄执我、我所种。我执有二：一俱生我执，即修所断我、我所执；二分别我执，即见所断我、我所执。随二我执所熏成种，令有情等自他差别。
>
> 三有支①习气，谓招三界异熟业种。有支有二：一有漏善，即是能招可爱果业；二诸不善，即是能招非爱果业。随二有支所熏成种，令异熟果善恶趣别。②

1. 名言习气

是产生各种有为法的直接原因。名言分两种：一是表义名言，指能诠释意义的各种声音，即各种名称、概念等符号，由第六识熏习而成；二是显境名言，指能显现对象的心、心所有法，由前七识熏习而成③。随着这两种名言（认识）活动熏习所留下的种子，成为各种有为法生起的直接原因。

---

① 有支：有指欲、色、无色界三有；支是因义，即感得三界中六道轮回的原因。
② 《成唯识论》卷8，T31，p0043b。
③ "表义名言唯第六识缘之熏习。显境名言通前七识，第八不熏故。有支通前六识，有善恶性故。我执唯第六、七，七唯俱生，六通分别。"《成唯识论述记》T43，p0517b。

2. 我执习气

由第六、七二识熏习而成，即错误地执着实我、我所有法的种子。我执分两种：一是俱生我执，属于修道位阶段所要断除的对我、我所有法的执着；二是分别起我执，属于见道位阶段所要断除的对我、我所有法的执着。随着这两种我执活动熏习所留下的种子，使得有情众生对自我与他人产生了不平等心。

3. 有支习气

由前六识善、恶势力强盛的业所形成的种子，它们能感得各种异熟总报果。有支有两种：一是有漏的善行，能够感得可爱果报的业行；二是各种不善的行为，能够感得不可爱果报的业行。随着这两种有支行为熏习所留下的种子，形成了各种可爱与不可爱的六道总果报。

以上是对种子的三种分类，其中名言种子的内涵丰富深刻。名言分为表义与显境二种，表义名言指各种能够表达意义的语言概念。名言种子是心识在认识活动过程中与名言关联所留下的种子，它们储存在第八识中，成为后续认识活动生起的因。

表义名言种子由具有高度分别能力的第六识产生，名言概念本身无法熏种，是第六识及心所法随名言变现各种境相而熏成种子。

> 名是声屈曲差别，唯无记性，不能熏成色、心等种。然因名故，心随其名，变似五蕴、三性法等而熏成种。因名起种，名名言种。一切熏种皆由心、心所。[①]

显境名言指前七识与心所见分的了境或显境的作用，第八识因为不能熏种，所以不在此列。显境名言不是真正的名言，因为心的了境作用能够显现对象，犹如表义名言能够诠释意义，所以也将之称为名言。

> 即能了境心、心所法，即是一切七识见分等心，非相分心，不能显境故。此见分等实非名言，如言说名显所诠法，此心、心所能显所了境如彼，故名之为名。体非名也，名体是彼不相应行故。[②]

心识在活动过程中运用及产生了各种名言符号，并熏成种子，成为产生未来活动的因。在唯识学看来，我们能够直接认识到的存在现象，并非实相本身，而是由第八识含藏的各种名言种子所变现的符号世界，其中投射进了自我的各种意义与价值设定，但凡夫往往受此表象的迷惑，固执于自身编织的认识世界，由此颠倒梦想

---

① 《成唯识论述记》T43，p0516c。
② 《成唯识论述记》T43，p0517a。

而不得解脱，唯识学认为这就是凡夫最大法执表现。

另外在唯识学中，种子还有其他的名称，如等流习气与异熟习气。以下《成论》在有关因能变、果能变的论述中就涉及相关的概念。

能变有二种。一因能变，谓第八识中等流[①]、异熟二因习气。等流习气由七识中善、恶、无记熏令生长。异熟习气由六识中有漏善、恶熏令生长。

二果能变，谓前二种习气力故，有八识生，现种种相。等流习气为因缘故，八识体相差别而生，名等流果，果似因故。异熟习气为增上缘，感第八识，酬引业[②]力，恒相续故，立异熟名；感前六识，酬满业[③]者，从异熟起，名异熟生，不名异熟，有间断故。[④]

1. 等流种子

是由前七识的善、恶、无记的活动熏习所产生及增长的种子。其中以等流种子为直接原因，产生不同八识的主体及形相，称为等流果。因为果与因（等流种子）的性质一致。等流种子是感得总报（真异熟）与别报（异熟生）的亲因。根据《成论》名言习气是有为法亲因的定义，名言习气就是等流种子。

2. 异熟种子

是由前六识势力强盛的善、恶活动熏习所产生及增长的种子，是感得总报与别报的增上缘。即由等流种子为亲因，以异熟种子为增上缘，感得第八识的总报果体，使得因引业的力量所感得的总报果一直相续不断；同理，感得前六识的种种形相，使得因满业的力量，从异熟总报体上生起各种差别的形相，称为异熟生（别报）。异熟种子有二种功能，一是自生现行的功能，就此也可以称为等流习气；二是资助其他势力较弱的等流种子令生现行的功能。根据《成论》有支习气能感得各种异熟总报果的定义，有支习气就是异熟种子。

第二节　种子的定义

一　种子六义

有关种子的定义有著名的"种子六义"理论，即要满足六个方面的条件才能成

---

① 等流习气：等指相似，流乃流出或派生，指与所流生的现行果法性质类似、一致的种子。
② 引业：势力最为强盛，能令众生感得总报的业。
③ 满业：势力低弱，能令众生感得别报的业。
④ 《成唯识论》卷2，T31，p0007c。

为种子，此六义是所有种子的共同性质及特征。

（一）刹那灭

永恒不变的事物无法成为种子，比如无为法或外道的灵魂说，因为它们没有变化，所以不具有产生现行果法的能力。种子与所有的现行事物一样，都是因缘所生法，因此也必须符合缘起性空的原则。种子在熏习生成的刹那即灭，而此灭的真实含义是"变"而非"无"，即种子从产生的那刻起，就毫无间隔地以两种形式变化：一是转化为现行，二是以种子生种子的形式相续变化。这是"灭不待因"思想的体现，事物的形成需要各种因缘条件，而事物从形成的那一刻起即灭（变），而这种灭（变）是必然的规律，无须任何条件的限制，否则事物在形成之后就有可能永恒存在而不灭（变）了，因为条件总是具有匮乏性的。所以种子是无常法，而非实体性的存在，同样由种子所生起的现行果法（八识及各种现象）也都是无常、性空之法。另外种子虽然生起即灭，但是有明显作用，所以能产生现行。

> 然种子义，略有六种。一刹那灭，谓体才生，无间必灭，有胜功力，方成种子。此遮常法，常无转变，不可说有能生用故。①

（二）果俱有

种子作为潜能与所生起的现行事物在时间上同时出现，在空间上二者相容一体；现行事物与所熏生的新种子也是同时、同体，即种子—现行—新种子，三法虽然辗转变化，但互和合一体、因果同时，这即是唯识学的"同时因果"理论，这是刹那灭思想的必然结果。因为种子自身生起即灭，刹那不住地转化为现行，由此种子与现行不能有时间上的先后割裂。如果种子与现行有间隔，那就意味着种子有暂住性，这样就不符合刹那灭原理，所以两者只能是同时。另外种子与现行事物属于不同类型的存在物，比如前者作为潜能，不具有缘虑的功能，而后者若是心识的现行作用，则具有缘虑性。如此两种异类的事物，它们之间要有互相熏生的因果关系，彼此间必须要相容一体，所以种子—现行—种子三法共时一体。另外需要注意的是，种子生自类种子不属于果俱有，因为前后续生的种子在时间上有先后且互不相容。

唯识学对"因中无果"思想提出批评，因为这种思想导致因、果间出现了时间与空间上的割裂②，由此提出"同时因果"说。需要注意的是，也不能过于机械地

---

① 《成唯识论》卷2，T31，p0009b。

② 《摄论无性释》对这种因果异时理论有所批评："已灭生果不应理，如死鸡鸣。是故应许种子与果俱时而住，此与果不相违故，如莲华根。"

理解同时因果,种子与现行虽然不能有时间上的先、后割裂,但也不是"绝对"的同时,否则因与果之间就没有转变与差别了,如此又落入"因中有果"① 的窠臼,而这也是唯识学所要批判的观点。所以极端的同时与异时都不符合缘起理论,因(种子)与果(现行)之间应该是无间隔的相续转化,既非绝对的异时,但也不是绝对的同时。

> 二果俱有,谓与所生现行果法,俱现和合,方成种子。此遮前后及定相离,现种异类,互不相违,一身俱时,有能生用;非如种子,自类相生,前后相违,必不俱有。②

(三) 恒随转

前六识的作用会经常中断、第七识的性质在修道的过程中会发生转变,然而种子一旦产生之后,虽然刹那灭,但不会消失,而是以种子生种子的形式相续存在,并保持同一性质一直储存于第八识中,直到究竟的佛果位。这也是佛教"纵经百千劫,所造业不失,因缘会遇时,果报还自受",即业力不失思想的理论依据。

> 三恒随转,谓要长时一类相续,至究竟位,方成种子。此遮转识,转易间断,与种子法,不相应故。此显种子自类相生。③

(四) 性决定

与其他部派所持的"a 性质的因产生 b 性质的果,也符合因果道理"观点不同,种子与其所生的现行事物,在善、恶等性质上同类一致,比如善种必定生起善的现行;烦恼种子必定生起烦恼的现行;无漏种子必定生起无漏的现行等,这样才符合因与果在性质上相应一致的基本原则。

> 四性决定,谓随因力,生善恶等功能决定,方成种子。此遮余部,执异性因,生异性果,有因缘义。④

---

① "因中果性,为未生相? 为已生相? 若未生相,便于因中果犹未生,而说是有,不应道理。若已生相,即果体已生,复从因生,不应道理。是故因中非先有果。然要有因待缘果生。"《瑜伽师地论》T30,p0303c。
② 《成唯识论》卷2,T31,p0009b。
③ 《成唯识论》卷2,T31,p0009b。
④ 《成唯识论》卷2,T31,p0009b。

（五）待众缘

与外道执着的仅仅靠自然的因，不需要其他条件，就能够生起果法的观点；或其他部派执着的缘起的各种条件永远不缺的观点不同，种子产生后虽然不会消失，一直储存在第八识中，但种子只是潜能，是生起现行事物的直接条件，虽然作用重要，但也只是条件之一，要生起现行果法，还需要其他众多条件的配合。而其他的条件却不是永远具足的，所以单凭种子不能立即就产生现行果法，需要等待其他条件的具备才行。这也解释了佛教的因果报应理论，善因感可爱果、恶因感不可爱果的原则是必然的，但为什么在现实中，很多时候不是马上就能体现的道理，因为种子不是永远都能立即生起果法，要待缘故。

> 五待众缘，谓此要待自众缘合，功能殊胜，方成种子。此遮外道执自然因，不待众缘，恒顿生果；或遮余部缘恒非无。显所待缘，非恒有性，故种于果，非恒顿生。[1]

（六）引自果

与外道执着的只需要一个原因，就能产生其他一切事物的观点；或者其他派别执着的色心二法，能够互相作为对方生起的因的观点不同，第八识含藏各类种子，有色法种子、心法种子、有漏种子、无漏种子等，而不同的种子只能产生自类的现行事物，如色法种子只能生起色法的现行、心法种子只能生起心法现行。之前的性决定，主要是从善、恶等属性角度强调种子与现行果法之间的对应性，而引自果是从更高的类属角度，重申了种子与果法间类属上的对应性。借此也重申了唯识学的缘起观，即任何一法的生起，都由自身的种子与其他条件和合所成，既不是一因或无因就能生成，更不是因果间性质杂乱而生。

> 六引自果，谓于别别色心等果，各各引生，方成种子。此遮外道执唯一因，生一切果；或遮余部执色心等，互为因缘。[2]

二 所熏与能熏四义

在与种子相关的思想中，"熏习"是经常出现的概念。熏是比喻，用香薰留下气味的现象，来比喻转识的现行活动会留下的余势或潜能，相关理论有"所熏与能

---

① 《成唯识论》卷 2，T31，p0009b。
② 《成唯识论》卷 2，T31，p0009b - p0009c。

熏四义"。能熏是指能够熏生（产生）种子的主体；所熏即被熏或受熏，也即是接受熏习、保持种子的主体。"能、所熏四义"是探讨能熏与被熏主体为何的理论，要成为产生或收藏种子的主体，要符合哪些必要的条件？离开了能熏，种子无从产生，脱离了所熏，种子则无有去向，所以有关能熏、所熏问题是构成种子理论的重要组成部分。

（一）所熏四义

1. 坚住性

要成为受熏的主体，也即要成为容纳、收藏种子的主体或载体，首要具备的条件就是稳定且持续地存在。稳定主要指其性质不能有变化，由此前七转识就不符合此条件，因为第七识的性质至见道位就发生了相应的变化，此时初品的平等性智发生，第七识从有覆无记性向无漏善性转变，前六识更是随时在发生善、恶的变化；而持续性，指作用一直发生，不能够间断，这点前六转识及声音、风等色法也不符合，因为它们都会有间断的时候。由此能够符合坚住性条件的只有第八识，它一直保持着无覆无记性，不会有任何其他性质的变化，另外第八识作用持续，从来不会间断，所以它能够作为受熏、藏种的主体。

> 依何等义立熏习名？所熏、能熏各具四义，令种生长，故名熏习。何等名为所熏四义？一坚住性。若法始终一类相续，能持习气，乃是所熏。此遮转识及声、风等，性不坚住，故非所熏。[①]

2. 无记性

要成为所熏的主体，自身不能有善、恶的属性，必须保持无记性，如同某种事物能够平等地对待各种事物，不会拒斥任何事物，由此才能包容善、恶等不同性质的种子。这就否定了善或恶力量强盛的事物作为所熏的可能性，因为它们不能够容纳与自身性质相反的事物，所以不是所熏。这样就否定了前七识作为所熏的可能，因为它们都非纯粹的无记，或多或少都有烦恼的属性，由此会拒斥与自身性质相反的种子。所以只有第八识因为无覆无记的性质，才能满足作为所熏主体的要求。另外，彻底转依后的第八识（阿摩罗识）只是含藏旧有的清净种子，而不再是所熏的主体，因为佛果位的第八识属于纯粹的无漏善性，而非所熏要求的无记性了；另外成佛后的前七识活动也是纯无漏的行为，这种活动不同于凡夫位或善或恶的行为，所以不会再熏生新的种子。

---

① 《成唯识论》卷 2，T31，p0009c。

二无记性。若法平等，无所违逆，能容习气，乃是所熏。此遮善染势力强盛，无所容纳，故非所熏。由此如来第八净识，唯带旧种，非新受熏。①

3. 可熏性

要成为所熏主体，还需要满足两个条件，一是要具有独立性，具备自主的功能性，才能担负含藏种子的任务。心所有法因为要依托心王才能生起，自身不够独立，所以不是所熏。二是不能坚实密闭，由此才能提供容纳种子的空间，例如坚硬密闭的物体不能够吸收水分。无为法作为法性真如，恒久不变，性质坚密，所以也无法成为所熏体。另外作为所熏体，要有实际的功用才能藏种，故而必须是有为法。第八识符合所熏的条件，因为它自身独立，又非坚密，并有功用。

三可熏性。若法自在，性非坚密，能受习气，乃是所熏。此遮心所及无为法，依他、坚密故非所熏。②

4. 与能熏共和合性

作为所熏的主体必须与能熏的主体，双方同时同体，两者既非同一又不脱离。由此他人的第八识不能作为自身七识的所熏体，因为彼此脱离；前念心识也不可以作为后念心识的所熏体，因为彼此前后异时。只有自身的第八识与能熏的主体（前七转识）同时同体，所以它可以作为所熏。

四与能熏共和合性。若与能熏同时同处，不即不离，乃是所熏。此遮他身、刹那前后，无和合义，故非所熏。

唯异熟识，具此四义，可是所熏，非心所等。③

综上所述，只有第八识具足所熏四义，作用持续稳定、无覆无记、独立包容、与能熏同时同体，所以能够成为所熏，能作为种子的收藏体，而非七转识、心所法等其他事物。

（二）能熏四义

1. 有生灭

要能够产生种子，即作为能熏的主体，必须是有为法。有为法有生灭变化，具

---

① 《成唯识论》卷2，T31，p0009c。
② 《成唯识论》卷2，T31，p0009c。
③ 《成唯识论》卷2，T31，p0009c。

有实际作用，所以能产生及增长种子。无为法是有为法的法性真如，永恒不变，没有实际的作用，所以无法产生或增长种子。

> 何等名为能熏四义？一有生灭。若法非常，能有作用生长习气，乃是能熏。此遮无为，前后不变，无生长用，故非能熏。[①]

2. 有胜用

必须是作用强盛的现行活动才能产生种子，因为它们有足够的能量留下残余势力（种子），所以作用微弱的现行活动是无法产生种子的。具体来讲，第八识及其心所法因为作用极其微弱，所以无法产生种子；前六识的现行活动中作用过于微弱的部分，同理也非能熏。

另外，根据《成唯识论述记》的观点，必须是具有缘虑作用的事物才能够作为能熏，所以只有心、心所有法才是能熏，否定色法（包括身、口二业）作为能熏的可能，这与有部的"身、口二表业产生无表业"的观点不同[②]。

> 二有胜用。若有生灭，势力增盛，能引习气，乃是能熏。此遮异熟心、心所等势力羸劣，故非能熏。[③]

3. 有增减

作为产生种子的主体，需要有相当的活动强度，并且作用有时增强有时候减弱，这是因为凡夫受我执、烦恼等的影响，所以心识的现行活动，会有强弱的波动变化；另外凡夫的善行还不圆满，有增加或减少的变化。而佛果位的圣者由于彻底断除了所有的二障种子与现行，不再夹杂任何烦恼的波动与变化，生起的是最极圆满的善法现行，这种善的作用不会时强时弱，所以不是能熏。否则就不是最为圆满究竟的佛果了，另外如果善的作用会有增减，也会造成佛果的前后位有高低优劣之分了。

> 三有增减。若有胜用，可增可减，摄植习气，乃是能熏。此遮佛果，圆满善法，无增无减，故非能熏。彼若能熏，便非圆满，前后佛果，应有胜劣。[④]

[①] 《成唯识论》卷2，T31，p0009c。
[②] "胜用有二，一能缘势用，即简诸色，为相分熏，非能缘熏。二强盛胜用，谓不任运起，即简别类异熟心等。"《成唯识论述记》卷5，T43，p0313c。
[③] 《成唯识论》卷2，T31，p0009c。
[④] 《成唯识论》卷2，T31，p0009c。

4. 与所熏和合而转

道理与能熏共和合性一样，作为能熏的主体必须与所熏的主体同时同体，两者既非同一又非脱离。所以他人的七转识不能作为自己的能熏，彼此脱离故；前念识也不可以作为后念识的能熏，彼此异时故。由此只有自身的前七转识与能熏的主体（第八识）同时同体，所以可以作为能熏。

> 四与所熏和合而转。若与所熏同时同处，不即不离，乃是能熏。此遮他身、刹那前后，无和合义，故非能熏。
>
> 唯七转识及彼心所，有胜势用而增减者，具此四义，可是能熏。[①]

综上所述，只有前七转识及相应的心所有法（佛果位除外）具足能熏四义，即有生灭变化、有强盛的势力作用、作用有强弱的增减、与所熏主体同时同体，所以是能熏，即产生种子的主体。

（三）种现熏生

所熏指收藏种子的主体，即第八阿赖耶识；能熏指产生种子的主体，即前七转识，所熏与能熏同生同灭，时常处于互为因果的熏习互动中，使得被熏的阿赖耶识中的种子不断产生或增长，如同香花熏苣藤一样，由此成立熏习的原理。首先就所熏而言，第八识含藏一切现象的种子，以此为因生起了前七转识的现行活动，这样就以所熏（种子）为因——能熏（现行）为果；同时前七转识的现行活动又会熏习第八识，即产生新的种子或增长旧有种子的势力于第八识中，这样就以能熏（现行）为因——所熏（种子）为果。上述的能、所熏关系也即是种子生现行、现行熏种子的因果关系。当种子被激活的同时转化为现行、同时又熏生了新的种子，种子—现行—种子三法辗转相生、互为因果，同时而没有间隔，如同灯芯产生火焰，火焰又同时燃烧灯芯一样；又如竖立的芦苇束，互相支撑。只有这样，种子与现行这两种不同类型的存在事物才能够发生因果关系，这也是唯识学"同时因果"理论，即"果俱有"的理论实质。

> 如是能熏与所熏识，俱生俱灭，熏习义成，令所熏中种子生长，如熏苣藤，故名熏习。能熏识等从种生时，即能为因，复熏成种。三法展转，因果同时，如炷生焰，焰生焦炷；亦如芦束，更互相依。因果俱时，理不倾动。[②]

---

① 《成唯识论》卷2，T31，p0009c。
② 《成唯识论》卷2，T31，p0010a。

　　早期佛教的因果思想主要通过业与果来表述，即先前造业而后感得相应的果报。唯识学则将之转化为种现互熏模式，并将代表佛教核心思想的十二因缘也重新进行了解释。通常而言，十二因缘分为三世二重的因果关系（见图5）

无明—行╂识—名色—六入—触—受╂爱—取—有┤生—老死
过去（因）　　现在（果）　　　　现在（因）　未来（果）

图 5　三世二重的因果关系

　　唯识学则将十二因缘重新分为二世一重的因果关系，并用种现互熏理论做了全新的解释（见图6）。

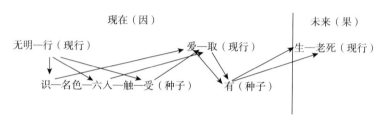

图 6　二世一重的因果关系

第三节　种子理论的成立过程

　　与业有关的理论一直是佛学思想的重要范畴，业（karman）的梵文音译是"羯磨"，意思是造作或行为。前七识以及相应的心所有法的活动，包括由此引发的身体及语言的造作行为，这些都是业的现行活动。早期佛教中，佛陀主要以十二因缘来描述生命流转轮回的原理，十二因缘也叫业感缘起论，其理论本质是要说明，个体的命运既不是由"神"所决定，也非偶然形成，更不是按宿命的形式进行。生命的具体境遇，就内因来讲，是自身先前的身口意三业，即各种思想观念与其他心理活动、语言以及身体的行为所感得的果报；而当下的业行又会影响生命的未来趋向，这就是佛教因果思想的实质。

　　由先前的业而感得后续的果报，这样的三世因果理论中自然包含业力不失的思想，即"纵经千百劫，所作业不亡，因缘会遇时，果报还自受"。但是作为先前的业行，无论是意业，或身、口二业的现象生起即灭，早就消失不在了，那么它们凭什么感得后果？先前的业行与后面的果报之间，如果要有必然的因果关系，那就需要有一个中介或媒介来联系两者，否则它们之间就有脱节的问题。早期佛教的理论认为，人的善、恶行为（业），虽然无常不住、生起即灭，但它们会有一种巨大的影响力，影响人未来的心理与性格等的变化与发展，不过问题是这种影响力的依据是什么？

　　早期佛教对因果思想只是作了框架式的原理说明，缺乏更加细致的理论，虽然理论的结构已经具备，但还需要更加完整清晰的解释。在部派佛教时期，各学派由此纷纷进行了不同的解释，提出了如"无表业""随眠""习气"等理论，这些概念与唯识学的种子理论关系密切，其中有关"无表业"问题的争论在相关的讨论中最具有代表性。

一　说一切有部的无表业

说一切有部将业分为两种：表业及无表业，表（vijñapti）是"显现"的意思。表业是指有着具体的表现形态，因而能够令人直接感知到造业行为，如身体行为及语言活动；无表就是"无显现"，是"潜在性"的，它们由身、口二业的活动所产生，"无见无对"[①]，所以令人无法直接感知。因为它们是由属于色法的身、口行为产生，所以属于色法。只有或善或恶的身口行为能够产生无表业，无记的行为不能引发无表业，因为无记心的作用微弱。例如就现在而言，由于之前所生起的善的语言活动，由此引生的无表业跟随着身心相续，此时就生起善的心识活动或无记的心识活动。如果现在生起不善的身体行为，由此引生无表业，未来就感得不可爱的异熟果报。无记心则不会感得可爱或不可爱的异熟果报。

> 谓于今时起不善身表业，由此发起无表业随转。及于今时，或先时起善语表业，由此发起无表业随转，即于尔时，善心现起或无记心。此中身业感非爱异熟；语业感爱异熟；意业若善心起感爱异熟，若无记心起，不感爱非爱异熟。[②]

从上面的论述来看，有部认为无表业由身、口的现行活动产生，它们是感得将来可爱、不可爱的果报的原因。虽然意业的活动也能够感异熟果报，但不能够产生无表业。属于有部正统思想的《顺正理论》认为意业不能产生无表业的原因有二：一是能够"显现"才称为表，内心的善、恶无法直接显现给别人知道，如思心所就没有这样的显现能力，所以意业不是表业，自然没有能力产生无表业。

二是身、语二业属于四大构成的色法，色法具有稳定性质。作为生因的身、语业活动后虽然消失了，而留下的无表业因为也是由同类的四大种构成，所以无表业才能够不断的延续及生起作用。而意业的活动过程中善、恶等变化无常，各种不同性质的心念变化生起，在意业发生后没有能够保持同一性质、稳定的心念，继续生起，作为"意业无表"的依托。所以有部认为，无表业必须是色法才能保证延续存

---

① 无见无对：指无法被眼睛看到，并且对其他事物没有障碍性。
② 《阿毗达磨大毗婆沙论》卷118，T27，p0614b。

在，不能由意业产生，因为心法的变化过于无常，不具有稳定的性质使得无表业存在不失。

> 唯身语业，表无表性，意业不然，以意业中无彼相故。谓能表示故名为表，表示自心令他知故。思无是事，故不名表……以无表业初起必依生因大种①，此后无表生因虽灭，定有同类大种为依，故后后时无表续起。诸意业起，必依于心，非后后时，定有同类心相续起，可意无表依止彼心。多念相续，以心善等念念有殊。②

无表业依据表业的善、恶性质，自然也具有相应的善、恶性，所以它具有一种非常重要的功能，能对未来的身心起到防止恶法生起（防恶）或者纵容恶法生起（违善）的作用。有部的无表业理论与"戒体"③思想关系密切，是对戒体作用原理的一种解释。另外比较具有争议的是，有部认为意业活动不产生无表业，所以无色界不能引发无表业，因为无色界的众生没有色身，自然没有身体及语言行为，这也是有部与其他派别争论的焦点。

二 犊子部与正量部的业力观

印顺法师的《印度之佛教》中，有一段关于部派佛教时期业力思想的论述：

> 身、语、意业，生而即灭，佛说业力，千劫不失，能引后果，此不失者何耶？说一切有部，以此为无表色，即因身、语表色而引起之色法，法处所摄。大众、犊子，及分别说系，并以表色为有善、不善性，此表色能引思心所之善、不善性。④

这段论述认为犊子部持如下观点：身、语的活动属于表色，具有善、不善的性质，由此身、语表色引发思心所的活动，进而产生某种潜在的善、不善性，它们类似有部的无表色，但因为是由思心所产生的，所以属于心法。它们潜藏在心中不会消失，即便经过了百千万劫，仍有能力感受果报。这种观点，将产生无表业的主体确定为思心所，这与有部的由身、口二业产生，并定性为色法的观点不同；但与经量部的由思心所发动身、语二业的观点又正好相反。

---

① 生因大种：生因指产生事物的直接原因，大种指地、水、火、风四大元素。
② 《阿毗达磨顺正理论》卷33，T29，p0531c。
③ 戒体：指修行人在受戒之后产生的能够维护戒律，防非止恶（或相反）的一种能力，有部认为它是无表业，属于色法；唯识学认为戒体是种子，属于心法。
④ 印顺：《印度之佛教》，正闻出版社，2004，第157页。

正量部继承了犊子部的思想①，并在此基础上提出"不失法"概念，表示业力的持续潜在。正量部认为在造业行为生起的同时，会产生一种不失法，虽然造业行为已经刹那灭去，但是不失法持续存在，不论经过多久时间，一直保留，直到感果才会消失，由此保证业与果的联系。

> 若正量部戒善，生此善业，与无失法俱生。其不说有业能，业体生即灭，无失法不灭，摄业果令不失。无失法非念念灭去，是待时灭法，其有暂住义，待果生时其体方谢。②

正量部还用借据来做譬喻：如甲向乙借债，留有借据，在未还债前，借据始终为乙保留，作为凭证。众生所造的善、恶业行，就如同借债的行为，而不失法就如同借据，道理如《中论》在"观业品"中所说："不失法如卷，业如负财物。"另外，这种不失法被正量部认为属于心不相应行法③。

三　《成实论》的无作法

《成实论》在卷七的"业相品"中认为，没有道理只有身、语二业能够产生无作法，即无表业。按理来讲，三业中意业的造作能力最强，意业当然也可以产生无作法。《成实论》认为无作法既不是色法，也非心法，而是属于"行蕴"范畴，主要原因有二：一是色、声、香、味、触五尘作为色法，不具有罪恶、福德等性质，而无作法则有，所以无作法不能是色法。二是因为色法具有恼坏相，而无作法则没有此相，所以非色法。

《成实论》认为无作法由身、口二业产生只是方便的说法，实际上无作法不只是由身、口产生。在三业中，意业作用更大，身、口二业只是意业的外在表现，所以身、口、意三业都是产生无作法的原因。另外，没有身、口二业，只有意业活动时也能产生无作法，并且在这种情况下怎么能说它是色法呢？例如无色界的有情众生也有无作法的产生，而无色界中有色法吗？

> 问曰：若无作是色相有何咎？答曰：色、声、香、味、触五法非罪福性故，

---

① "今名色善不善论。此处，依止'身业口业是有善有不善'之语，言'名身口业，身表口色是善、不善'，乃化地部及正量部之邪执。"《汉译南传大藏经》之"论事"，元亨寺妙林出版社，第62册，p268。

② 《随相论》卷1，T32，p0162a。

③ "按成业论，叙正量部说无表惑是不相应云。有说此法名不失坏，由此法故能得当来爱、非爱果，意业亦尔。许有此法，若不尔者余心起时，此便断灭，心相续中，若不引起如是别法，云何能得当来世果？是故定应许有此法，此法实有，心不相应行蕴所摄。"《成唯识论演秘》卷4，T43，p0852a。

不以色性为无作。又佛说：色是恼坏相①，是无作中恼坏相不可得，故非色性。

问曰：无作是身口业性，身口业即是色。答曰：是无作但名为身口业，实非身口所作，以因身口意业生故，说身口意业性。又或但从意生无作，是无作云何名色性？又无色中亦有无作，无色中云何当有色耶？②

四　经量部的种子理论

经量部明确反对有部的"无表为色法"，此观点主要依据"无表业由身、口二业产生"。而经量部则认为身、口二业其实是由意业所发动的，它们只是意业活动的外在表现而已，所以三业的真正主体是意业。而意业主要又由思心所推动，所以在经部看来，三业的本质就是"思"，它是身、口、意三业的驱动核心，故《大毗婆沙论》云："譬喻者说，身语意业，皆是一思。"③ 所以严格来讲，单纯的身、口二业现象不能算是"业"，只能算是"表"，因为它们仅仅是些显现的肢体动作或声音的音量变化。只有意业，以及由思心所发动的身、口活动才能算是业。

例如长、短等形色是身表业的特征，它们是假法而非实法，虽然一般把形色称为表业，但其实不是真正的业。真正意义上的身业，它的主体是思心所，身体的形色是思心所活动的外在表现。各种能发动身业的思心所的活动，依靠身体的行为而得以表现，所以称为身业；所谓语业，道理也是如此，也是以思心所为主体，发动语言的思心所，依靠语言而得以表现，所以称为语业；所谓意业，就是审虑思与决定思的活动，它们是意业的主体。

然经部宗，形④为身表，但假非实，形虽是表，而非是业，言身业者，以思为体。谓能种种运动身思，依身门行，故名身业，身之业故，故名身业；言语业者，亦思为体，谓发语思，依语门行，故名语业，语之业故，故名语业；言意业者，谓审虑思及决定思，为意业体。

故此三业，皆思为体，随门异故，立差别名。依意门行，名为意业；依身门行，名为身业；依语门行，名为语业。总有四思，一审虑思；二决定思；三动身思；四发证思。前二意业，第三身业，第四语业。⑤

---

① 恼坏相："复有一种色，如经说恼坏相，众生身色名为恼坏相，非众生色亦名恼坏相。恼相因缘故亦名恼，譬如有身则有饥渴寒热老病刀杖等苦。"《大智度论》卷36，T25，p0324b。

② 《成实论》卷7，T32，p0290b。

③ 《阿毗达磨大毗婆沙论》卷113，T27，p0587a。

④ 形：即形色，指物体的外在形状，如长短、方圆、高下等。

⑤ 《俱舍论颂疏论本》卷13，T41，p0890c。

所以，三业都是以思心所的活动为主体，随其表现渠道的差别，成立不同的业名。依靠意识而表现，称为意业；依靠身体而表现，称为身业；依靠语言而表现，称为语业。思心所的活动总共有四类，一是审虑思；二是决定思；三是动身思；四是发证思。前二为意业，第三为身业，第四为语业。

思心所在唯识学中的定义：使心有所作为，在或善或恶或无记的状态中使心活动，驱使心造作善恶等业。所以它有点类似现代的意志心理，意志是有意识、有计划，决定达到某种目的而产生的心理状态。经部认为思的活动可分四个步骤：一是审虑思，对所要做的事情，进行先期的思考，权衡利弊等，以确定可行与否；二是决定思，经由审虑思确定可行后，思考制定具体的行动方案，以备后续的真正实施；三是动身思，即发动身体行为去实施；四是发证思，即运用语言活动进行表达及实行。可见身语二业都是由意业发动，而思心所又是意业活动的推动主体，所以说"三业以思为体"。

由此经部认为，无表业不是身、口二业直接产生的，不是现行的实有法，更不是什么色法。产生无表业的真正主体是意业，它是思心所活动所产生的种子，即审虑、决定、动身、发证四思的内在活动，发动色（身、口业）、心（意业）渠道得以表现，由此熏习所留下的种子。这些思种子，具有防恶止错的功能，由此假名为无表业。

> 以经部宗，不许无表是实有故。彼说无表，但是思种，谓审、决、动、发，四现行思，于色心上，熏成种子。此思种上，防非止过，假立无表。[①]

经部提出种子概念，与当时其他学派的近似理论影响有关，另外自然界的植物种子发芽结果的现象，对经部学者也有启发作用。经部认为由业感果的原理与自然界由种子结出果实的道理是一致的，例如自然界的植物种子由于遇到其他各种条件，作为直接的因在结果后自然灭去，在后续的阶段依次产生生根、发芽、长茎、抽枝、散叶等的不同现象。种子的自体虽然刹那生灭但又相续存在，若遇到其他条件，也能作为直接的因而产生现行的果法。

> 谓譬喻宗[②]，故彼宗说：如外种果感赴理成，如是应知业果感赴。谓如外种由遇到缘，为亲传因感果已灭，由此后位遂起根、芽、茎、枝、叶等诸异相

---

① 《俱舍论颂疏论本》卷 13，T41，p0891a。

② "参照真谛、玄奘所传，可以说经部的前驱者是譬喻师。他们这一批人的主张和学说都差不多，玄奘甚至还说譬喻者是根本经部。"吕澂："印度佛学源流略讲"，《吕澂佛学论著选集》，齐鲁书社，1991，第 2136 页。

法。虽体不住而相续转，于最后位复遇别缘，方能为因生于自果。①

五　唯识学对无表业的定义

（一）身、口二表业非实

经量部的"三业皆是一思"以及将无表业定义为思种子的观点，与唯识学极为近似。不过由于双方的存在观点不同，所以相关理论也不尽相同，主要集中在有关身、口二表业的存在性质问题上。经量部虽然对说一切有部多有反对，但就色心的关系，同样持类似二元论的观点，认为色法有极微，是独立于心外的实体，所以经部将身、口二业定性为色法。而根据阿赖耶识缘起理论，一切存在现象都由第八识种子所变现，不存在有独立于识外的色法实体，所以身、语二表业也只是种子变现的现象，并非实在的色法。

唯识学认为身业并非实体性的存在，而是以第六意识为因，使得由第八识的种子所变现的手等肢体动作形相，不断连续地生起及消失，并从一个地方转移到另一个地方，显现出似乎是实在的动作现象，它们都能表现内心的活动，所以假名为身表业。同样，语表业也不是实体性的声音存在，因为一刹那的声音片段，无法包含及表达意义，许多段组合持续的声音，它们以心为因，使得由识所变现的似乎实在的声音不断持续地生起及消失，是内心的表示，故假名为语表业。

> 故身表业，定非实有。然心为因，令识所变手等色相，生灭相续，转趣余方，似有动作，表示心故，假名身表。语表亦非实有声性，一刹那声，无诠表故；多念相续，便非实故。外有对色，前已破故。然因心故，识变似声，生灭相续，似有表示，假名语表，于理无违。②

（二）无表业为思的种子与现行

虽然在"三业的本质为思""无表为思种"的观点上，经部与唯识学基本一致，但是唯识学将三业的本质往"唯识"上做了进一步的推进，认为三业都不具有实在性，它们都只是思心所的活动表象。表业既非实体，无表业当然更没有实在性，而是依据善、恶不同思心所的种子或现行而假立。唯识学将无表业又分为"散无表"与"定道戒"两种，散（心位）无表指思心所的种子，依据能够引发身、口二表业的或善或恶的思心所种子而假立。定道戒指思心所的现行，依据在禅定状态中能够

---

① 《阿毗达磨顺正理论》卷 34，T29，p0535a。
② 《成唯识论》卷 1，T31，p0004c。

抑制恶的身、语行为的思心所的现行作用而假立。

> 表既实无，无表宁实？然依思愿善恶分限，假立无表，理亦无违。谓此或依发胜身语善恶思种增长位立，或依定中止身语恶现行思立，故是假有。
>
> 世尊经中说有三业，拨身、语业岂不违经？不拨为无，但言非色。能动身思，说名身业；能发语思，说名语业；审、决二思，意相应故，作动意故，说名意业。起身、语思，有所造作，说名为业。是审、决思所游履故，通生苦乐异熟果故，亦名为道①。②

唯识学进而将思心所的作用归纳为三思，即审虑思、决定思、动发思，而三业的本质是思。其中审虑、决定二思与意识相应，并使得意识有所造作，所以称为意业，意业的本质是思。而在动发思驱动下的身、口二业活动，是审虑、决定二思的意愿表现，其中将能够发动身体行为的思心所称为身业；将能够发动语言活动的思心所称为语业，由此身、口二业的本质也是思。另外，动发思因为是审虑、决定二思心所的表现渠道，能够产生或苦或乐的异熟果报，所以也称为道。

六　唯识学对戒体的定义

无表业与戒体理论有密切的关系，所谓的戒体是指修行者在受戒后所获得的一种能力，它能够维护戒律，对身心起到防非止恶（或相反）的作用，有部根据自身的无表业理论将戒体定义为色法。

> 问：何故戒体唯色？答：遮恶色起故，又是身、语业性故，身语二业色为体故。③

唯识学则认为无表业是思心所的种子或现行，即散无表与定道戒。就散无表来讲，这是一类具有特殊作用的种子，是思心所强烈的善、恶活动，以及引发的身、口二业的活动所产生及增长的种子。根据种子的分类，可以将之归为异熟习气，因为它们的作用强盛，能感得异熟果。戒体属于散无表，是修行者在受戒的过程中，生起了强烈的思心所活动，即严守戒律、断除烦恼、求得解脱等强烈的誓愿，由此所产生的种子。一般来讲，要获得戒体需要两个条件：一所受持的戒律；二思心所

---

① 道：即十善或十恶业道，十善业道即不杀生、不偷盗、不邪行、不妄语、不两舌、不恶口、不绮语、不贪、不嗔、不邪见。前三为身业，中四为口业，后三为意业。
② 《成唯识论》卷1，T31，p0004c。
③ 《阿毗达磨大毗婆沙论》卷140，T27，p0723c。

的强烈活动。戒律根据善、恶性质的不同，可以分为律仪及不律仪，前者属于善戒，它们起到抑制贪、嗔等烦恼，规范身心的作用，如佛教的各类戒律；后者属于恶戒，它们对内心的烦恼非但没有控制作用，相反还有推动及纵容作用，由此做出危害他人及社会的行为，如一些邪教的戒律。所以受戒者根据所受戒律的不同，思心所活动的性质也有善、恶的不同。如果思心所在受戒之时，所发的强烈誓愿与断除烦恼相符，或有益他人及社会的则属于善思；反之如果所发誓愿是纵容烦恼，或危害他人及社会的则为恶思。如此根据戒律及思的善、恶不同，所产生的种子也有善、恶的区别，这些善、恶不同，功能强大的戒体种子，今后会对受戒者起到守持戒律及防恶行善或相反的作用。唯识学将戒体归为心法范畴，属于法处所摄色，也叫受所引色。

> 述曰：此无表色略有二种。一散无表，即是依发殊胜身、语善恶思种子增长之位，名为无表。依谓所依，显假依实；殊胜思者，简下、中思不发无表；身语者，显色义；发善恶者，显性非无记；恶者，不律仪业；增长位者，简前及后，谓加行时种未增长，及后舍已种不增长，今有善恶戒时，种子增长，刹那刹那七支①倍倍，即是种子念念体多。②

以上是《成唯识论述记》对戒体的解释，大致意思为：无表色大致可以分为两种：一是散心状态下的无表色（另一种是定心位的无表色），这是依据能够引发强盛身、口二表业的或善或恶的思心所种子的增长状态而成立的，称为无表色。依指所依据的主体，即思种，显示假法（无表色）是依据实在法（思种）而立；殊胜思表示思心所作用的强烈，而作用微弱或中等的思心所活动不能够产生无表色；身、语的活动表现，属于色法；发善、恶者，表示非无记性；恶者，表示邪恶的戒律以及恶的誓愿；增长位者，否定受戒前以及结束以后，即在受戒前的预备阶段时，种子还未增长，或者舍戒之后种子也停止增长，而当下在受持或善或恶的戒律之时，种子的功能由此增长，（因为受了善、恶戒，所以引发）身、口二业不断地造作相应的善、恶行为，由此种子的功能也不断地增长。

本章小结

种子是有为法，是前业与后果的联系媒介。种子的分类非常复杂，可以分为有

---

① 七支：也即十业（道）的前七支。其中三种或善或恶的行为属于身业，即（不）杀生、（不）偷盗、（不）邪淫；其他四种或善或恶的行为属于口业，即（不）妄言、（不）绮语、（不）恶口、（不）两舌。

② 《成唯识论述记》卷3，T43，p0275b。

漏与无漏种子；色法与心法种子；名言习气、异熟习气、我执习气等。种子具有六义，即刹那灭、果俱有、恒随转、性决定、待众缘、引自果。另外能熏四义指能产生种子的主体，需要满足四个条件，即有生灭、有胜用、有增减、与所熏共和合性。所熏四义指能收藏种子的主体，也需要满足四个条件，即坚住性、无记性、可熏性、与能熏共和合性。

思考题

1. 什么是名言习气、我执与有支习气？
2. 什么是种子六义？
3. 如何理解唯识学的五种姓理论？
4. 唯识学的戒体思想与说一切有部的无表业理论的区别是什么？

第三章　量论

本章概要：

　　本章的量论是指与认知有关的理论，涉及认知的种类、性质、原理及相互关系等问题，这是唯识学最具特色与价值的部分。本章主要介绍了认识的两种模式，即现量与比量的定义与差别；认识的结构，即见、相、自证、证自证分之四分理论；认识对象的属性，即性境、带质境、独影境三类境思想；有相唯识与无相唯识问题的辨析等。唯识量论与世间哲学认识论最大的不同在于，唯识量论不囿于纯粹理性，而是关涉到宗教修持，因为它揭示了根本无分别智的发生与认知原理，与"转识成智"密切关联，本质上是为佛教解脱论服务的。

学习重点：

　　现比二量的区别；四分理论；无分别智亲证真如的原理。

本章课时数：

　　总计 16 周 ×4＝64 课时，本章 10 课时。

"量"的梵文是 Pramāṇa，Pramā 是"正知"义；ana 为"作具"义，Pramāṇa 指获得正确知识的方法，即亲证真如的方法。唯识学的量论体系由两部分构成：一是认知论，涉及认知的种类、性质、原理及相互关系等理论；二是逻辑学，主要研究论证及辩论的逻辑形式，这部分也被称为因明。本章主要探讨第一部分，具体涉及认知的种类（现、比二量）、性质（三类境）、原理（四分说）等理论，这也是唯识学最具特色与价值的部分。

与世俗哲学不同，佛教的量论不是单纯意义上的认识论或逻辑学，它与解脱道密切相关。掌握与量论相关的知识，以及能否成就"正量"，是获得解脱的重要前提，而"正量"本身也即是解脱的重要目标——菩提果。我、法二执属于不正确的量，它们被认为是造成无明烦恼的根本原因，它们的作用不是孤立的，会影响其他烦恼心理，加深烦恼的染污程度，当根本烦恼与随烦恼心所受我执影响时，它们就成为烦恼障；若受法执影响，则成为所知障。烦恼、所知二障是令众生生死轮回的两大障碍，所以量的不正确，是令众生无法解脱的根本原因，正因如此，量的转变就具有了重要的意义。唯识学的"转识成智说"，就是有关如何获得正量的理论，通过如理次第的修学，修行者在量上获得彻底的转变，最终转识成智，四智菩提就是正量的表现。总而言之，唯识量论思想丰富而深邃，既包含了世俗意义上的认识理论，更具有出世解脱道的内涵。

第一节 现量与比量

量论是关于认识与逻辑的理论，其中，认识模式问题是最为基础的部分。认识活动的类型虽然复杂多样，若单就模式来讲，则只有两类不同的认识模式，即现量与比量。虽然古印度人总结出很多量的类型，除了现、比量外，还有圣教量、譬喻量、姿态量①等，而陈那论师（公元 5、6 世纪）② 认为量的对象只有自、共二相，除了自相、共相之外，就再没有其他的相可以作为认识的对象了。现量是以自相作为所显现的认识对象，比量是以共相作为所显现的认识对象，所以量的模式也只有现、比二量，其他的量不能作为一种独立的模式。如圣教量和譬喻量等都是假说的量，不是真正意义上的量，它们都可以被现、比二量所含摄。

---

① 圣教量、譬喻量、姿态量：圣教量指本宗教的教主或圣者所述的教义，以此作为正确知识的来源。譬喻量指依据类似的事物，通过譬喻、类比而推知相同的其他事物，比如通过家猪的比喻而知道野猪。姿态量指通过肢体动作可以传递表达信息，由此令他人获得知识。

② 陈那：又名大域龙，印度瑜伽行派论师，也是新因明的创始人，被誉为"中世纪印度正理学之父"，留有许多关于量论的著作。

"现与比是量，二相是所量"……量唯二种，谓现、比二量，圣教量和譬喻量等皆假名量，非真实量。何故量唯二种耶？曰：由所量唯二相，谓自相与共相，缘自相之有境心即现量，现量以自相为所现境故。缘共相之有境心即比量，比量以共相为所现境故。除自相、共相外，更无余相为所量故。①

一　现量

（一）现量的定义

心的认识种类多样，而单就认识的模式来讲，就只有现量与比量两种类型，它们之间最基本的区别就是有无"分别"。分别是思维、量度的意思，包含推理等作用。现量是没有分别的，"现"是指所缘的对象为现时、现行法；能缘与所缘现时同存。现量是认识主体对认识对象原初、当下、直接的认识，其中没有掺杂主观因素。由此，"无分别"是现量的基本特征。就此定义来讲，唯识学与因明大致是一致的。《因明入正理论》以前五识为例对现量做了基本的定义：现量是没有分别的，并且心识是在没有错乱的正常状态。例如前五识对色等境界在认识的时候，离开了名称概念及范畴等所有的分别，采取当下、个别对应的认识，如眼识缘色境、耳识缘声境、鼻识缘香境等，彼此互不掺杂。

现量，谓无分别，若有正智，于色等义离名种等所有分别，现现别转。②

无分别是现量最为重要的特征，弥勒菩萨在《瑜伽师地论》中以五识为例，指出现量的三大特征。

现量者，谓有三种：一、非不现见；二、非已思应思；三、非错乱境界。③

上述的三大特征，从现量与对象两者的关系角度阐释现量的特征。根据《瑜伽师地论》的解释④，大致意思：一是显现义（非不现见），当根健康完好，境不受遮蔽，二者距离适当并相对时，在作意心所的引导下生起的现量认识，它所缘的对象是直接的呈现，而不是靠假设或推理；二是现在义（非已思应思），现量与所对的境是

---

① 法尊译编《集量论略解》，中国社会科学出版社，1982，第 2 页。
② 《因明入正理论》卷 1，T32，p0012b。
③ 《瑜伽师地论》卷 15，T30，p0357c。
④ 相关的解释详见《瑜伽师地论》卷 15，T30，p0357b。

同时、当下的存在，不是过去或未来的境界；三是现有义（非错乱境界），现量所对的境是客观实在的，不是因为身体有病或其他原因造成的错觉及幻觉所生的境界。

综上所述，如就五识现量来讲，当五根健康，心识处于正常状态，没有受到幻觉或错觉等的影响，不运用各类名言概念，离开所有的分别，对认识对象当下、直接的认识，这样的认识就属于现量。

（二）现量的认知结构

根据唯识学的相、见分理论，真正纯粹的现量认识是根本无分别智，它亲证实相，是非对象性的认识，所以只有见分而无相分。因为现量没有任何的分别性质，其见分只是对于对象的纯粹直观，没有任何主观的因素掺杂其中，所以见分不会因主观分别而变现出相分（影像或概念）。按唯识学的存在观，自我（第八识）与存在（种子显现的存在现象）是相待不离的"挟带"关系，只是由于比量的虚妄分别，所以见分通过自变的相分来认识存在。而现量不再变相，没有了相分的隔阂，所以其见分直接亲证到了存在的真如实相，此时见分"挟带"真如的体相而生起对它的认识，不同于比量"变带"相分生起对存在的认识（见图7）。

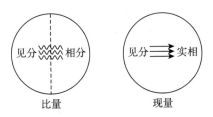

图7　现量的认知结构

自证分、证自证分的作用环节，在一个完整的现量中依旧存在。因为自证分等的作用是心识对于现量认识的自明、自觉性。

> 有义此智见有相无。说无相取，不取相故。虽有见分，而无分别，说非能取，非取全无。虽无相分，而可说此带如相起，不离如故。如自证分缘见分时，不变而缘此亦应尔。变而缘者，便非亲证，如后得智，应有分别。故应许此有见无相。[1]

以上是《成唯识论》对根本智认识结构的定论：根本无分别智有见分而无相分，因为真如是没有形相的，无分别智也不执取形相。虽然具有见分的功能，但没有了能分别执取的作用，并不是连认取的功能也全都没有。虽然无分别智不再分别变现相分，但是可以说是见分挟带真如实相而生起，彼此不离的缘故。如同自证分认识见分一样，自证分不变相分，直接认识见分，无分别智认取真如的道理也一样。

---

① 《成唯识论》卷9，T31，p0049c。

通过变相来认识的，就不是所谓的亲证了，就像后得智，是有分别的。所以说根本无分别智有见分而没有变现的相分。

（三）现量的种类

现量的种类有很多，其中最为常人能够直接经验的是感觉现量，即前五识现量。在《瑜伽师地论》中总共记叙有四种现量：

> 问：如是现量谁所有耶？答：略说四种所有，一色根现量、二意受现量①、三世间现量、四清净现量。②

第一种指前五识现量；第二种指五俱意识现量（第六识)③；至于第三种世间现量，按《瑜伽论》的解释即前色根（前五识）、意受（五俱意识）二现量，因为它们是凡夫众生所具有的现量；第四种指根本无分别智现量。后来陈那论师又在此基础上添加了自证现量。

> 论曰：意地亦有离诸分别，唯证行转；又于贪等诸自证分；诸修定者离教分别，皆是现量。④

第一种是指第六意识的五俱同缘意识，它也是离开比量分别的认识，它只是直观自所缘境；第二种是自证现量，它是对贪、嗔等心理活动的自证分作用；第三种是指根本无分别智，是修行禅定者离开了对于教义的分别后的认识。

另外，《成唯识论》将第八识的认识作用也定义为"现量"。这样综上所述，总计有五种现量：前五识现量、五俱同缘意识现量、第八识现量、自证分现量、四根本无分别智现量。

1. 前五识现量

前五识依托五根发生五种感觉性的认识，即眼、耳、鼻、舌、身识对色、声、香、味、触境的感觉认识，它们是对五尘外部属性的直接认识，属于现量。当生理组织（根）健康完好，五境不受遮蔽，意识正常，在作意心所的引导下，五识对五

---

① 藏地有人根据法称的解释，认为意受现量是在前五识现量（第一刹那）发生后无间继起的第六意识作用（第二刹那），它也是现量，这与汉地的观点不同。汉地一般认为意现量是与前五识同时生起的五俱同缘意识的作用，此后第二刹那生起的是五俱不同缘意识，它有分别性已经不是现量。

② 《瑜伽师地论》卷15，T30，p0357c。

③ "然离分别略有四类：一五识身、二五俱意、三诸自证、四修定者。"窥基：《因明入正理论疏》卷3，T44，p0139b。

④ 《因明正理门论》卷1，T32，p0008c。

境发生最初、一刹那、没有分别的认识，这种认识是现量，也称之为率尔堕心①。不过要注意的是，前五识并没有认识到五尘本身，而是以五尘作为对象，五识见分变现出相似的相分境，所以五识现量认识到的是自己变现的"似五尘相"。这是因为五识现量不够纯粹造成的，因为前五识受到第六识的影响。

2. 五俱同缘意识现量

五俱同缘意识是指与前五识一同生起，帮助前五识进行认识的第六意识作用。唯识学认为前五识单凭自身无法生起作用，需要第六意识的帮助才能认识五尘。这种帮助前五识进行认识的第六意识作用，它与前五识的认识对象相同，认识模式也一样，没有分别，所以也是现量。

3. 第八识现量

第八识的作用极其微细，常人无法经验觉知。根据《成唯识论》对第八识的解释，它的认识对象是山河大地、种子、根身，其认识作用"任运、刹那、别缘"，这与前五识的认识性质比较近似，故也是现量。

4. 自证分现量（证自证分）

自证分指心或心所法对自身活动的当下自明力，例如我在看青色（a1）的同时，我知道我在看青色（a2），a2 与 a1 这两种认识作用是同时发生的，a2 对 a1 的认识是直接的亲证，是非对象性的认识，以此保证自明作用的准确性。证自证分是对自证分的自明作用，它们都属于现量。

5. 根本无分别智现量

修行者在见道位时生起根本无分别智，能够体认通达真如，所以叫通达位；这是对于真理最初的直观照见，所以也叫见道。这是圣者无漏智慧的根本，是真正纯粹的现量，它能亲证存在的真如实相，并由之产生后得无分别智。之前的四种现量都是凡夫众生具有的，属于凡夫现量，而根本无分别智是在见道时发生的无漏智慧，属于圣者现量。

修行者在经过长期的止观修行后，最终彻底摆脱比量分别，即见分变现相分的对象性认识模式，转为最为纯粹的现量。此时菩萨对于认识的对象，无分别智完全没有所得，也不再思辨产生各种错误无益的观念，真正的安住于唯识真正殊胜的本性中，即亲证了真如实相。此时的无分别智与真如实相完全平等，离开了能执取分别和所执取分别的形相。因为没有了丝毫的分别性质，所以此智面对存在时，不再变现任何相分，真如也没有形相，所以此无分别智见分有相分无。虽然具有见分的

① 率尔堕心：唯识五心理论之一。率尔即突然，指眼等五识初对色等境时，一刹那间所生起的认识作用，这种认识作用突然而又自然生起，没有掺杂概念性的分别作用，所以是现量。其余四心还有寻求、决定、染净、等流心。

功能，但没有分别，只是说没有了能分别执取的作用，并非连认取的功能也全都没有。根本智的见分"挟带"真如实相而生起，智如一体，这是最为纯粹的非对象性的直观，由此能够亲证到存在的真实相状。如同自证分认识见分一样，自证分不变相分，直接认识见分，无分别智道理也是一样。通过变相来认识的，就不是所谓的亲证了，就像后得智，是有分别的。

> 若时菩萨于所缘境，无分别智都无所得，不取种种戏论相故，尔时乃名实住唯识真胜义性，即证真如。智与真如平等，平等俱离能取、所取相故；能、所取相，俱是分别有所得心戏论现故……。有义此智见有相无。说无相取，不取相故。虽有见分，而无分别，说非能取，非取全无。虽无相分，而可说此带如相起，不离如故。如自证分缘见分时，不变而缘此亦应尔。变而缘者，便非亲证，如后得智，应有分别。故应许此有见无相。加行无间，此智生时，体会真如，名通达位。初照理故，亦名见道。①

凡夫在进行认识的时候，见分总带有分别性，这种分别作用会变现、建构出相关的影像或概念（相分），见分又执着此相分就是实相本身，并且是心外的客观实体。而根本无分别智是彻底摆脱分别性后的纯粹现量，此时见分不再变现相分，不是以见分变带相分的方式去认识真如，而是挟带存在本身之相而生起，由于与对象间没有了自变相分的隔阂，由此亲证了存在的实相。关于"挟带"《述记》的解释：

> 此缘真智，挟带真如之体相起，故名所缘，非带彼相分影像而起名缘于如，不离如故。②

挟带是自我与存在的真实关系在认识中的体现。阿赖耶识遍布三界，存在的山河大地等法，是阿赖耶所藏种子显现的现象。所以作为个体的心识与存在的世界，并非二元，而是相依相待、不即不离，这种关系就是挟带。凡夫因为认识的虚妄分别性，所以在认识存在的时候，见分会变现相分，见分实际直接认识到的是自变的相分境，但将此相分境误认为就是存在本身，并且执着为是在心外的实在，将存在异化为了"对象"，由此遮蔽了心物本来的挟带、不离的真实关系。而根本无分别智是出世间的纯粹现量，彻底摆脱了分别作用，所以见分（根本智）不再变现相分，由此直接认识到了存在的真如实相，使得心物相待不离的挟带关系，在无分别

---

① 《成唯识论》卷9，T31，p0049c－p0050a。
② 《成唯识论述记》卷18，T43，p0569b。

的现量认识中真正得到了亲证与呈现，使得主客关系从二元对立的异化状态又真正恢复到了统一。

二　比量

（一）比量的定义

比量与现量最大的区别是有无"分别"，现量无分别，而比量有分别。纯粹的现量有见无相分，是无分别的直观；而比量认识则是通过自己变现、建构的相分来认识存在。"比"是比类、度量的意思，比量包含推理、归纳、分析等"分别"的方式。比量分别是人类心识（尤其是第六意识）的一种重要能力或特征，但由于心识在进行分别的时候，受制的主观因素太多，比如我执、欲念、观念等，这些都会影响、干扰甚至扭曲我们的分别判断，所以比量具有了很多负面性质，佛法称之为"虚妄分别"或"邪慧"。当然比量也有着重要的正面意义，人类依靠比量取得的文明与发展也不容否定。另外在出世间的解脱道中，闻、思阶段的修学就要依靠比量的"分别"，这是分别具有的"正慧"意义。比量分别带有抽象性，与名言密不可分。名言符号既是比量活动的载体，同时也是比量活动进行的产物。另外识的分别与"想""慧"二心所关系密切，此二心所在比量分别中起到了重要的作用。

根据陈那论师的定义，比量认识的进行需要两方面的条件：一是现量经验到的信息是比量分别的基础，比量是在感性经验后发生的进一步的归类、分析与推理等的认知加工；二是比量认识的进行需要符合一定的逻辑形式（因三相）的规定，由此才能保证比量分别的准确性。即依靠直接经验到的各种现象，符合因三相的要求，运用推理、比较等分别的方式，来认识未现前或未知的事物。比如通过观察到烟就知道山上有火，或者通过所作性故知道声音是无常的，这种认识方式就是比量。

> 言比量者，谓藉众相①而观于义。相有三种，如前已说。由彼为因，于所比义有正智生，了知有火或无常等，是名比量。②

（二）比量的认识结构

比量认识不是有见无相分式的直观，一个完整的比量认识由相、见、自证、证

---

① 众相：根据印度正理派的观点，这里的众相指能够直接现量经验到的具体事物，它们是进行比量的基础。而陈那论师则从因（原因）与宗（结果）的不相离性角度，将"众相"定义为"因三相说"，即遍是宗法性、同品定有性、异品遍无性，对比量推理做了严格的形式上的规定，这是印度逻辑向演绎发展的一大推进。前者可以看作比量产生的现量基础，属于现量因；而后者则是比量进行必须遵守的规范法则，属于比量因。

② 《因明入正理论》卷1，T32，p0012c。

自证四分构成。因为比量认识的分别性质，所以比量的作用（见分）一旦发生，就会分别变现出自身的对象（相分）。相分包括具象的影像或抽象的名言概念，内含了很多主观性的成分。所以比量的直接认识对象并非存在本身，而是见分变现的相分境，但凡夫众生对相分境的主观性往往浑然不知，误认为就是实相本身，并且还将它执着为心外的实在，这是比量虚妄分别的最大表现。

自证分的作用是心识对于比量认识的当下的自明、自觉性。当认识主体处于正常状态下，任何的心识活动都伴随有自证分作用的同时发生。

证自证分的作用与自证分相同，指对自证分的自明作用。但证自证分的建立更多是逻辑意义上的，在实际的比量活动中一般不会也无须发生证自证分的作用。

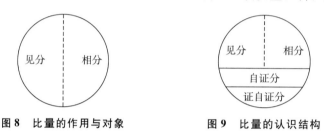

图 8　比量的作用与对象　　　　图 9　比量的认识结构

（三）想与慧心所的作用

在认知过程中，"想"与"慧"二心所起到了非常重要的作用，它们是分别的主体，感觉、知觉与思维活动基本由它们完成。想心所是以在对象上认取形相为本性，建立各种名称为作用，即要先确立对象的同、异区别，然后随之建立各种名称概念。"取像"与"安立名言"的两大功能是想的两大核心作用，这是形成比量分别的关键要素。从时间角度，想还可分为当前想与过去、未来想，前者是面对现在显现的对象时所发生的想作用；后者是对过去、未来不存在的对象时所发生的想作用。从名言角度，想还分随觉想与言说随眠想，前者是运用名言的想作用；后者是具象的想作用。

> 想谓于境取像为性，施设种种名言为业。谓要安立境分齐相，方能随起种种名言。[1]

所谓的"取像"，取是认取的意思，但这不是现量无分别的直观，而是带有主观性的呈现或变现。当根、尘、识三合（触心所）的状态下，想心所的取像作用随之发生，此时的见分顿时变现出与"尘"境相似的相分境，这是形成相分的关键步骤，也是见分在变现相分过程中最为基础的作用，认识对象的形成主要就是依靠此取像的作用。

一方面，安立名言的功能之所以与取像作用同时发生，在于想心所呈现对象

---

[1]　《成唯识论》卷3，T31，p0011c。

（相分）的过程，就是安立名言的过程。在唯识学看来，相分境主要是由名言构成。上述作用是五识（五俱同缘意识）在当前想的言说随眠想作用下，形成了感觉性的认识。其中的取像与显境名言作用同时发生，由此形成了具象性的五尘境，如就眼识呈现的相分境来讲，取像作用以图形模式呈现出色境，婴儿或动物等的想心所主要就是此类作用。五识的认识作用一般称为凡夫现量，与根本无分别智相比，这还不是纯粹的现量，主要原因就在于想的取像作用总是伴随着五识一同生起，而"取像"是带有主观分别成分的，所以五识的直接对象并非是五尘本身，而是五识想所建构呈现的似"五尘相"。如以眼识为例，眼识想在呈现"似色境相"时，渗入了常人对于物质世界的惯性认识，这种惯性是多生累劫的熏习积淀所形成的固态化的模式，一旦眼识作用发生即会呈现出我们日常所经验到的"存在样式"。所以常人见到的物质世界所具有的稳定形态、空间样式、颜色等其实并非就是存在的实相本身。但是凡夫受这种惯性影响太大，所以对于日常的感觉经验是深信不疑的。

另一方面，安立名言是在之前取像基础上的继续作用，主要的功能是将最初呈现的具象性的相分境，进行同、异差别等的区分，然后再用表义名言进行命名与分类，为后续的"慧"心所的深入分别做准备。上述作用是五俱不同缘意识（第六识）在当前想的随觉想作用下，形成了知觉性的认识。

想心所的其他作用还表现在独散意识（第六识）中，在过去、未来想的言说随眠想的作用下，形成的是表象，其中过去想还需念心所的配合；独散意识（第六识）在随觉想与慧心所共同的作用下，形成的是概念。

慧心所是在想的基础上进行更加高级、抽象的分别作用，对所观察的对象进行简别选择为其本性，断除疑惑为其作用。在观察对象的功德、过失、俱非时，由于慧的推理寻求作用才能获得确定的判断。

> 云何为慧？于所观境简择为性，断疑为业。谓观德、失、俱非境中，由慧推求得决定故。[1]

前五识的想进行的是感觉认识；五俱不同缘意识的想进行的是知觉认识；而独头意识的慧心所主要担负思维分别的功能，例如演绎、推理、归纳、分析等都是慧心所具体活动的表现。

（四）比量的分类

1. 识的比量种类

（1）五俱不同缘意识：五俱不同缘意识是第六识的作用，在五识（与五俱同缘

---

① 《成唯识论》卷5，T31，p0028c。

意识）作用后一刹那生起，是在五俱同缘意识作用的基础上，对同缘意识显现的"似五尘相"，依托想心所的作用进行后续的认知加工，区分同异、安立名言等。五俱不同缘意识分别变现的相分境已经是表义名言境，属于法尘境。与五俱同缘的区别在于，后者的所缘与五识一致，属于现量，相当于感觉；而不同缘意识所缘的是法尘境，属于比量认识，相当于知觉。

（2）独头意识：所谓的独头意识，是指无须依托间接的对象，单凭第六识的"想""思""慧"等心所法的分别力，就能进行分别的意识活动。例如回忆、想象、思维、幻觉等都属于独头意识，它们需要很强的分别力才能进行相应的活动，都属于比量。

（3）梦中意识：属于睡眠状态中的第六意识的活动。梦的成因非常复杂，有的属于觉醒状态的第六识活动的延续；也有的是觉醒状态时被抑制的心理在睡眠中的释放；也有的是第八识含藏的种子作用在睡眠中的释放。梦也属于比量。

（4）染污位的末那识：染污位末那识的作用就是对第八识的思量、执着。虽然末那识的作用不如六识的明显强烈，但是根据经典的定义，末那识对第八识的"思量"作用也是带有分别性质的，这种分别作用极其微细，常人无法感知，属于潜意识的分别，是比量的一种特殊类型。

（5）后得无分别智：后得无分别智是修行者在见道位获得根本智后引发的一种无分别智，乃至到究竟位，佛智包含根本与后得两种不同的作用，具体而言，大圆镜智、平等性智、妙观察智包含根本、后得二智；成所作智仅属于后得智。不同于根本智是纯粹的现量，后得智在认识存在时不是挟带式的直观，而是通过变带相分来认识存在，所以后得智的认识结构与比量是一样的，也有相、见二分。

《成论》认为后得智能够分别诸法的自、共相，并通过观察各类众生的不同根性而对机说法，这些都需要后得智具有变相的功能；另外如果后得智没有二分或不变现相分，那么它如何才能够认识过去、未来等的"无法"，这些都是现实中不存在的事物，无法作为认识对象。如果后得智不变现出过去、未来等事物的形相，那又如何能够认识无法呢？另外按唯识学的理论，成所作智只属于后得智，《八识规矩颂》认为成所作智是通过变现"似空的形相"来认识空性，即"变相观空唯后得"。

> 诸后得智有二分耶？有义俱无，离二取故。有义此智见有相无，说此智品有分别故，圣智皆能亲照境故，不执着故，说离二取。有义此智二分俱有，说此思惟似真如相，不见真实真如性故。又说此智，分别诸法自、共相等，观诸有情根性差别而为说故……又缘无法等，应无所缘缘，彼体非实，无缘用故。

由斯后智二分俱有。①

关于后得智是否有二分，是否以变相的模式来进行认识，在佛教内部是有争议的。《成论》认为后得智的认识结构与根本智肯定是不一样的，二者如果完全一样，那么佛经中就无须在根本智外另立后得智了。当然需要特别注意的是，虽然都以变相模式进行认识，但后得智不等于就是凡夫比量，它们之间还是有着根本的区别。凡夫没有获得根本智，没有亲证过实相，比量时又受我执、烦恼、各种经验与观念等因素的影响，所以凡夫比量很难保证认识的客观与准确性，更多属于虚妄分别。而后得智是在根本智亲证实相后才发生的，此时菩萨的分别起二障已经断除，俱生二障也有相应的对治，所以后得智的发生不受主观因素的干扰，是符合实相的如理思维，是无分别的分别。

2. 五种比量

《瑜伽师地论》将第六意识的比量认识归纳出五种不同的类型，即相比量、体比量、业比量、法比量、因果比量。根据相关的定义，它们大多建立在感官经验的基础上，根据五俱同缘（感觉）与五俱不同缘意识（知觉）获取到的信息，进行后续的分别与判断。

> 比量者，谓与思择俱，已思应思所有境界。此复五种：一相比量、二体比量、三业比量、四法比量、五因果比量。②

根据《瑜伽师地论》的解释，这五种比量的具体表现及性质大致如下。

（1）相比量：依靠直接观察到的事物的外在相状，并根据先前或当下的经验知识进行比较、推理。如见烟而比知有火，见幢而比知有车。

> 相比量者，谓随所有相状相属，或由现在或先所见，推度境界。如见幢故，比知有车；由见烟故，比知有火。③

（2）体比量：根据直接经验观察到的事物，来推理没有经验到事物；或根据经验到的部分属性，来推理其他属性。如以现在推知过去、未来。

---

① 《成唯识论》卷9，T31，p0050b。
② 《瑜伽师地论》卷15，T30，p0358a。
③ 《瑜伽师地论》卷15，T30，p0358a。

体比量者，谓现见彼自体性故，比类彼物不现见体；或现见彼一分自体，比类余分。如以现在比类过去；或以过去比类未来。①

（3）业比量：根据直接经验观察到的声音、动作等现象，从而推理出现象所依的主体。如闻嘶吼声而推知有马；见热灰而推知有火；见草木摇动而推知有风。

业比量者，谓以作用比业所依……若闻嘶声比知是马……若见热灰比知有火；丛林掉动比知有风。②

（4）法比量：根据概念（意义）之间的接近或关联性，从一个已知的定义推理出另一个未知的定义。如见无常而比知是苦；见苦而比知是空、无我；见生而比知有老死。

法比量者，谓以相邻相属之法，比余相邻相属之法。如属无常比知有苦；以属苦故比空无我；以属生故比有老法。③

（5）因果比量：通过事物的因果关联性来进行推理。如见人得可爱果报知其先前有做善业；见人饮食不健康知其将来得病；见有离欲者知其有行禅修；见人获得沙门果报知其有修解脱之道。

因果比量者，谓以因果展转相比……见有兴衰，比先造作善行恶行……若见有人食不平等，比当有病……见离欲者比有静虑……若见有获沙门果证，比知修道。④

3. 七种分别

比量认识的本质特征是分别，《瑜伽师地论》还归纳了七种类型的分别活动。这七种分别涵盖面很广，包括抽象的表义名言与具象性的分别，以及染污与不染污分别等。

云何分别所缘？由七种分别，谓有相分别、无相分别、任运分别、寻求分别、伺察分别、染污分别、不染污分别。⑤

---

① 《瑜伽师地论》卷 15，T30，p0358a。
② 《瑜伽师地论》卷 15，T30，p0358a。
③ 《瑜伽师地论》卷 15，T30，p0358b。
④ 《瑜伽师地论》卷 15，T30，p0358b。
⑤ 《瑜伽师地论》卷 1，T30，p0280c。

（1）有相分别：分为两种，一是指在前五识的感觉（率尔心①）基础上所进行的后续分别（寻求、决定心）；二是指心智成熟者，善于运用表义名言所进行的认识分别，这属于比较高级、抽象的思维分别。

> 有相分别者，谓于先所受义，诸根成就，善名言者所起分别。②

（2）无相分别：也分为两种，一是指在先前寻求、决定心后，以惯性方式延续的染净、等流心的活动；二是指婴儿、动物等以具象思维（不具备运用表义名言的能力）方式所进行的认识分别，这是相对低级、具象的认知活动。

> 无相分别者，谓随先所引，及婴儿等不善名言者所有分别。③

（3）任运分别：对于特别熟悉的对象，内心惯性、自然地认识分别。

> 任运分别者，谓于现前境界，随境势力任运而转所有分别。④

（4）寻求分别：粗略地运用名言概念进行思维的分别作用。

> 寻求分别者，谓于诸法观察寻求所起分别。⑤

（5）伺察分别：在之前寻求观察的基础上，更加细致、深入地运用名言概念进行思维的分别作用。

> 伺察分别者，谓于已所寻求已所观察，伺察安立所起分别。⑥

---

① 率尔堕、寻求、决定、染净、等流心，又称唯识五心。"且如眼识，初堕于境，名率尔堕心……五识同时必定有一分别意识俱时而转，故眼俱意名率尔心，初率堕境故。此既初缘，未知何境为善为恶，为了知故次起寻求，与欲俱转希望境故。既寻求已识知先境，次起决定，印解境故。决定已识境界差别，取正因等相，于怨住恶、于亲住善、于中住舍，染净心生。由此染净意识为先，引生眼识同性善染，顺前而起，名等流心，如眼识生耳等识亦尔。"《大乘法苑义林章》卷1，T45，p0256a。

② 《瑜伽师地论》卷1，T30，p0280c。

③ 《瑜伽师地论》卷1，T30，p0280c。

④ 《瑜伽师地论》卷1，T30，p0280c。

⑤ 《瑜伽师地论》卷1，T30，p0280c。

⑥ 《瑜伽师地论》卷1，T30，p0280c。

（6）染污分别：指伴随着烦恼心理一同生起的认识作用，即与对过去、未来、现在贪恋、欲求、执着的心理一同生起，或与贪、嗔、害等根本烦恼、随烦恼一同生起的分别作用。

> 染污分别者，谓于过去顾恋俱行，于未来希乐俱行，于现在执着俱行所有分别。若欲分别、若恚分别、若害分别，或随与一烦恼、随烦恼相应所起分别。①

（7）不染污分别：与出离心、无嗔、无害心所或信等善心所一同生起的认识作用，或者是指无记性的分别作用，例如无记性的行住坐卧、工匠、神通变化等的行为。

> 不染污分别者，若善若无记，谓出离分别、无恚分别、无害分别，或随与一信等善法相应，或威仪路、工巧处，及诸变化所有分别。②

三 自相、共相与实相

陈那论师之所以将量的种类缩减为现、比二量，主要的根据是虽然认识的对象有千差万别的不同种类，但是若就对象的特殊与普遍性而言，就只有自相与共相的区别。自相即事物的个别性，共相即事物的共同性。一般而言，现量认识的对象是自相，而比量认识的对象是共相。但是需要注意的是，运用语言文字进行表述的自相与共相其实都属于名言范畴，还不是"实相"（亦称"胜义自相"）。真正的实相是指存在的自体本身之相，这是根本无分别智的认识对象，是言语道断、心行处灭，唯证乃知的境界，是不能够用语言表述的。因为一旦通过语言表述的所谓"自相"，其实已经落入"名言"范畴了，属于意识分别变现、建构的相分，严格来讲已经是"共相"而非"实相"了。

（一）自相

1. 自相的定义

自相是指事物的个别体相或属性。因为不与其他事物共通，而单属于自身，所以称为自相。例如地、水、火、风各自拥有的坚、湿、暖、动四种属性，其中地大的"坚"性相对水大的"湿性"而言即是自相，其余依此类推亦是如此。另外需要

---

① 《瑜伽师地论》卷1，T30，p0280c。
② 《瑜伽师地论》卷1，T30，p0280c。

注意的是，事物本身的真实自相，也可以称为实相，但这是出世间的根本无分别智的认识对象。而在根本智没有发生前，通常所言的自相，都是凡夫心识（五识、五俱同缘意识）变现的对象，是由显境名言作用（似五尘相）构成的自相，不是实相本身。在《述记》中有一段关于"自相"与"共相"互相转换关系的论述，例如相对受、想、行、识蕴而言，色蕴属于自相，凡夫的色蕴中有漏性属于共相，圣者的色蕴中无漏性属于共相。就属于色蕴的色声、香、味、触尘等现象相比较而言，色尘属于自相，而色蕴则是它们之间的共相。就属于色尘的青、黄、赤、白等颜色现象相比较而言，青色属于自相，而色尘则是它们之间的共相。又比如青色是所有青色事物间的共相，而就单一的某棵树的青色则是自相。

> 如色蕴是自相，漏、无漏是共相。色蕴之中色处等是自相，色蕴是共相。色处中青等是自相，色处是共相。又青等是共相，随一树等是自相。①

又例如地的"坚"性相对水而言是自相；但是就同属地大的事物来讲，比如金与银，"坚"性则又成了共相。它们之所以可以互相转换，原因在于这里的"坚"并非"坚"的自相本身，而是通过语言表述的"自相"，属于名言范畴，是有关"坚"的类属概念，其实属于共相范畴。

2. 自相的三种含义

《瑜伽师地论》还总结了自相的三层含义，第一"胜义相有"，这是指"实相"本身，属于离言之境，而由名言表述的自相、共相都是实相上的两种属性。第二"相状相有"，指作为概念的"自相"与事物之间的四种关系特征，即自相能够作为主词使用、自相反映了事物固定不变的属性或关系、自相反映了事物真实的本性、自相代表了唯一的指称对象。第三"现在相有"，指自相是现量所认识的对象，所以必须是当下显现的事物。

> 何等名为自相有法？当知此法略有三种。一、胜义相有；二、相状相有；三、现在相有。胜义相有者，谓诸法中离言说义，出世间智所行境界，非安立相。相状相有者，谓由四种所观相状，一于是处名可得；二于是处事可得；三此名于此事非不决定，谓或迷乱不决定故，或无常不决定故；四此名于此事无碍随转，非或于是处随转，或于是处退还。现在相有者，谓若已生及因果性。如是一切总说为一自相有法。②

---

① 《成唯识论述记》卷4，T43，p0288b。
② 《瑜伽师地论》卷16，T30，p0361c。

（1）胜义相有：一切法的实相，是离开了名言概念及含义后的存在本身，这是出世间智慧的认识对象，不是比量分别用名言建构的对象。

（2）相状相有：自相有四种特征，一于是处名可得，即在自相法上可以对之安立名称，此名称可以用作主语。比如针对四大现象，可以对之建立地、水、火、风四种名称，这四种名称在语句中可以单独作为主语使用。而如"红"，则只能作为谓语，在一个完整的句子必须依托一个主词——花，花是主词，红是谓语。

二于是处事可得：与自相有关的名称反映了事物固有不变的属性或关系。比如"地之坚"，坚性是地大固定不变的属性；又如"眼之识"，眼根与眼识的关系固定不变。

三此名于此事非不决定：与自相有关的名称反映了事物真实的本性，此名称的含义与事物之间的关系稳固不变。不是某些虚妄分别所建立的名称，由于没有真实反映事物的本性，所以这些名称与事物的关系是不确定的（迷乱不决定）；也不是有些名称，相对事物本身来说只是一个假名的代词，如果事物的外形发生了一定变化，此名称也随之而变（无常不决定）。

四此名于此事无碍随转，与自相有关的名称，代表了唯一的对象，所以此名称不会在此处适用，到了别处就不适用。

（3）现在相有：自相是当下显现的事物，是由种子（因）所变现的现行法（果）。

（二）共相

1. 共相的定义

共相指事物间的共通相或共性。比如青色是所有青色事物的共通之相，无常、无我是一切法的共通之性等。共相是心识对事物进行分别（归纳、抽象等）后的产物，是散心状态的分别心建立的某种类属概念，属于假名安立，由名（概念）与（含）义构成，此概念（能诠）及其含义（所诠），代表了各种法之间的某种共同性，就像串联花朵的线，所以称为共相。如第六意识在前五识感性经验的基础上，对"似五尘相"，归纳抽象出它们中的共通相，并用概念来命名，由此成立所谓的共相，如无常、空等概念，所以共相是比量的对象。

> 若分别心立一种类，能诠、所诠，通在诸法，如缕贯花，名为共相。此要散心分别假立，是比量境。①

---

① 《佛地经论》卷6，T26，p0318b。

既然比量因为分别的缘故，只能认识由其分别建构的名言之境，而此名言概念构成的共相，不等于事物本身，那么此名言共相的所指与功用到底为何？对此《述记》认为，名言共相并非直接指称事物本身，而是通过遮诠的方式来显示事物。比如"火"的概念属于共相，当人们在表达火的概念时，此概念不是直接指称火本身，而是以否定非火的现象来显示火的存在，就这种"非火"的遮诠作用来讲，贯通所有火的现象，所以称之为共相。

> 法自体，唯证智知，言说不及，是自相。若法体性，言说所及，假智所缘，是为共相。问曰："如一切法皆言不及，而复乃云言说及者是为共相，一何乖返？"答曰："共相是法自体上义，更无别体。且如名诠火等法时，遮非火等，此义即通一切火上，故言共相得其义也。"①

也就是说法的自身本体，只有根本无分别智才能认识，是无法通过语言概念触及的，属于自相。若是法体上的相关性质，通过语言概念表述的，则是比量认识的对象，属于共相。若有疑问："如果一切法自身是语言概念无法触及的，但又说通过语言概念表述的是共相，这样不是就有矛盾了吗？"回答："共相只是法自体上的某种属性而已，除此之外没有独立的自体。比如用火的概念来表达'火'的现象时，否定了非火的现象，这种遮诠的作用是贯通于所有的火的现象的，就此才说共相可以表达法的某种性质。"

2. 五种共相

《瑜伽师地论》还列举了五种不同类型的共相，这是根据存在的不同类属；因果间善恶对应的必然性；存在的无常性、苦、空、无我性角度，归纳出的五种共相法。

> 何等名为共相有法？当知此相，复有五种。一、种类共相；二、成所作共相；三、一切行共相；四、一切有漏共相；五、一切法共相。种类共相者，谓色、受、想、行、识等，各别种类，总名为一种类共相。成所作共相者，谓善有漏法，于感爱果，由能成办所作共相，说名共相。如善有漏法，于感爱果；如是不善法，于感非爱果；念住、正胜、神足、根、力、觉支、道支、菩提分法、于得菩提，由能成办所作共相，说名共相，当知亦而。一切行共相者，谓一切行无常性相。一切有漏共相者，谓有漏行者皆苦性相。一切法共相者，谓

---

① 《成唯识论述记》卷4，T43，p0288a。

一切法空无我性相。如是一切，总说为一共相有法。①

（1）种类共相：即色、受、想、行、识等法，从它们分别代表不同的种类范畴角度，称为种类共相。

（2）成所作共相：即有漏的善法，能够感得可爱的果报，将这种共通性称之为共相。例如有漏善法能感得可爱果报，以此来类推，不善法能够感得不可爱的果报；四念处、四正勤等三十七道品，能够感得出世间的菩提果报，这些共通性，都可以称为共相。

（3）一切行共相：即一切行法，无常不住的共通本质与现象。

（4）一切有漏共相：即一切有漏法，苦的共通本质与现象。

（5）一切法共相：即一切法空、无我的共通本质与现象。

（三）实相（胜义自相）

实相指存在的真实相状，也称为"胜义自相""真如""一真法界""胜义胜义"等。实相是出世间的纯粹现量，即根本无分别智的认识对象，由于根本无分别智没有任何的分别性，所以它的见分不再分别变现相分，由此能够亲证到存在的实相。实相包含了所谓的自、共相二相，因为实相本身即是"胜义自相"，而所谓的共相，其实是比量认识对"自相"抽象概括后的产物，根据自相间的共通性，运用名言建立共相。人们为了区分事物等的需要，建立了"自、共二相"，它们都由名言概念构成，都不是真正的"胜义自相"。真正的"自相"或"实相"只能是现量直观的，不能够用语言描述，因为一旦运用名言就已经落入共相范畴，这就已不是实相本身了。

> 一切法上实义，皆名自相，以诸法上自相、共相，各附己体不共他故；若分别心，立一种类，能诠、所诠，通在诸法，如缕贯花，名为共相。此要散心分别假立，是比量境。一切定心离此分别，皆名现量，虽缘诸法苦、无常等，亦一一法各别有故，名为自相。真如虽是共相所显，以是诸法自实性故，自有相故，亦非共相。不可以其与一切法不一不异即名共相，自相亦与一切共相不一异故。是故彼论说诸法上所有实义，皆名自相。②

（1）自相：一切法本身所具有的各种真实性质，都可以叫作自相。因为各种法自身所具有的"自相"或"共相"，这些都是诸法自身独具的，与其他法都不完全相同。

---

① 《瑜伽师地论》卷16，T30，p0361c。
② 《佛地经论》卷6，T26，p0318b。

（2）共相：比量分别建立的某种类属概念，此概念（能诠）及其含义（所诠），代表了各种法之间的某种共同性，就像串联花朵的线，所以称之为共相。这是散心状态分别心的假名安立，是比量认识的对象。

（3）实相与自、共相的关系：定心现量认识到诸法的苦、无常等，这些所谓的共相也是每一个法上各自具有的性质，所以也即是自相。真如之理虽由共相（名言）所显现，因为也是诸法自身所具有的真实性质，所以也即是自身所具有的相（自相），并非就是共相。不能因为真如与一切法不一不异的关系，就称其为共相，因为自相与所有的共相也是不一不异的关系。所以相关的论典中说诸法本身上所具有的真实本性，实质上都是自相。

第二节　四分说

四分说是唯识量论中最具特色的理论部分。先前介绍的现、比二量属于认识的模式范畴，而四分说则是关于认识结构的理论。在唯识学看来，认识是有内在结构的，不同的认识模式，其内在的结构亦有所不同，这种结构反映了认识的某种普遍性原理。四分理论的价值就在于从中揭示了现、比二量不同的认识原理与结构，由此出世间的根本无分别智，其内在的认知机理也能够略有所窥。当然将一个完整的认识区分出不同的结构部分，应该知道这是一种方便，目的是为帮助人们更好地了解认识的内在机制。就认识本身而言，认识活动是整体不可分的，这种所谓的部分，只是从不同角度反映认识的侧面功能，所以二分抑或三分、四分都必须从整体的意义上加以把握，千万不能从时间先后顺序来理解二分乃至四分；更不能将之割裂、对立化理解，后者恰恰是唯识学极力要批判的。

与此相关的理论，在古代印度唯识学的内部有不同的意见，当时有一分说，亦有主张二分说的，最为著名的是陈那论师提出的三分说，以及护法论师的四分理论。相关理论也造成唯识学内部发生了重大的分歧，尤其是关于二分的性质是遍计所执性还是依他起性问题上，形成了所谓"有相唯识"与"无相唯识"的争论。

一　见、相二分

（一）见、相二分的定义

1. 见分

"分"是部分义，见、相二分是最为基础的认识结构部分，心与心所法的活动都是以二分的结构呈现。简单而言，见分指心识的认知作用。这是从认识活动的主动面，首先划分出这一部分的功能作用，所以见分也称之为"能取分"，取是认取、认识的意思。见分的认取作用一旦发生，就会变现或建构出自己的相分，这种作用被称为"取相"，这是识的最为重要的特征，但凡心识都有这种"取相"作用。如果心、心所法没有能认识的见分，应该就不能产生认识，如同虚空一样（见图10）。

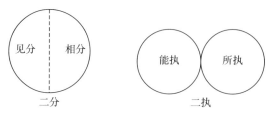

图 10　见、相二分

2. 相分

指识的认识对象，这是从见分的取相或变相角度，划分出这一部分的功能作用，所以相分也被称为"所取分"。相分是认识活动的具体内容与对象，它是由见分（抑或是自证分）变现产生的。如果心、心所法没有自变的相分，心、心所就不能认识自己的对象；或者例如眼、耳、鼻、舌、身识的对象会混同，每一识能认识其余识的对象，因为自己的对象与其余的一样，反之其余识的对象与自己也一样。

其实就认识活动本身来讲，见、相分是一体两面的关系，它们是一个认识活动的统一整体，不能将它们割裂分离，之所以要区分出见、相二分，目的在于揭示心识的变相功能。所谓变相功能，是指凡夫的八识与心所有法在生起作用时，变现或建构了认识的对象，并且是以似乎实在的被认识的对象（相分）以及似乎实在的能认识的主体（见分）的现象显现，即心识的见分在变现或构造出了自己的相分境的同时，由于受无明以及常识经验的迷惑，将相分对象化，即看作是独立于心识之外的客体，由此将二分割裂——二元对立。这在唯识学看来是凡夫最为普遍及顽固的法执。

> 此了别用，见分所摄。然有漏识，自体生时，皆似所缘、能缘相现；彼相应法，应知亦尔。似所缘相，说名相分；似能缘相，说名见分。
>
> 若心、心所，无所缘相，应不能缘自所缘境；或应一一能缘一切，自境如余，余如自故。若心、心所无能缘相，应不能缘，如虚空等；或虚空等亦是能缘。故心、心所必有二相。[1]

（二）所缘缘理论

1. 所缘缘的定义

所缘缘是关于相分的重要理论，属于唯识学的"四缘说"，这是有关心识生起

---

[1]　《成唯识论》卷2，T31，p0010a。

所需四种条件的理论。"所缘"是指相分或认识对象；后"缘"指条件，即相分或认识对象是心识生起活动的必要条件。"所缘"被作为四缘之一，可见它在心的作用产生过程中起到的重要作用。所缘缘理论有两个重点：一是带相，二是亲、疏所缘缘。

（1）带相：心或心所有法在认识事物时，会变现与之相似的形相，此相分成为心或心所有法的认识对象（相分、所虑），反过来此相分境又成为心识活动的依托（所托）。也即是说，心识是变带着相分去认识存在的，心的直接认识对象是心自显的形相，此形相产生后又对见分的继续活动起到助缘作用。

（2）亲所缘：所缘指认识的对象，分为亲、疏两种，这是从所缘（对象）与认识主体的关系上所做的区分。"亲"是直接的意思，如果与认识的主体不相分离，同一主体，是见分的内在的认识对象及依托，它就是亲所缘。亲所缘是心或心所的见分自变的相分境，是心的直接对象；并成为见分的依托，对见分的继续活动起到助缘作用。亲所缘，心或心所有法只要生起活动就必定具有，因为认识活动必定会变现相分，成为认识的对象，离开了内在的认识对象及依托，认识主体无法生起活动。

（3）疏所缘："疏"是间接的意思，如果与认识主体虽然不是同一主体，但是作为本质境，能够帮助生起内在的相分，作为心或心所有法的认识对象及依托，它就是疏所缘。疏所缘即间接的认识对象，如五尘，是前五识的间接对象；第八识是末那识的间接对象等。疏所缘，能认识的心或心所有法作用生起时或有或无，因为离开了间接的认识对象及依托，认识主体也可以生起活动。

《成唯识论》建立"疏所缘"，从某种角度而言，也反映了有相唯识学在一定程度上承认事物的存在，当然这种承认仍然是在识的范围内的。例如就五尘（器世界）来讲，虽然是前五识的疏所缘，有其自身的相对独立性，但器世界是由第八识种子所显现的相分，所以不是完全独立于识外的存在，属于不离识的存在。所以疏所缘的成立，既满足了五识认识的信息来源问题，但也不违背"万法唯识"的基本立场。

> 三所缘缘。谓若有法，是带己相，心或相应所虑、所托。此体有二：一亲，二疏。若与能缘体不相离，是见分等内所虑、托，应知彼是亲所缘缘。若与能缘体虽相离，为质能起内所虑、托，应知彼是疏所缘缘。
>
> 亲所缘缘，能缘皆有，离内所虑、托，必不生故。疏所缘缘，能缘或有，离外所虑、托，亦得生故。①

---

① 《成唯识论》卷7，T31，p0040c。

2. 疏所缘缘与八识关系

识或心所有法只要生起认识活动就必定会有相应的相分，亲所缘是识生起的必要条件与产物，所以八识的活动都具有各自的亲所缘。而疏所缘，作为间接的认识对象，则不是必要条件，很多时候识或心所有法单凭自身就可进行认识活动，无须疏所缘。具体来讲，八识各自的疏所缘缘情况如下：

（1）第八识的疏所缘缘有无不定，因为八识间各自变现的身体与国土可以互相受用，他人变现的可以作为自己第八识见分的本质境，即当第八识认识他人第八识变现的身、土时，就需要有疏所缘缘；而只是认识自己种子显现的身、土时，则无须疏所缘缘。清净位时亦是如此。

（2）第七识在染污位的时候，肯定有疏所缘缘，因为末那识及与其相应的心所有法对第八识的恒审思量的作用是与生俱来的，必定要以第八识为间接的质境，所以肯定有疏所缘缘。清净位时，疏所缘缘不是必定须有，认识真如等时是无须间接的质境的。

（3）第六识的活动丰富而强烈，在任何状态都能自由地活动，所以它的疏所缘缘有无不定，如五俱意识的活动就需要有疏所缘缘；独头意识的活动就无须疏所缘缘。清静位时亦是如此。

（4）前五识在染污位的时候，肯定有疏所缘缘，因为此时的前五识性质粗糙、迟钝、微弱，它们的主要作用就是认识五尘，后者就是它们的间接对象。清净位时，五识的疏所缘缘则有无不定，因为成所作智作为后得智，可以认识过去、未来等境，所以此时就无须间接的对象；而在认识现在境时，就需要有疏所缘缘。

> 第八心品……自他身土可互受用，他所变者为自质故。自种于他无受用理，他变为此不应理故，非诸有情种皆等故。应说此品，疏所缘缘一切位中有无不定。
>
> 第七心品未转依位，是俱生故，必仗外质，故亦定有疏所缘缘。已转依位此非定有，缘真如等无外质故。
>
> 第六心品行相猛利，于一切位能自在转，所仗外质或有或无，疏所缘缘有无不定。
>
> 前五心品未转依位，粗钝劣故，必仗外质故，亦定有疏所缘缘。已转依位此非定有，缘过未等无外质故。[①]

---

① 《成唯识论》卷7，T31，p0041a。

3. 因缘变与分别变

见分变现相分的模式分为两种：一是因缘变，二是分别变。它们之间最大的区别在于，前者主要依靠种子随着因缘的势力而变，后者主要依靠见分的分别力而变。

（1）因缘变：前五、第八二识（包括五俱同缘意识）的见分属于因缘变。所谓的因缘变具有两大特征：

一是此相分的形成主要靠名言实种子与先前业力条件的力量，而不是全凭见分的计度分别。例如根身与器世界，它们作为第八识的相分境，主要靠种子与其他条件，随着因缘规律而形成，所以属于因缘变。第八识的见分只是对它们任运自然的现量直观，并非形成它们的直接原因。另外前五识的相分境——"似五尘相"，唯识学将它们也归属于因缘变。因为五识属于现量，相比第六识的分别力，它们在显现"似五尘相"时较少有主观的计度分别，是以印象的方式呈现出相分境。

二是因缘变所成的相分境具有真实的作用。例如种子、根身与器世界，它们既是第八识的相分境，又属于依他起性的存在物，都有真实的作用。

（2）分别变：第六、第七二识的见分（五俱同缘意识除外）属于分别变。分别变也具有两大特征：

一是此相分的形成全凭识的分别计度，主要以作意为先导，由想心所的"取像"功能，于对象上呈现出"似相"，再经思、慧等心所有法的作用，进而分别建构出种种的相分境。分别变所成的相分境多由名言构成，如心智健康、成熟者的五俱不同缘意识，独头意识等的见分，它们具有较高的分别力，由此见分能够直接变现相分境。

二是分别变所成的相分境，由于全凭识的分别计度所生，由名言概念构成，只是作为见分的对象，并不具有现实的作用性。

> 有漏识变，略有二种：一随因缘势力故变；二随分别势力故变。初必有用，后但为境。[1]

> 因缘生者，谓由先业及名言实种，即要有力，唯任运心，非由作意其心乃生。即五、八识随其增上异熟因为缘，名言种为因故变于境。八俱五数即无胜力，设任运生，境无实用，因缘变法必有实体，非横计故，非无用故。论：二随分别势力故变。述曰：谓作意生心，是筹度心，即六、七识，随自分别作意生故。由此六、七缘无等时，影像相分，无有实体，未必有用。[2]

---

[1] 《成唯识论》卷2，T31，p0011a。
[2] 《成唯识论述记》卷5，T43，p0326b。

二 自证分与证自证分

（一）自证分

陈那论师的自证分理论，是对量论的重要贡献。自证分可以从三个层面来综合理解。一者，自证分代表了心或心所有法的"自明性"，指心识对于自身活动的当下自明性。二者，自证分是"量果"义，指认识的结果，代表了认识的完整过程。在陈那论师的理论之前，其他学派大多认为能量（见分）、所量（相分）、量果（自证分）三者是分离甚至是对立的，陈那将此三者统一为一个整体。三者，自证分代表了认识的主体，是相、见二分所依的主体，这样既杜绝了见、相二分分离的可能性，又将能量、所量、量果三者做了进一步的统一。这三层的自证分义实乃一体，自证分真正的实际作用是对于见分活动的自知或自明，属于现量，因为自证分对见分的认识是非对象性的直接认识，不同于比量（见分变带相分），后者属于对象性的认识。

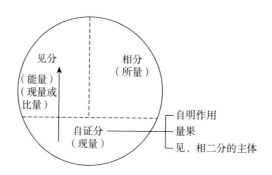

图 11　能量、所量、量果的统一

1. 作为自明作用的自证分

（1）自证分的自明作用：自证分的自乃自身义，证是直接确证的意思，自证分指心或心所法对于自身活动的直接自明能力。唯识学认为心、心所法对于自身的各种活动，无论是现量、比量抑或是情感活动等，都能当下确证或自明。所以心识或心所有法活动的同时，都有自证分的作用同时伴随发生。按理来讲，八识与心所有法的活动，都具有自证分，但是就常人来讲这种自证作用主要表现在前六识层面，因为八、七二识本身的活动微细而不可知，故它们的自证功能也无法为人所知。自证分作用极其重要，在心识活动中，如果仅有见、相二分的作用，没有自证分对于见分活动的自明力，那么我们对于自身的活动，就会浑然不知，因为自证分没有对它们自明自知，相当于见、相二分的活动未能进入主体意识中，未被自我真正觉知，例如在梦游等特殊状态时，当事人对于当下发生的心识活动是没有任何自明性的。

自证分的作用属于现量，不同于见分变带相分的模式，后者是对象性的分别认识，自证分是对见分活动的直接明证，是非对象性的直接认识。因为现量的直接明证才能保证我们对于自身心识活动的自明性，所谓的自明性意味着正确无谬，如果不能对自身心识活动正确的自知，就无法保证心识处于正常状态，从而就可能陷入错乱意识中了。还有一点需要注意的是，见分变现相分与自证分对它们的自明作用，这二者的作用是同时发生的，若是在见、相二分之后发生的就不是自证，而是忆念（回忆）心所的作用了。

就体而言，相、见、自证分三者是一体的，是一个识或心所有法上的不同功能。即当识或心所法产生了见分变现相分作用的同时——对之产生自明作用。之所以自证分的作用不能由见分来完成，需要在二分之外另立，主要原因有二：一要体现其不同于见分的作用，见分的功能是显现相分，而此自证分的作用是对于见分活动的自明力；二自证分必须是现量，而见分是现、比二量兼具的。

《大毗婆沙论》等论书中已经记载有类似自证分的思想，如大众部就认为心不光能认识其他事物，还能了知自己，并以"灯不但能照亮其他事物，同时也能照亮自身"的例子来说明，这个例子后来就被唯识学运用，来回应其他学派的"眼不自见、刀不自割、指不自触"等的责难。

> 心、心所法能了自性，如大众部，彼作是说，智等能了，为自性故，能了自他。如灯能照，为自性故，能照自他。[①]

在陈那论师看来，确实就像灯在照亮其他事物的同时也能够照亮自身一样，识或心所法对于自身活动的当下自明性也是显而易见的。他区分出识有二相，义相与自相，怎么知道识有两种相？由于有能够认识到境相（a）以及能够对之（a）自明的心（b），境相就是显现色境等（a）以及能够知道显现色境的作用（b），这也即是义相（a）与自相（b）。认识境相者，即显现出境相的识，是识显现出义相（见分→相分a），认识自身的识，即识显现出自相（自证分b）。

> 或问：如何知识有二相[②]？曰：由有了知境与了彼能知心，由此差别知觉有二相。境谓色等及由何了彼之识，此即义相与自相。了知境者，即随顺境相之识，是现义相。了知自识，即现自相。若不尔者[不许识自知，即不许自证分]，说即色等自知或成为自体者，则与知境全无差别。[③]

心的义相指心识能够认识或显现境相，亦即见分变现相分（a），这是义相；心

---

① 《阿毗达磨大毗婆沙论》卷9，T27，p0042c。
② 二相：义相及自相，义相指识能够认识或显现对象，也即见分显现相分；自相指识对于自身活动的当下自明性，即自证分。
③ 法尊译编《集量论略解》，中国社会科学出版社，1982，第6~7页。

的自相是指心识对于见分变现相分（a）作用的自明力，即自证分（b）。如果否定此二相，那么（a）与（b）的作用就没有差别了。

（2）通过回忆证明自证分：如何应对其他学派对自证分的非议？陈那论师认为仅用"灯能自照"的比喻或描述心有义、自二相来回应还是不够的，他进而通过借助回忆来证明自证分的存在。三分的作用：见分（a）显现相分（b），自证分（c）认识见分（a）。我们之所以能够对某一事物产生回忆，首要的前提是先前对它必须有所认识，而我们在后时确实能够回忆起先前自证分的认识对象（a），所以证明先前确实有自证分作用的存在（c）。比如就对于青色的认识这一事例来说，我们在后时，不光能够回忆起之前见过的青色（相分b），还能回忆起之前对于青色的看（见分a），所以证明先前心识不光认识到了青色，同时也认识（c）到了对于青色的看（a），这即是当时自证分对见分的认识作用，不然后时就无法回忆起对于青色的看。

> 又由后时能生忆念，亦即证成识有二相。如于曾受之境后时能忆，如是心亦后时能忆，则知先亦曾受，若未曾受则不能忆，故亦证成识有二相。由后时生念亦即证成心有自证。若无自证曾自领受，则必不生后时念故。[①]

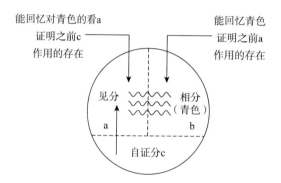

图12　通过回忆可证明自证分的存在

通过后时能够回忆起之前的见分活动，证明了先前对见分的认识确实存在，问题是当时谁对见分进行了认识？是产生见分活动的识或心所法，同时本身对自身见分活动有自明能力（自证分），抑或是其他的识对它进行认识。对此，陈那论师认为由他识来认识见分会造成两个困难：一是无穷过，因为认识见分的他识又需要由一个他识来认识，以保证对见分活动的自知力，以此类推，则成无穷；二是他识无暇缘别法过，若是由其他识来认识见分，那么此识就没有时间认识其他事物了，因为见分的活动时常发生，所以此识需要时刻来认识见分，自然也就无暇认识其他事

---

① 法尊译编《集量论略解》，中国社会科学出版社，1982，第6～7页。

物了。由此认识见分的不可能是他识，只能是产生见分活动的识或心所有法自身，这才是自证分。

> 若谓如色等由他识领受，如是心识亦由余识领受者。曰：此不应理，若由余识领受者，则成无穷。言无穷者，谓余识后应由余识领受，则成无穷。[若由同时余识或后时余识领受，皆成无穷。余识复应不缘余境。如《释量论》广说。]"彼亦念"谓若由余识领受彼识者，于彼亦须见后时忆念故。[然不忆余识，故知不然。]①

（3）自证分属于现量：陈那认为对贪嗔痴、苦乐等活动的自明作用，不是由前五识的现量来完成，而是自证分的现量。另外对于比量分别心的自证分是否也应该是现量的疑问，陈那论师的回答：比量分别心的自证分也是现量，虽然见分对于境相的分别不是现量，因为见分变现境相是比量分别性的，但是见分对于境相的比量分别，并不妨碍识对自身见分的自证作用是现量的，反之，自证的现量也不妨碍见分对于境相是比量分别的。

> "贪等，自证无分别。"是说自证现量。谓贪嗔痴、苦乐等心，不得根故[非根现量]，是自证现量……"分别亦自证，非于义、别故。"顺释疑难。或问：若贪等心之自证分是现量者，则分别心亦应是现量？曰：实尔，分别心亦是自证现量，然非于义是现量，以于义是分别故。对于义是分别，不妨对自体是自证现量。自证现量亦不妨对境义是分别也。②

见分的认识模式兼具现、比二量，而自证分对于见分的认识必须是现量。比量有虚妄分别性，只有现量才能保证心识对于自身当下活动自明的准确无误性，这是维持正常意识状态的必要条件，否则就会陷入错乱的意识状态。由此陈那论师特别强调了自证分的现量性，另外自证分的现量与见分的比量分别，两者虽然同时发生，但是不相妨碍。

2. 作为量果的自证分

将认识活动区分出能量、所量、量果三部分，在部派佛教时期已有学派提出，不过大多数的理论，将此三者做了分离对立的处理，由此缺乏认识论意义上的有效性。比如说一切有部（萨婆多部）执着外境是独立于识外的客观实在，并且持根见

---

① 法尊译编《集量论略解》，中国社会科学出版社，1982，第6~7页。
② 法尊译编《集量论略解》，中国社会科学出版社，1982，第6~7页。

的立场，不允许识见，所以他们认为五根是能量、外境是所量、依着五根而生起的心及心所有法是量果。他们质问："在你们大乘的理论中，主张识的认识作用是能量，那么什么是量果呢？"更有外道认为对象是所量、识是能量、神我是量果，他们认为神我才是能感受、知觉的真正主体，他们因此质问："你们佛法既然不承认有神我，而心识的认识作用已经作为能量了，那么什么是量果？"

> 或萨婆多等难：我以境为所量、根为能量（彼以根见①等，不许识见，故根为能量）、依根所起心及心所而为量果，汝大乘中，即智为能量，复何为量果？或诸外道等执境为所量，诸识为能量，神我为量果（彼计神我为能受者、知者等故），汝佛法中既不立我，何为量果？②

陈那论师基于唯识学的存在及认识论立场，将能量、所量、量果三者重新安排，做了有机的统一，认为它们是完整认知活动过程内的三种不同侧面的作用，三者不即不离，称为"即智名果"。陈那论师否定外道执着的离开能量之外另外有独立的量果，而是认为能量心的作用本身即量果。就像用斧头砍木头，木头断裂为果，不是离开木头之外有独立的断裂之果。同样用心识去认识境相，认识了境相本身即是量果。由此境相为所量，能量度境相的心识为能量，心识确证境相的作用即是量果。作为量果的心，变现境相而生起，同时又具有认识确证境相的作用。

具体而言，一者，当心识或心所法进行认识活动时，变带相应的境相（相分）进行认识，此境相由心识所变现，并成为其直接的认识对象，故称之为所量；二者，心识具有的这种变现境相的作用（见分），也即是认识境相的能力，故称为能量；三者，自证分对见分变现相分这一活动进行确证，心识确证到的境相并不在心外，境相由心识所显现，这也即是认识活动的结果，所以量果既不在能、所量之外，也与神我无关。能量、所量、量果三者是一体的，见分（能量）变现相分（所量）的同时自证分对之确证即是量果（自证分），按照认识无法脱离自身的原则，三者是同一心或心所法上的作用，不能将它们分离对立，否则就是无效的。

> 此中所说量果，非如外道所计，离能量外别有量果，是即能量心而为量果。如以斧砍木，木断为果，非离木外有别断果。以识缘境，了境即果……初说境为所量，能量度境之心为能量，心了证境之作用即为量果。即量果之心，带境

---

① 根见：说一切有部认为，在根尘相对之时，五根具有照见五尘的作用，所以主张根见。
② 《因明入正理论疏》卷3，T44，p0140b。

相而生，具了证境之作用，即许为能量，亦非无作用。①

3. 作为认识主体的自证分

陈那论师反对外境为所量（小乘），以及神我为量果（外道）这两种谬见，提出"即智名果"，将所量（相分）、能量（见分）、量果（自证分）三者做了统一，表明三者是同一认知主体上的不同作用。等到了《成唯识论》以及窥基等的论著中，则进一步将自证分定义为认识的主体，是相、见二分所依的主体，称为事，具有依托的含义。窥基认为，相分离开了见分并没有独立的自体，但此二分如果没有一个总的依托，相分还是有脱离见分的可能性，是两种法的缘故。比如心王与心所有法，两者不是各自独立的存在，仅是两种不同的功能作用，所以应该有一个总的依托主体。

认识的主体原本应指心识及心所有法，之所以将自证分定义为认识主体，目的是为了进一步强调见、相、自证分三者的统一性。为二分建立一个发生论意义上的主体，一方面可以确保二者的不相离性，另一方面进一步表明二分产生的主观性，自然更加阐明了"相由心生""境不离心"的唯识观。

> 达无离识所缘境者，则说相分是所缘，见分名行相，相、见所依自体名事，即自证分。②

> 述曰：此二所依自体名事。言所依者，是依止义。谓相离见无别条然各别自体，此二若无一总所依者，相离见应有，是二法故。如心与所，然无别体，但二功能。故应别有一所依体，起二用时由有此体。故言相、见自体名事，即自证分。③

（二）证自证分

陈那论师认为比量认识的结构由三分构成，在实际的认识活动过程中，真正发生作用的就是此三分，即在见分显现相分的同时，自证分对之自明。护法论师则在三分的基础上又添加了证自证分，他认为此第四分若是没有，谁来证知第三自证分呢？如果没有此第四分，就会使得自证分的认识活动没有量果。另外不应该让见分来作为第三自证分的量果，因为见分的认识有时会犯错误，由此见分不能来证知第三自证分，能够证知自体的自明作用必定是现量。所以证自证分建立的目的是用它

① 法尊译编《集量论略解》，中国社会科学出版社，1982，第6~7页。
② 《成唯识论》卷2，T31，p0010b。
③ 《成唯识论述记》卷5，T43，p0318c。

来对第三自证分进行自明认识，自证分作为对见分的认识作用，其自身也需被认识主体自明、自知，证自证分也即是第三自证分的量果。

另外从体来讲，第四分与自证分是同一主体，其实就是自证分的返缘作用。因为自证分是心识的一种自明能力，所以对于自身的活动自然也会自明、自证。而对第四证自证分的自明作用，同理也由第三分来完成，这样就避免了自明作用无穷的过错（见图 13）。

图 13　证自证分

应该知道的是，成立第四分属于逻辑的需要，对第三自证分的自明作用，更多是逻辑上的可能。而在实际的认识活动中，三分已经构成一个正常完整的认识，证自证分的作用一般是不会发生的。

> 又心、心所若细分别应有四分。三分如前，复有第四证自证分。此若无者，谁证第三？心分既同，应皆证故。又自证分应无有果，诸能量者必有果故。不应见分是第三果，见分或时非量摄故。由此见分不证第三，证自体者必现量故。①

三　四分的关系及其他

（一）四分的主体关系

三分是认识的必要结构，第四分属于逻辑上的安立。有别于其他学派或外道将所量、能量、量果三者割裂分离的观点，唯识学认为四分是统一的整体，是心识或心所法生起活动后，同时发生的四个不同的侧面功能，它们构成一个完整的认识。四分可以归结为三分、二分甚至是一分：

四归三，就是将第四、第三分归结为一，因为第四分其实就是第三自证分的反缘作用。

四归二，就是将见分、自证分、证自证分归为一，因为它们都具有认识的功能，

① 《成唯识论》卷 2，T31，p0010b。

所以都可以被见分所含摄。即见分在显现相分的同时，具有对自身活动的自明力（包括自证分与证自证分），这里所说的可以由见分含摄，主要从具有认识的作用而言的，因为若要细论，第三、四分唯是现量，所以与见分还不能完全混同。相分之所以不被归入，因为它只是作为对象，没有认识能力。

四归一，就是将四分都归纳为一心或心所有法，它们都是心或心所法上的作用。

> 如是四分，或摄为三，第四摄入自证分故。或摄为二，后三俱是能缘性故，皆见分摄，此言见者，是能缘义。或摄为一，体无别故。①

（二）四分的作用关系

四分的作用关系及各自性质有如下三点特征：

一是可以将它们划分为内、外二分，见分变现相分属于对象性的认识，所以相、见分属于外二分；自证分与证自证分属于非对象性的自明作用，所以是内二分。

二是相分作为见分显现的境相，只是作为所缘的对象，没有能缘的能力；其余三分既是所缘的对象又是能缘的主体。其中见分只认取相分；证自证分只认取自证分；自证分认识见分，又对证自证分进行反证，由此避免了需要"证证自证分"等无穷的过错。

三是见分作用包含现、比二量，所以有时会产生虚妄分别；自证、证自证分属于现量，以保证自明作用的准确性。

> 此四分中，前二是外，后二是内。初唯所缘，后三通二。谓第二分但缘第一，或量非量，或现或比。第三能缘第二、第四。证自证分唯缘第三，非第二者，以无用故。第三、第四皆现量摄。故心、心所四分合成，具所、能缘，无无穷过，非即非离，唯识理成。②

（三）外境的产生与四分理论

四分理论揭示了认识的内在结构，可以借此分析"外境"的判断是如何产生的。凡夫众生总认为"存在着离开主体的客观外境，并且认识能够超出自身而认识到所谓的客观外境"，这也是大多数人习以为常的信念。其实四分是同一认识主体上的作用，它们是有机的整体，并非分离独立。认识的直接的对象是自心变现的相分，所以对象与见分是一体的，从体来讲，二者是一，相分即见分、见分即相分。

---

① 《成唯识论》卷2，T31，p0010c。
② 《成唯识论》卷2，T31，p0010b。

由此在《摄大乘论中》将前五识也称之为"色、声、香、味、触识",就是要说明五尘是五识显现的境相,所以五尘即五识。那么原本为一的二分,又是如何二元分离的呢?主要是受自心无明、执着以及外在观念的影响①,由此众生将自心变现、建构的境相,错误地执着为是与自心无关,甚至对立的客观外境。由此将原本是一的二分,执着为互相分离的二相,至此"外境"得以产生。这种对客观外境的执着,成为常人坚信不疑的信念,很难扭转,哪怕在思想上接受了唯识观,但还是会不自觉地受它影响。要彻底打破"外境观",只有到见道位时,亲证了诸法实相之后,才能真正扭转。

在唯识学看来,"外境"思想是凡夫颠倒认识的结果,将自心显现的境相,虚妄分别为脱离自心的客观外境。其实认识的有效范围,无法脱离认识本身,否则就是无效的。认识的直接对象就是见分显现、建构的境相,见分这种能够显现境相的能力,也是心识作用最大的特征,由此佛典中处处强调万法唯是一心的道理,如《入楞伽经》中所说:"由于自心的执着,心显现出似乎实在的客观外境,这类所见到的外境并不存在,所以说唯心显现。"

> 如《入楞伽伽他》中说:"由自心执着,心似外境转,彼所见非有,是故说唯心。"如是处处说唯一心,此一心言,亦摄心所。故识行相即是了别,了别即是识之见分。②

(四) 现、比二量与四分的关系

认识的模式有现量与比量的区别,它们的认识结构有所不同,最大的区别主要在于相分的有无。概而言之,纯粹的现量有见分无相分,而比量则是见、相分俱有,原因在于各自见分的作用模式不同。当见分采用分别认识的模式时,即为比量,因为有分别,自然会变现相应的境相。反之当见分采用无分别的认识模式时,即为现量,因为没有分别的作用,所以就不会变现相分。至于第三、四分,属于识的自明作用,所以无论现、比二量,都有此二分的作用。

1. 现量与四分

八识的活动类型复杂多样,归属现量的有五种:前五识、五俱意识、第八识、自证分(证自证分)、根本无分别智。按照现量无分别的原则,现量的认识结构按

---

① 外境思想产生的原因非常复杂,其中受身体广延性的影响,应该是很重要的因素之一。常人往往将身体认作即是自我,而身体在空间中占据一定的体积,由此自然令人产生身体内外的区分,加上对于身体之外事物的经验,自然产生二元论的判断。

② 《成唯识论》卷2,T31,p0010c。

理只有见分、自证分、证自证分，没有相分。不过实际上，前五识、五俱同缘意识与第八识属于凡夫现量，还是带有分别性的，它们的见分还是会变带相分，否则也无须修行以获得根本无分别智了，所以它们的认识结构仍是四分具足的。

自证分（证自证分）是心的自明作用，自证分对于见分的认识是直接的亲证，不能以变相模式认识，以保证自明的准确性，由此自证分现量只有"见分"（即自证分作用），无相分。另外自证分与证自证分可以互相自明，它们自身已经具足了自证作用，所以自证分的认识结构只需自证分一分。

根本无分别智是通过止观修行后所获得的圣者现量，是真正纯粹的现量，只有见分而无相分，由此能亲证存在的真如实相，自证与证自证分亦有。

2. 比量与四分

比量的最大特征是分别性，它是以见分变现的境相的方式去认识存在。凡夫众生将自变的境相顽固地执着为就是存在本身，并虚妄分别认为是识外的客观实在，这也成为凡夫最大的法执。见分—相分，是比量认识的基本结构，再加上作为自明性的自证分与证自证分，所以比量的认识结构由四分构成。属于比量的心识类型有五俱不同缘意识、独头意识、梦中意识、第七末那识等。至于后得无分别智，《成唯识论》认为它的认识结构同样有见、相分及后二分，主要的理由有二：一是既然佛经中将根本智与分别智做了区分，说明二智有区别，而区别的本质应该是在认识结构上的差异；二是后得无分别智所担负的任务，需要它有变相的作用，由此才能认识诸法的自相、共相，观察众生的不同根性，认识过去、未来等"无"法。所以后得无分别智，"无分别"指没有了凡夫颠倒、虚妄性的分别，而不是见分没有变现相分的作用。

另外，心王与心所有法的认识结构一样，都由三分或四分构成，所以上述的现、比量与四分的关系，不单指心识，还包括心所有法。

四 有相唯识与无相唯识之争

唯识学内部有许多理论分歧，其中最为著名的是无相唯识与有相唯识之争。中国汉地佛教界甚至按此对瑜伽行派古代的著名论师们做了思想阵营的分类：安慧论师被视为无相唯识的代表人物；陈那、护法论师属于有相唯识的代表人物。而玄奘大师、窥基大师在唐代开创的中国唯识宗，继承的是护法的有相唯识理论。有相与无相唯识分歧的核心是关于相、见二分的有无问题，无相唯识者认为二分属于遍计所执性，对它们的存在作了彻底的否定；而有相唯识者则认为二分属于依他起性，承认它们的存在与重要意义。关于二分的争论及不同理论观点，也被人视作是古唯识向新唯识演化递进的标志。

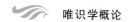

（一）二分的不同定性

1. 安慧的观点①

有关安慧论师的无相唯识观点，大多作为批评对象被记载于《成唯识论》及玄奘弟子的论疏当中，数量不太多。以下一段出现在《成唯识论》中，是关于无相唯识理论最长最直接的描述。安慧认为，三界内的心及心所有法，由于无始以来虚妄分别熏习的影响，使得原本为一的识体上，产生了似乎实在的二种成分，称为见、相二分，即能执取、所执取。这样的二分，由情执而生，客观上并不存在，它们属于遍计所执。二分所依托的主体自证分，依托因缘而生，有其存在性，属于依他起性，由虚妄分别的种子所生故。

> 有义：三界心及心所，由无始来虚妄熏习，虽各体一，而似二生，谓见、相，即能、所取。如是二分，情有理无，此相说为遍计所执。二所依体，实托缘生，此性非无，名依他起，虚妄分别缘所生故。②

在安慧看来，认识从体来讲只有一，即自证分，这是真实的客观存在。所谓的相、见二分，其实只是自证分变现的两种似乎实在的能取与所取二相，能取即认识主体——我；所取即认识对象——存在，它们以非常真实的二元分离对立的关系呈现出来，但这只是存在于凡夫的虚妄分别之中，客观上是不存在的。安慧彻底否定二分的存在性，只承认自证分，一直以来，他被视作一分家的创始人，与陈那的三分思想对立。

一般认为无相唯识思想的经典依据主要源于《辩中边论》的偈颂："虚妄分别有，于此二都无。此中唯有空，于彼亦有此。"③如果仅从字面来看，弥勒菩萨似乎也主张虚妄分别的心体（自证分）是有的，而见相二分为无。

2. 护法的观点

玄奘大师的唯识思想主要继承于护法论师，并将他的观点作为正义或定论，记载于《成唯识论》中。对二分的存在性问题，护法论师提出了另外意见：一切的心与心所有法，由于受之前的熏习作用的影响所变现的二分，随着因缘条件而生起，属于依他起性。能遍计的心进而依此二分，虚妄地执着自我和事物有实体或虚无，自我与事物是同一或者全异，或亦有亦无或非有非无等，这些互相对立的观点才是

---

① 安慧论师留世的著作不多，有关他的无相唯识观点，主要记载于中国唯识宗的典籍中，如《成唯识论》《述记》等，但是在近代被发现的梵本"唯识三十颂安慧释论"中，倒是没有发现非常明显的无相唯识思想。
② 《成唯识论》卷8，T31，p0046a。
③ 《辩中边论颂》卷1，T31，p0477c。

遍计所执。

> 一切心及心所，由熏习力所变二分，从缘生故，亦依他起。遍计依斯妄执定实有无、一异、俱不俱等，此二方名遍计所执。[①]

护法区分出了两种二分：一是作为缘起实法的二分，认为此二分具有重要的意义，不能轻易否定，属于依他起性。二是作为我、法二执的二分，这是依托前二分所产生的各种错误观点，如认为自我与存在有实体性、自我与存在彻底虚无；自我与存在绝对同一、自我与存在二元对立等，这些都是对自我与存在的颠倒认识，属于遍计所执，是不存在并要否定的。

（二）相、见二分与我、法二执

1. 作为认识结构的二分

否定外境，强调心识的主体地位与作用，是唯识学的理论特质，对于能（主体）、所（客体）二元对立思想，自然成为唯识学的重点批判对象。在唯识的经典中处处有对"能取、所取"思想批评的论述，但能、所二取概念，严格来讲包含两层不同的含义：一是指作为认识的结构的见、相二分；二是指能执取、所执取的二分。后者是将见、相二分割裂对立后形成的我、法二执。不过很多时候，经典中对此没有做很清晰的区分，由此令人易将上述不同意义的二取相互混淆，进而一概否定。护法论师将此二取的不同含义与所指做了明确的区分，强调了二取（分）作为认识结构的存在价值，应该否定的是作为我、法二执的二取，它们代表了各种虚妄错误的观念。

相、见二分作为比量的认识结构，反映了一个完整的认识是由不同的侧面作用所构成的。虽然就体来讲，二者一体不可分离，但是从作用或性质来讲，二者又有所区别：见分代表了能，指识具备的认识能力；相分代表了所，指认识的直接对象，它由见分所变现。将一体的认识活动划为二分，就是要表明识有认识能力，并且有能够变现境相的作用。作为认识结构的二分并非二元对立的能、所关系，更多属于逻辑上的区分，这里的二分的能、所关系是逻辑意义上的。这种划分是有必要的，否则就是对认识的不同侧面作用或结构的否定或忽视。相、见作为认识的基本结构，这是不容否定的事实，这是二分的真实含义，所以有相唯识家认为此二分属于依他起性。

2. 作为我、法二执的二分

《成论》认为，八识及其心所有法，都能变现似乎实在的二分。能变现的见分

称为分别，具有能显现境相的作用；所变现的相分称为所分别，是见分所认识的对象。由此道理，外道认为有脱离识的我、法都是不存在的，因为离开了能、所认取二功能外没有独立存在的我、法，没有事物是可以离开此二分的，所以一切的有为或无为法、实在的或假法都不能脱离识而存在。唯识的"唯"否定的是脱离识存在的事物，并不否定不离识的心所法等事物的存在。

> 谓前所说三能变识及彼心所，皆能变似见相二分，立转变名。所变见分说名分别，能取相故；所变相分名所分别，见所取故。由此正理，彼实我、法离识所变皆定非有，离能所取无别物故，非有实物离二相故，是故一切有为无为、若实若假皆不离识。唯言为遮离识实物，非不离识心所法等。①

识最显著的特征就是具有认识分别的能力（见分），而分别会变现、建构境相（相分），而此自心变现的相分很具迷惑性，因为它呈现出很强的实在性，似乎就是独立于识外的客观境相，因而凡夫将此自心显现、建构的对象（相分），顽固地执着为是脱离识的客观存在（外境）。同时相应地将自我执着为与对象对立分离的主体（实我），这样就将原本一体的二分执着为对立的二分，自我与存在由此分裂，我、法二执或二元论观由此产生，这些虚妄颠倒的观念与实相不符，属于遍计所执性，客观上并不存在。

3. 后得智与二分

《成唯识论》进而认为，属于无漏圣智的后得无分别智，同样具有相、见二分。后得智是在根本智亲证真如实相后所引发的另一种圣智。根本智偏重于亲证总体的法性，后得智则主要用来进行四谛十六心的相见道观，以及认识诸法的差别相。后得智也需以"变带相分"的模式进行认识，与比量的认识结构类似，但又不同比量的虚妄分别。因为在获得根本智阶段已经见到诸法的真实之相，另外此智与根本智同体，所以后得智的分别属于如理作意。后得智的见分会显现相分，若是观察真如，不同于根本智直观真如，是以自变现的"似真如相"为直接的认识对象，所以关于成所作智有"变相观空唯后得"之说。若是后得智不变相分，那么就无法认识过去、未来等的"无法"。

> 此智二分俱有，说此思维似真如相，不见真实真如性故。又说此智分别诸法自共相等，观诸有情根性差别而为说故。……又若此智不变似境，离自体法应非所缘，缘色等时应缘声等。又缘无法等应无所缘缘，彼体非实，无缘用故。

---

① 《成唯识论》卷7，T31，p0038c。

由斯后智二分俱有。①

　　《成唯识论》等记载的无相唯识思想，是否就是安慧论师本人的观点，他真的将二分做了彻底的否定？对此近来一些学者提出了质疑，主要原因是从近代发现的安慧注释的《唯识三十颂》梵文本中，没有发现有明显的无相唯识思想，另外历来被认为传承安慧唯识思想的真谛，对二分的依他起性质也是肯定的，真谛的这一思想记载于圆测的《解深密经疏》中，他认为眼等八识的见、相二分为依他起性，而心识虚妄分别所执着的境相为遍计所执性。依他起的事物并非自然就有，遍计所执是不存在的虚妄相，这是真实的本性。

　　　　眼等八识见分、相分为依他起，妄所执境为分别性②，依他无生、分别无相为真实性。③

（三）总结

　　虽然安慧本人不一定明确主张无相唯识观，但在唯识学的内部确实存在着有相与无相的争论，并且一直延续至今，这是客观的事实。无相唯识观在宏大的唯识思想体系中自有其渊源，从宗教角度而言，无相唯识更符合一般人对唯识学的解读与理解，而有相唯识则相对更具学理性，更具认识论的深度。两者的争论将长期存在，因为这不是单纯学理上的争辩。

　　唯识学的两大观念是导致思想分野，形成无相与有相唯识之争的主要原因。一是唯识无境观。否定外境，强调主体性，这是唯识学最为核心的思想。自我与存在的割裂对立，被唯识学认为是最大的法执，由此能、所对立这种二元论模式，是唯识学要极力批判的对象。而在相、见二分的真实含义中，作为结构的意义与作为能执取、所执取的含义，二者确实很难清晰区分。首先作为结构的二分内含于所有比量认识中，属于逻辑上的划分，是同一认识所具有的侧面作用，是一体两面的关系，而不是彼此对立分离。然而常人经验观察到的，更多是已经二元分离后的自我与存在，对原本的一体的二分结构很难察觉与体会，很容易与能执取、所执取混淆，由此随着对我、法二执的批判而一同否定。有相唯识的主张出现于印度唯识学发展的中后期，陈那、护法等论师是在否定能执取、所执取的基础上，进一步发掘出能、所作为认识结构的意蕴，从而肯定二分的存在价值，提出了有相唯识的主张。而无

---

① 《成唯识论》卷9，T31，p0050b。
② 分别性：即遍计所执性，这是真谛的译法。
③ 《解深密经疏》，《卍新续藏》X21，p0254b。

相唯识观侧重于秉持否定外境，批判能、所对立思想，从这点而言，其实有相唯识与无相唯识并不矛盾。

二是对现量的尊崇。推崇现量是唯识学与其他所有佛学派别的共同特征，应该也是东方宗教、哲学的共同倾向。因为比量的主观分别性，容易产生虚妄分别，所以比量被认为不具有绝对的可靠性，真如实相不是比量能够认识的。现量因为无分别性，所以它被认为都能获得正确的知识，甚至被认为是真正意义上的量。因为对比量分别的贬低，使得二分也一并受到了否定，这点也是产生无相唯识观的重要原因之一。

有相唯识学对认识的内在结构作了深入细致地分析，二分的存在价值由此获得了肯定，后得无分别智甚至也被认为具有二分，因为它也需以变相的模式来进行认识，这样使得"比量"具有了更加正面的意义，这些都是有相唯识学更富学理性的体现。

第三节　三类境

印度的佛学典籍里并没有三类境的记载，按《成唯识论学记》[①] 引慧沼的说法，这是玄奘大师依据《瑜伽师地论》中"本性相、影像相"[②] 思想而创立的。窥基的《成唯识论掌中枢要》记载了玄奘法师所作的颂文："性境不随心，独影唯随见，带质通情本，性种等随应"[③]，后至《八识规矩颂》则将此理论做了较好的归纳。三类境是关于认识对象的理论，根据性质的不同将对象区分为三种类型，它们的区别主要与认识的现、比模式，以及有无间接的认识依托有关。

一　性境

所谓"性境不随心"，"性"是真实的意思，性境指具有真实性质的认识对象；不随心，是指性境不是由见分主观分别所生，属于因缘变[④]，由此它才具有真实性。与性境相对应的认识模式是现量，现量不掺杂名言概念，没有筹划、计度等分别作用，所以能够直观到对象的真实体相，即性境。

---

① 《成唯识论学记》由唐新罗僧太贤所集。太贤从圆测弟子道证求学唯识，后归国传慈恩之学，被誉为海东瑜伽祖。
② 《瑜伽师地论》卷72，T30，p0697b。
③ 《成唯识论掌中枢要》卷2，T43，p0620a。
④ 因缘变：认识对象（相分）的生起模式，分为因缘变与分别变两种。因缘变指境相的产生，是由自身种子为因，以先前异熟种子为增上缘，按因缘法则的规律生起，具有自身相对独立的属性；分别变的相分则完全由识的主观分别力所生，所以性质与见分一致。

性境有三大特征：一是由具有真实作用的种子生起，不是由见分的种子生起，所以性境不是心识主观分别变现的境相；二是具有真实的作用与存在性，不同于由心分别所生，诸如空华、兔角等子虚乌有的幻象；三是具有自身独有的属性，能缘的见分不能随意改变它的性质，而只是对它无分别的认识。

例如，前五识或五俱同缘意识的见分所认识的色、声、香、味、触五境①；第八阿赖耶识的见分所认识的种子、根身、器世界三境；自证分所认识的见分、证自证分所缘的自证分；根本智亲证到的真如，以上这些都属于性境。

> 性境不随心者。性境者，性是实义，即实根尘四大及实定果色等相分境。言不随心者，为此根尘等相分，皆自有实种生，不随能缘见分种生故……。即前五识及第八心王并现量第六识，所缘诸实色，得境之自相，不带名言，无筹度心，此境方名性境。及根本智缘真如时，亦是性境，以无分别、任运转故。②

二　独影境

所谓"独影唯从见"，影指影像，相分的别名，此相分凭见分的分别力独自所变现，无须间接的对象作为依托，故称独影。与独影境相应的认识模式为比量。因为由见分所变现，故属于分别变，此境相与见分同一种子，由此它的属性与见分一致。因为是分别变所生，故大多虚幻不实。

《宗镜录》将独影境还分两种：一是无质独影境，指完全没有间接的对象，全凭见分分别所生的境相，如第六识所缘的空华兔角、过去未来以及所变现的似无为法，以及三界、九地的影像，或者变现的假的定果色，包括极迥色、极略色等法，都是见分所变现的虚假的影像；二是有质独影境，指有间接对象为依托，但此对象不在身外，属于身体内部，见分借此作为依托，由见分分别力所变的境相，如第六识对内观察五根身的种子与现行，以此对象为依托而生起的境相，此相分也是与见分同一种子而生起，也名独影境。

独影境主要由第六识的独头意识所生，例如在幻觉及梦境状态下所产生的对象属于独影境；还有如回忆、想象、思维等活动时所生的对象也是独影境。另外第六意识的内知觉对象，也被认为属于独影境。

---

① 前五识所缘的对象也可以归为带质境，因为五识并没有认识到五尘本身，而是以五尘为质境，进而以自变的"似五尘相"为直接所缘。
② 《宗镜录》卷67，T48，p0797c。

独影唯从见者。影为影像，是相分异名，为此假相分，无种为伴，但独自有，故名独影。即空华兔角、过去未来，诸假影像法，是此但从能缘见分变生，与见分同种，故名独影……。谓相分与见分同种生，名独影唯从见。即如第六识缘空华兔角、过未，及变影缘无为，并缘地界法，或缘假定果，极迥极略等，皆是假影像。此但从见分变生，自无其种，名为从见。

独影有二种：一者无质独影，即第六缘空华兔角，及过未等所变相分，是其相分与第六见分同种生，无空华等质；二者有质独影，即第六识缘五根种现，是皆托质而起故，其相分亦与见分同种而生，亦名独影境。①

三 带质境

所谓"带质通情本"，情指情识，即见分；本指本质境，即间接的认识对象。带质境是在见分的妄情和本质的性境之间所起的一种相分。独影境单凭见分就能变现，而带质境的产生需要有间接的对象（本质境），认识主体以本质境作为认识的依托，进而变现相应的境相，因为此境相与本质境相似，所以称为带质境。带质境的产生，既要以本质境作为认识的依托或信息来源，又由心识的分别力变现生起，所以叫作通情本。与带质境相应的认识模式为比量，属于分别变，产生它的种子一半与本质境同种，一半与见分同种。

《宗镜录》中将带质境分为两种②：一是真带质境，指心缘心而产生的带质境，例如第七末那识的所缘为带质境，第七识以第八识的见分为本质境，对之虚妄分别，自变现"实我"的境相，此"实我"相的产生，有所依托的本质境，不是单凭能缘心的分别而生，所以与独影境不同；但是此"实我"的境相与本质境，即第八识的真实性质不符，因而也不同于性境。二是似带质境，指心缘色等境而产生的带质境，主要是指第六识的五俱不同缘意识作用产生的相分境，例如某人夜间见绳误以为是蛇，蛇的错觉就属于似带质境。

带质通情本者。即相分，一半与本质同一种生，一半与见分同一种生，故言通情本。情即能缘见分，本即所缘本质……如第七缘第八见分境时，其相分无别种生，一半与本质同种生，一半与能缘见分同种生。从本质生者，即无覆性；从能缘见分生者，即有覆性，以两头摄不定故名通情本。情即第七能缘见

---

① 《宗镜录》卷67，T48，p0797c。
② "答：带质有二，一真带质，以心缘心，如第七缘第八，第六缘余识。二似带质，心缘色故，即此所观，带彼质故，通似带质。"《宗镜录》卷36，T48，p0624a。

分，本即第八所缘见分。①

四　八识与三类境

性境是真实之境，与其相应的见分不能有分别性，所以是现量；独影境单凭心的分别力所生，无须间接的依托对象，与其相应的见分需要很强的分别力，所以是比量；带质境的产生需要有间接的对象作为依托，但仍是见分的分别所生，所以也属于比量。

八识的活动模式、类型各自不同，它们与三类境的对应关系各有不同。前五识、第七识与第八识，因为它们的活动类型单一，所以与三类境的关系也相对单一；而第六意识，因为本身活动类型丰富，所以与三类境的关系较为复杂。

（一）　前五识、第七识、第八识与三类境

前五识各自的认识对象虽然不同，但是它们的见分活动的模式都一样，都是现量的感觉认识，所以它们的对象为性境②，属于因缘变。第七末那识只以第八识见分为间接对象，进而生起颠倒的分别与执着，产生实我的相分，所以所缘的相分是带质境，属于分别变。第八识以种子、根身、器世界的总相为直接对象，心王的见分任运自然，类似现量没有分别，所以其对象为性境，属于因缘变。

> 前五转识，一切时中皆唯性境，不简互用、不互用。二种变中，唯因缘变，又与五根同种故……第七识唯带质境。第八识，其心王唯性境，因缘变故。③

（二）　第六意识与三类境

第六意识的认识类型复杂多样，大致可以归为四类：五俱意识（明了意识）、独头意识、定中意识、梦中意识。这四类意识活动的认识模式、类型各不同，所以它们的认识对象与三类境的对应关系也各不相同。

> 第六意识有四类。一明了意识，亦通三境。与五同缘实五尘，初率尔心中是性境；若以后念，缘五尘上方圆长短等假色，即有质独影，亦名似带质境。

---

① 《宗镜录》卷 67，T48，p0797c。
② 前五识所缘相分，其实也可以归为带质境，因为它们并没有认识到五尘本身，五尘只是作为间接对象，五识是以自变现的"似五尘相"为直接所缘。"五识所缘自地五尘，是初性境，亦得说是带质之境。"《成唯识论掌中枢要》卷 2，T43，p0620b。
③ 《宗镜录》卷 68，T48，p0798b。

二散位独头意识，亦通三境，多是独影，通缘三世有质、无质法故；若缘自身现行心、心所时，是带质境，若缘自身五根，及缘他人心、心所，是独影境，亦名似带质境；又独头意识，初刹那缘五尘，少分缘实色，亦名性境。

三定中意识，亦通三境，通缘三世有质、无质法故，是独影境；又能缘自身现行心、心所故，是带质境；又七地已前有漏定位，亦能引起五识，缘五尘，即是性境。

四梦中意识，唯是独影境。[①]

1. 五俱意识

也称明了意识，主要的作用是帮助前五识进行认识，其对象兼属三类境。五俱同缘意识以真实的五尘为境，与对象接触时最初产生的认识（率尔心），其所缘的属于性境；若是之后生起的五俱不同缘意识，进而分别五尘境上的长短方圆等现象，其相分属于带质境，也可以称为有质独影境。

2. 独头意识（散心位）

其对象也兼属三类境，大多属于独影境，以过去、现在、未来三世的有质、无质法为对象；若是认识自身现行活动的心、心所有法时，其对象为真带质境；若是认识自身的五根，以及缘取他人的心、心所有法时，其对象为有质独影境，也可称为似带质境；另外独头意识，认取前五识的相分境（五尘）滞留在心中的印象时，最初刹那生起的认识少有分别性，所以能够认取对象的真实相状，也称为性境。

3. 定中意识

其对象也兼属三类境，以过去、现在、未来的有质、无质法为对象，属于独影境；又能够认识自身现行活动的心、心所有法，其对象为带质境；另外菩萨在七地之前有漏的定中，有时也能够生起五识作用，认识五尘，即是性境。

4. 梦中意识

其对象只属于独影境。

五　总　结

大致来讲，性境与独影境、带质境的区别在于，前者是现量所缘的对象，是真实之境，属于因缘变；后二者是比量所缘的对象，属于分别变。独影境与带质境的区分的关键在于有无间接的对象作为认识的依托，没有本质境或间接对象，单凭心识的分别力而变现的相分，称为独影境；反之，若凭借着本质境或间接对象，见分变现相应的似境，则属于带质境。

---

① 《宗镜录》卷68，T48，p0798b。

另外需要注意的是，某些认识类型的对象，它们与三类境的对应关系有着兼通性，例如就前五识（包括五俱同缘意识）来讲，因为前五识的见分为现量，由此一般将它们所缘的相分归属于性境。但是因为凡夫五识现量的不纯粹性，受第六意识的影响，前五识的见分活动中仍带有少许分别性，故而它们所缘的不是五尘境本身，而是见分所变现的似五尘相，所以五识的相分也可以算作带质境。又如，五俱不同缘意识所缘的对象，既可以算作带质境也可称为独影境，因为它不是以外在的五尘作为认识的依托，由此可以算作独影境；但是它们以五识的相分境谢落于心中的印象作为本质境，所以也可以将它们的相分归属于带质境。

本章小结

现比二量的最大区别是有、无分别。比量的认知结构由四分构成，见、相二分指心的认知作用与其建构的对象；自证、证自证分指心的自明作用。比量因为有分别，所以见分变带相分。现量因为无分别，所以见分不再变带相分，现量的认识结构是三分（见、自证、证自证分）。例如根本无分别智，它是最纯粹的现量，没有任何分别性，所以唯有见分而无相分，由此见分能亲证真如。

思考题

1. 现量与比量在认识结构上的区别是什么？

2. 根本无分别智亲证真如的原理是什么？

3. 如何理解陈那用记忆来证明自证分作用的存在？

第四章　三自性与三无性

本章概要：

　　三自性属于法性论范畴，是唯识学有关认识现象的分类与本质判定的理论。其中遍计所执自性指有关存在的各种错误观念，它们是虚妄不实的。依他起自性指心识对于存在虚妄分别的活动行为；或指虚妄分别的主体与认识的对象，它们属于缘起的实法。圆成实自性指依他起法的真如实性。而相无性、生无性、胜义无性，这三无性是为了防止对依他起性、圆成实性的执着而增设的，属于方便说。本章着重介绍了中观二谛与唯识三自性的比较；早期唯识学，即《瑜伽师地论》的三自性理论，以及《成唯识论》对三自性的定义；三自性与三无性的关系。

学习重点：

　　《瑜伽师地论》对依他起性的定义；《成唯识论》对能遍计、所遍计、遍计所执三者的区分；三自性与三无性的关系。

本章课时数：

　　总计 16 周 ×4 =64 课时，本章 10 课时。

在佛教看来，对于存在本质的虚妄分别，即我、法二执，是导致众生痛苦轮回的根本原因之一，它们与内心贪、嗔等各种欲念互相作用，彼此交织感染，使得众生不断地造作各种恶业，共同构成了阻碍解脱的两大障碍，即烦恼障与所知障。由此，对于存在本质认知的相关理论一直是佛学理论中的重要课题，在大乘佛学中尤为突出。与之相关的理论，从原始佛教到部派及大乘中观学派，基本上都以真、俗二谛来进行表述，而瑜伽行学派则将之扩展为三自性说，将认识现象区分出遍计所执自性、依他起自性、圆成实自性三种不同的性质与形态。

二谛对认识现象做了直接的真、妄判定，三自性更注重从认识发生学的角度来分析相关问题，即俗谛或遍计所执性如何产生？这就是唯识学著名的"假必依实说"。"假"指假名，是由名言概念构成的各种错误观念，即俗谛或遍计所执性；"实"指认识活动本身，或指作为认识主体的识及间接的对象，即依他起性。在唯识学看来，对存在本质判定的真、妄问题，完全属于认识问题，若要脱离认识来谈相关理论是不可能的。所以三自性是更加深入地从认知角度，对凡夫的虚妄分别与圣者的无分别智的本质，以及彼此的关联性问题进行了分析。三自性理论与唯识学的心识论、认知论、转依等学说都密切相关，从中亦能反映它们各自的理论内涵。

第一节　中观二谛

一　二谛的基本定义

因为对于存在本质的正确认识关系到能否解脱，所以对相关认知的真、妄划分与分析，一直是佛学理论的重要范畴。自早期佛教直至大乘的中观学派，都以俗、真二谛来进行相关的表述，谛指真实的道理。

所谓的真谛，代表了对于存在本质的正确认识。"缘起"是佛教的理论基调，所以存在的本质为何必定是基于缘起逻辑的相应判定。在早期佛教阶段主要表现为"十二因缘—五蕴无我"；而至大乘般若时期，则归结为"缘起性空"，这是将早期佛教的"缘起无我"思想的适用范围，从侧重主观缘起扩展为万法缘起，同时还极大地加深了无我思想，进一步否定了各种模式的实体主义。所以性空也成为对存在本质的终极判定，能够真正亲证到存在的空性，就成为真谛，也称为空谛或第一义谛，这是圣者的认识对象。

而俗谛是指世俗层面对于存在本质的认识，属于凡夫的认识境界。凡夫因为不明白缘起的甚深道理，所以对存在的本质虚妄分别、错误判断，主要表现为实体主义与虚无主义。这两种极端的观点，也被称为有见（常见）与断见，因为能够满足凡夫一时的经验判断及需求，所以亦假称为谛，俗谛通常也被称为有谛。广义来说，凡夫众生的所有认识现象都可归属于俗谛。

真、俗二谛也称为空、有二谛。而关于存在空、有性质的辨析理论，占据了中观学派思想的绝大部分，在《中论青目释》中有段关于二谛思想最具代表性的论述，即所谓世俗谛，是指一切法本性为空，世间人虚妄分别所以产生许多错误的观点，但是对于世间层面来讲也有一定的真实性。第一义谛，即圣者真正知道俗谛的错误性，所以知道一切法本质是空，没有实体性。

> 诸佛依二谛，为众生说法，一以世俗谛，二第一义谛。若人不能知，分别于二谛，则于深佛法，不知真实义。世俗谛者，一切法性空，而世间颠倒故生虚妄法，于世间是实。诸贤圣真知颠倒性，故知一切法皆空无生，于圣人是第一义谛，名为实。[①]

二 于、教二谛

俗、真二谛，代表了两种关于存在本质的不同认知观。俗谛是凡夫众生的常识性观点，大多执着事物内在具有不变的自性，这被称为实体见或有见；真谛则是圣者对存在空性真如的亲证。按佛教的存在观，一切有为法都是因缘而起，缘起是所有存在现象的生成原则，不存在任何无须因缘条件自然而有的事物，因此也就不存在任何实体不变的事物。所以否定常见、有见或自性见，认识到万法性空，是般若思想或中观学派的全部理论目的，正如《中论青目释》中所云：

> 众因缘生法，我说即是空。何以故？众缘具足和合而物生，是物属众因缘故无自性，无自性故空。[②]

但是论中并不停止于此，其话锋一转，续云：

> 空亦复空，但为引导众生故，以假名说，离有无二边故名为中道。

以上论述是青目对《中论》中著名的"三是偈"——"众因缘生法，我说即是空，亦为是假名，亦是中道义"的解释。

按中观学派的观点，"空性见"是对于存在本质最为究竟与彻底的认识，为何

---

① 《中论》卷4，T30，p0032c。
② 《中论》卷4，T30，p0033b。

又要对此加以否定，提出"空复亦空"说呢？其中的原因有二：一是要防止从实体见转向另一种极端的观点——虚无主义。众生对缘起的存在现象，因虚妄分别而产生了实体的有见，圣者为了教化众生，破有而谈空，此空、有都是圣者的言教，属于名言范畴。名言概念的实质是功用，"空"更多起到对治的作用，即破除自性、实体或有见。然而某些众生闻此空后，虽然摆脱了有见，但是转而又走向了另一个极端，即对缘起法作了彻底的否定，倒向了虚无主义或断灭见。"空亦复空"就是对此断见的否定，从而起到预防或矫正的作用。缘起的存在现象，其本质若定要用名言描述，则既非实体有，也非虚无空，所以有与空这两种边见都不符合缘起的实相。由此《中论》提出了"中道观"，"中"是对空、有的否定，离二即中，此中观才符合存在的非有非空、相似相续的缘起本质。

二是由此揭示实相与名言概念之间不即不离的辩证关系。存在的实相本身无法用言语描述，但名言又是通达实相的必要途径。就常人而言，其直接的认识对象是自识变现的由名言概念构成的相分境，其中无论关于存在的自相抑或共相，都是心识对于存在的分别与描述，本质上都属于名言范畴，这些不等于就是实相本身。俗、真二谛是圣者的言教，也属于名言范畴，这是圣者为了教化众生的需要，运用空、有等名言概念对存在实相的揭示或描述，同样道理，圣者的言教也不等于实相本身，所以二谛亦非实相本身，因此"空亦复空"起到了防止执着名言或言教的作用。但《中论青目释》也强调，虽然言教或名言不等于实相本身，但名言又恰恰是通向实相的必要途径，也是获得解脱的必经之路，因为众生要破除对于存在的颠倒认识，需要言教的帮助。

第一义皆因言说，言说是世俗，是故若不依世俗，第一义则不可说。①

正因为上述的道理，中国三论宗的嘉祥大师吉藏将二谛又分判为于二谛与教二谛。于是依义，是所，于谛指用名言概念表述的二谛理论，这属于相对真理；教是能，教谛指真如实相本身，这是于谛所依的主体，属于绝对真理。先前论述的俗、真或有、空二谛，代表了凡、圣两种不同的对于存在本质的认识观，这是圣者为了教化众生，将不可言说的存在实相通过名言概念进行表述，"为化众生故说有、无"，此二谛属于言教或名言范畴，这也是通达实相的必要途径与方法，所以是于谛。而教谛则体现了言教的真正目的——既要依靠名言概念（言教、于谛），又不能对此执着，在于谛基础上进行对它的超越，才能最终达到对实相的亲证——"欲令因此有、无悟不有、无故"。教谛代表了存在实相本身，而实相就其本身来讲是

———————————

① 《中论》卷4，T30，p0033a。

纯粹现量（根本无分别智）的认识对象，实相不可以用语言概念进行描述，是"言语道断、心行处灭"的境界，而通过名言表述的有、无都已经不是实相本身，而是对它描述，属于概念范畴，即是于谛。

> 谛有二种：一于谛，二教谛。于谛者，色等未曾有、无，而于凡是有，名俗谛；约圣是空，名真谛……教谛者，诸佛菩萨了色未曾有、无，为化众生故说有、无，为二谛教。[①]

综上所述，大乘般若思想主要通过二谛学说来表现，二谛的内涵又集中体现为"中道观"，所谓中观包含两层意趣：一是要矫正两极性的认识模式，即对实体或虚无主义，这两种边见的否定与扬弃，由此才能通达缘起现象非有非空的实相；二是体现名与实的辩证关系，既要依托名言概念，但最终又要超越比量分别，摆脱对名言概念的执着，由此才能亲证实相。

第二节　唯识三自性

中观学派的二谛说，对认识现象做了真、妄两种不同性质的划分，这是依据"缘起性空"原则，仅就判断结果所做的区分，其中没有涉及认知判断发生的原理。而唯识学的三自性理论，则在俗、真二谛的基础上增加了"依他起自性"，并区分了能遍计、所遍计、遍计所执三者的差别，提出"假必依实"说，从认识发生学角度，对遍计所执自性（俗谛）或圆成实自性（真谛）产生的原理做出了阐释。另外，"依他起自性"的增设，使得现实事物的存在性获得了相应的承认，这是唯识学对大乘般若思想导致偏空危险的一种矫正。所以说，三自性是对二谛的理论深化，这也是基于唯识学理论特质的必然结果。

一　《瑜伽师地论》对三自性的定义

在唯识学的早期经典中，三自性也是重点的理论部分，《瑜伽师地论》就有相关的论述。遍计所执自性指凡夫对于存在虚妄分别，随着语言表述，从而形成的各种错误观点，这是根据虚假的名言概念所构成的自性，相当于二谛的俗谛。

依他起自性指由各种因缘条件所生的自性。

圆成实性指诸法的真如实相，是圣者智慧的认识对象，相当于二谛的真谛。

---

① 《大乘玄论》卷1，T45，p0023b。

> 云何名为三种自性？一遍计所执自性；二依他起自性；三圆成实自性。云何遍计所执自性？谓随言说，依假名言建立自性。云何依他起自性？谓从众缘所生自性。云何圆成实自性？谓诸法真如，圣智所行，圣智境界，圣智所缘，亦令引发一切功德。①

从上可知，遍计所执性及圆成实性的定义较为清晰，基本可以对应于中观的俗、真二谛，即指凡、圣两种不同的认知对象，其中遍计所执自性是指各种错误的存在观念，例如实我、实法；我、法二元对立；我、法虚无等，它们都是虚妄不实的名言概念；依他起性是受这些观念影响，从所产生的虚妄分别，《瑜伽论》称之为遍计所执自性执，即对这些错误观念（遍计所执自性）产生的分别执着，这是心识的认识活动，属于缘起的实法，有其存在性。所以依他起自性是指心识的虚妄分别活动②，它有五种作用：一是能够产生所有的杂染性法；二是能够成为遍计所执自性与圆成实自性的依托主体；三是能够成为我执的依托主体；四是能够成为法执的依托主体；五是能够成为我、法二执的种子与现行的依托主体。

> 问：依他起自性缘何应知？答：缘遍计所执自性执应知……问：依他起自性当言何所依止？答：当言即依遍计所执自性执，及自等流……问：依他起自性能为几业？答：亦五，一能生所有杂染法性；二能为遍计所执自性及圆成实自性所依；三能为补特伽罗执所依；四能为法执所依；五能为二执习气粗重所依。③

二 《成唯识论》对三自性的定义

（一）能遍计、所遍计、遍计所执三者的区别

《成唯识论》吸收了《摄大乘论》关于"能遍计""所遍计""遍计所执"三者划分的思想④，从认识发生学角度，将认知主体、认识对象与遍计所执自性三者做了区分，从而对依他起性的定义，以及与遍计所执性的关系问题等做了进一步的发展。

遍计所执性代表了凡夫关于存在本质的各种错误观点，由名言概念构成，不具有任何现实的存在性质。就认识发生学来讲，遍计所执性需要有一个产生的认识主

---

① 《瑜伽师地论》卷73，T30，p0703b。
② 世亲菩萨的《唯识三十颂》中"依他起自性，分别缘所生"即此意。
③ 《瑜伽师地论》卷73，T30，p0703b－p0705c。
④ "复次有能遍计，有所遍计，遍计所执自性乃成。此中何者能遍计？何者所遍计？何者遍计所执自性……"《摄大乘论本》卷2，T31，p0139b。

体与对象，这即是能遍计与所遍计。作为认识主体的心识，以及作为认识对象的存在现象，它们是缘起的实法，具有现实的作用与存在性，属于依他起性，它们是产生遍计所执性的依托，这是唯识学"假必依实说"的真正意义。圆成实自性，指存在的真如实相，即依他起自性的本质，其实就是能遍计与所遍计的本质与实相。

譬如以"农夫见绳为蛇"[①]为例：农夫是认识的主体——能遍计，绳子是认识对象——所遍计，他们是缘起的实法，具有现实的存在性，是产生遍计所执性的条件，属于依他起自性；蛇是农夫的错觉，现实中并不存在，是遍计所执自性；绳子由麻构成，这种麻的性质相当于是圆成实自性。

（二）依他起自性

1. 能遍计

能遍计指认知的主体，是产生遍计所执性的主体。虽然八识都具有认识作用，但作为能遍计的主体，并非泛指所有的识。因为属于遍计所执自性的各种错误观点，它们是在比量的分别过程中才能够产生。而具备比量分别能力的是第七、六二识以及相应的心所有法，前五识、第八识的认识属于现量，所以《成论》认为能遍计的主体就是染污位的第七末那识与第六意识。具体而言，末那识作为能遍计，它的认识对象是第八识见分，对之虚妄分别所产生的"实我"观念即遍计所执性；第六意识作为能遍计，它的认识对象包含一切法，由此产生的各种颠倒、错误的观点即遍计所执性。

作为能遍计的第七、六二识，它们具有计度分别的作用，是产生遍计所执性的认识主体，是缘起的实法，所以《成论》中将能遍计归属为依他起自性。

> 有义：第六、第七心品执我、法者，是能遍计，唯说意、识能遍计故，意及意识名意、识故，计度分别能遍计故。[②]

2. 所遍计

所遍计是能遍计心的所缘缘，即认知的对象。在唯识学的所缘缘理论中，将对象分为亲、疏两类，前者是直接对象，后者为间接对象，所遍计指疏所缘。

（1）第六识的所遍计：如五尘境，它们由色法种子因缘变所生，具有现实作用及存在性，是第六识的间接对象（疏所缘），能够作为能遍计心的认识依托，起到增上的作用，是产生遍计所执性的重要条件，属于依他起自性。

例如农夫见绳为蛇，绳子有现实的作用与存在性，是农夫第六识的疏所缘，对

---

① 农夫将路上的绳子误认为是蛇。
② 《成唯识论》卷8，T31，p0045c。

农夫产生蛇的错觉起到认识的依托、增上的作用，属于依他起自性。

（2）第七识的所遍计：第七识对第八识恒审思量，第八识作为第七识的间接对象，具有现实的存在与作用性，是第七识产生"实我执"的疏所缘缘，故而属于依他起自性。

所遍计指存在的各种缘起现象，也即是由阿赖耶识含藏的种子因缘变所生的八识、根身、器世界等法，能遍计就是以它们作为认识对象，进而虚妄分别，产生了各种错误颠倒的观点。

圆成实自性，是圣者的认识对象，因为所遍计是指凡夫的认识对象，所以圆成实自性不属于所遍计；但作为存在实相的圆成实自性，也是能遍计的间接对象，从这点而言，也可以算作所遍计。

至于遍计所执自性，它们是各种有关存在的错误观念，由名言概念构成，它们是能遍计心的亲所缘，即直接认识对象，不是疏所缘，对认识的产生不起到依托作用，所以不是所遍计。

> 次所遍计，自性云何？《摄大乘》说是依他起，遍计心等所缘缘故。圆成实性，宁非彼境？真非妄执所缘境故，依展转说，亦所遍计。遍计所执，虽是彼境，而非所缘缘，故非所遍计。[1]

（三）遍计所执自性

1. 遍计所执自性

遍计所执自性指凡夫对于存在的各种颠倒错误的观念，相当于二谛中的俗谛。具体而言，指由第七、六识（能遍计）对于存在（所遍计）虚妄分别，由此所产生的各种错误观念。之前所述的由第六、七识所产生的"蛇的错觉"与"实体我的错误判断"，它们是识分别变现的相分境，由名言概念构成，不符合实相，不具有现实的存在性，所以称为遍计所执。遍计所执性是认识的亲所缘，是心识见分变现的直接对象，不同于疏所缘（间接对象）对认识活动的产生起到间接依托、助缘的作用，所以它不是所遍计。

护法论师将作为认识结构的"相、见"二分与作为"能执、所执"的二分做了区分，认为前者属于依他起性，后者是遍计所执性。相、见二分是比量认识的内在结构，无论凡夫的虚妄分别抑或圣者的后得无分别智，都以相、见二分的方式来进行认识。心识只要一发生分别性的认识作用（见），就会顿时变现或建构出各种境

---

① 《成唯识论》卷8，T31，p0046a。

（相）。相、见是一个认识整体上的两种侧面作用，即能缘的作用（见分）与显现的境相（所缘），将此二分定为依他起性，就是要说明识具有变相的功能。虽然相不离识，相分是心识主观变现的境相，但它极具客观实在的特征，带有很大的迷惑性。就像在梦中，人往往将梦境执着为是真实的客观事物一样，能遍计的心（第六、七识及心所有法）将相分执着为外在的实法，使得原本一体的相、见割裂分化为能执、所执，从此主客对立①。第六意识对自我与存在，进而还虚妄分别出种种对立的观念，如认为自我及存在有实体性、自我与存在为彻底虚无；自我与存在绝对同一、自我与存在二元对立等，这些所谓的"二分"都是能遍计的心对于存在的颠倒认识产生的各种错位观念，与实相不符，没有任何现实的存在性，所以它们属于遍计所执性。

> 遍计所执，其相云何？与依他起复有何别……一切心及心所，由熏习力所变二分，从缘生故，亦依他起。遍计依斯妄执定实有无、一异、俱不俱等，此二方名遍计所执。②

2. 我、法二执

广义来讲，凡夫众生对于存在的所有虚妄不实的观念都属于遍计所执性范畴。其中"实体主义"与"二元论"，被唯识学看作最具普遍及危害性，它们也被称为"我、法二执"。

（1）我执：认为在个体的身心中存在有某种不变的实体，如外道的神我、灵魂等观念；以及说一切有部等的命根、不可说我等。我执的表现形式虽然多样，通常具有常、一、主宰三大特征：常指"我"具有永恒不变的属性；一指"我"不由其他条件所构成，是一纯粹的实体，具有不可再分的属性；主宰指"我"无须其他因缘条件的配合，单凭自身就可以支配操控身心的运作。我执还分俱生与分别两类。

①俱生我执：即与生俱来就有的我执，永远与生命体伴随共存，不依赖错误的教义及错误的认识，自然就能发生，它是内心深处极为顽固的一种本能。第七识是产生俱生我执的主体，末那识从无始以来，永不间断地思量、执着第八识，无论众生处于任何生命形态都不会间断，由此产生了对于自我的俱生执着，这种我执进而还转化、表现为烦恼障（有关烦恼障与我执的关系后面详论）。虽然这种俱生我执

---

① "识谓了别。此中识言亦摄心所，定相应故。变谓识体转似二分，相见俱依自证起故。依斯二分施设我法，彼二离此无所依故。或复内识转似外境，我法分别熏习力故。诸识生时变似我法，此我法相虽在内识，而由分别似外境。诸有情类无始时来，缘此执为实我实法。如患梦者，患梦力故，心似种种外境相现，缘此执为实有外境。"《成唯识论》卷1，T31，p0001b。
② 《成唯识论》卷8，T31，p0046a。

作用微细，常人无法经验，但时刻都对前六识的活动形成干扰与影响，它是所有烦恼现行活动最为重要的根源。具体而言，俱生我执还分两种：第一种是常相续的，即指第七识的我执作用。第七识以第八识作为认取的对象，进而在自识上变现相应的影相，将之执着为实体性的我；它的作用持续发生不会间断，除非进入灭尽定或根本无分别智发生时才能中断；第二种是有间断的，表现在第六意识层面，第六识以第八识所变现的五蕴形相作为认取的对象，或以总相或以别相，进而在自识上变现相应的影相，将之执着为实体性的我。这种我执是受第七识我执的影响所产生的，随着第六识作用的间断也会暂时中断。

俱生我执的作用微细而顽固，非常难以断除，要在修道位的过程中，通过不断修行我空观，直到第八地时才能彻底止息第七识俱生我执的现行活动，它的种子则要到成佛前一刹那才能断尽；第六识俱生我执的现行活动，在进入初地位的时候就被彻底伏灭，种子也要到成佛的前一刹那才能断除。

②分别我执：指并非与生俱来的，因错误的教义以及虚妄分别，然后才能生起的各种我执观念，只在第六意识中具有。此分别我执也有两种：第一种是以错误教义所说的五蕴形相为认取对象，进而在自识上变现相应的影相，分别推度，将之执着为实体性的我；第二种是以错误教义所说的我的形相为认取对象，进而在自识上变现相应的影相，分别推度，将之执着为实体性的我。

分别起的我、法二执相对容易断除，它们的现行活动在加行位时就被制伏，种子在见道位时，当观察到一切法我空真如时，就能断除。

> 然诸我执，略有二种：一者俱生；二者分别。
>
> 俱生我执，无始时来，虚妄熏习内因力故，恒与身俱，不待邪教及邪分别，任运而转，故名俱生。此复二种：一常相续，在第七识，缘第八识，起自心相，执为实我；二有间断，在第六识，缘识所变五取蕴相，或总或别，起自心相，执为实我。此二我执，细故难断，后修道中，数数修习胜生空观，方能除灭。
>
> 分别我执，亦由现在外缘力故，非与身俱，要待邪教及邪分别，然后方起，故名分别，唯在第六意识中有。此亦二种：一缘邪教所说蕴相，起自心相，分别计度，执为实我；二缘邪教所说我相，起自心相，分别计度，执为实我。此二我执，粗故易断，初见道时，观一切法生空真如，即能除灭。①

（2）法执：法执在唯识学的理论中有三层不同的含义：一是指认为在各种事物中存在某种不变的实体，它是构成事物的最小单位，如外道数论、胜论等的自性、

---

① 《成唯识论》卷1，T31，p0002a。

极微等概念；说一切有部的"法体"思想①，它们都具有不可再分、自然而有、永恒不变的性质。二是指如婆罗门教的梵天、大自在天等，它们除了具有实体的特征外，还具有创造或显现万物的功能，它们是产生一切现象的唯一原因，这种因果理论被佛教称为一因论。三是指认为在心识之外存在有客观独立的事物，它们与识处于平行、二元的关系，这种"识外有境"思想也是被唯识学重点批判的法执。

法执也分为俱生、分别二类，原理与我执差不多。俱生法执的断除比我执要更困难，其中第七识俱生法执的现行与种子，都要到成佛的前一刹那才能彻底断除；第六识俱生法执的现行活动要到第八地时才能永远伏灭，种子要到成佛前才能断尽。分别起法执的现行与种子的断除过程与分别我执一样。

我、法二执虽然从概念及表现来讲各有区别，但是它们并非两种完全独立无关的执着。在早期佛教中只有我执说，还没有出现法执概念；至部派佛教时期，随着有部与大众部之间的争论，法执说才随之产生；到大乘佛教时期，法执更是成为一个重要的概念。在大乘学派看来，小乘学人只是断除了浅显易断的执着，他们仅仅领悟到了缘起思想的粗浅层面，比如知道了个体生命由五蕴和合而成，所以只是断除了我执，但是还有残余的更加深层的执着未能彻底断除，如有部提出的"法体恒有"说，就是这种残余执着的表现，这也即是法执；另外在唯识学看来，中观学人不承认"万法唯识"也是法执的表现。所以法执与我执不是两种独立的执着，而是同一个执着体上的不同表现，既有执着对象的不同，如我执只是以自我为对象，而法执则以包括自我在内的所有存在事物为对象；另外法执的执着程度比我执更深。所以法执可以含摄我执，在我执未断除前，法执肯定也存在，反之如果断除了法执，那么我执肯定之前就已被断除。

3. 我、法的两种安立

（1）名与义的区别：存在的实相是根本无分别智的直观对象，不是比量分别所能认识的。因为比量带有分别性，所以比量所缘的并非实相本身，而是比量自身变现的境相，由名言构成。识用名言符号来对存在事物进行指称、描述，名言是比量分别的产物，它们不等于存在本身。另外名言总是带有人所设定的各种意义，这些意义很多与实相背离，所以名言更多被认为是虚妄不实的，而用名言来指称存在的事物，则被称为是假名安立。

遍计所执性是指对于存在的各种颠倒错误的观念，它们由名言概念构成。那么是否所有的名言概念都是遍计所执性都是虚妄不实，没有任何意义呢？唯识学的一

---

① "所谓说一切有，是因为它们认为一切法皆有自性，是一种实在的有，不是由一些其他材料混合起来的假有"，吕澂："印度佛学源流略讲"，《吕澂佛学论著选集》，齐鲁书社，1991，第1978页。另，"这种理论显然有落入数论窠臼的危险"，参见舍尔巴茨基著，宋立道译《佛教逻辑》，商务印书馆，1997，第130页。

些经典则认为，需要区分名与义的不同，名属于依他起性，义属于遍计所执性。单就名言符号本身来讲，有存在的价值。因为它们作为存在事物的指称符号，具有帮助人认识事物的作用，另外符号本身是中性的，并没有真、妄的价值属性。

义指名言符号具有的意义，符号具有意义，就使符号超越了仅仅指称事物的功能，还包含对于事物的某种认识判断与观念，判断与观念具有正确或错误性质，所以遍计所执性是指符号所具有的意义。比如"我"这一符号，单就其指称作用来讲，是对于某一存在主体的指称。但是"我"不仅仅具有这一作用，就凡夫来讲，它往往还具有一种实体的意义，由此"我"这一名言概念，也就成了"我执"的代名词。

> 复有处①说：名属依他起性，义属遍计所执。彼说有漏心、心所法相、见分等，由名势力，成所遍计，故说为名。遍计所执，随名横计，体实非有，假立义名。②

不过，虽然可以将名与义做如上的区分，但名与义往往是融汇一体的，很难找到单纯的，不具有意义的名言符号。名言符号总有它的意义，包含各种意义，因为名言符号原本就是在对存在的认识与判断中所产生的。

（2）无体随情假与有体设施假：唯识学进而将两种不同的关于我、法的名言安立做了区分，第一种安立称为无体随情假，属于遍计所执性；第二种安立称为有体设施假，属于依他起性。

①无体随情假：指由常人、外道等建立的名言概念。这类我、法等概念虽然也被用来指称各种事物，但往往蕴含实体等非法的含义。认为存在的事物中有实体不变的我、法自性，如阿特曼、梵天、极微等概念；或者我与法是彼此独立的实体等等。它们已经超越了对存在现象单纯经验性的描述，包含各种对于存在的颠倒观念，所以已经不是单纯的名称，而成为各种我、法二执。在唯识学看来，这些我、法名言所含的颠倒意义，与实相不符，没有任何的存在对象可以与之对应，纯属凡夫虚妄分别的产物，所以称为无体随情假，属于遍计所执性。

②有体设施假：指由佛建立的名言概念，即圣者的言教系统。圣者为了弘法的需求，同样需要运用名言符号指称存在的各种现象，如五蕴、十二处、十八界、八识、种子等，进而还用各种概念传达通达实相与解脱的方法原理，如四谛、十二因缘、缘起、唯识等。这些所谓的"我""法"等的名言概念，一方面作为代词使用，

---

① 指《摄大乘论世亲释》，详见此书卷5，T31，p0343b。
② 《成唯识论》卷8，T31，p0047a。

本身不具有任何的实体等虚妄的意义；另一方面，这些名言的含义，是通向实相的途径，是认识到圆成实自性的方法。实相本身是离言的，这一类名言只是圣者的随缘施设，所以本质上也是假的，但它们具有存在的合理与效用性，不能算作遍计所执性，所以是"有体"的一种假施设，属于依他起性。

由此而言，名言概念虽然由心识的分别而生，不等于实相本身，但名言具有的正面意义也不容否定。因为单就名言的符号性质来讲，可以用来指称事物，并不具有虚妄或真实等的价值属性，例如"我"，如果仅仅作为代词使用，作为指称某一主体的符号工具，那么它就应该是中性的，并具有现实的语用意义，所以它应该属于依他起性。名言所具有的意义，才使得名言符号具有了虚妄或真实性，例如将"我"赋予了实体的含义，那就成了"我执"，因为与实相不符，所以是虚妄的，那么此"我"就属于遍计所执性了。

> 假有二种：一者无体随情假，多分世间、外道所执，虽无如彼所执我、法，随执心缘亦名我、法，故说为假。二者有体设施假，圣教所说，虽有法体，而非我、法，本体无名，强名我、法，不称法体随缘施设，故说为假。[①]

（四）圆成实自性

1. 理、事二种圆成实自性

圆成实自性相当于二谛的真谛，指存在的真实本质，它是圣者的认识对象。《成唯识论》将圆成实自性分为理、事两种，前者称为"无为无漏法"，后者称为"有为无漏法"。

（1）理圆成实性：指在依他起性上，永远地断除遍计所执性，也就是由我、法二执空后所显现的真如实性，即依他起自性法的真实本性。此圆成实自性，作为依他起法的真如实性，法尔如是，永恒不变，并非虚妄，区别于一般所谓的自相、共相、虚空、我等法，也被称为自性清净涅槃，是凡夫本自具足的所谓"佛性"。它与依他起性不即不离，是理与事的关系，属于"无为无漏法"。此圆成实自性虽然凡夫本俱，但要在断除依他起自性上的遍计所执自性后，才能显现或被认识到的，是圣者亲证的对象。理圆成实性还有很多其他名称，例如胜义谛、真如、实际、一真法界等。

（2）事圆成实性：指转依后，清净位（圣者位）的心、心所法的作用，如四智菩提。此圆成实性是因缘有为之法，所以属于"有为无漏"，也可以称为净分依他

---

① 《成唯识论述记》卷1，T43，p0238a。

起性。依他起性包含染、净二位的心、心所有法的作用，而其中清净位的依他起性即事圆成实性。

虽然《成论》将圆成实自性分为理、事两种，但主要还是指理的部分，即通过我、法二空所显现的，圆满成就的诸法的真如实性。

> 由斯理趣，众缘所生心、心所体及相、见分，有漏无漏，皆依他起，依他众缘而得起故。颂言"分别缘所生"者，应知且说染分依他。净分依他，亦圆成故。或诸染净心、心所法，皆名分别，能缘虑故。是则一切染净依他，皆是此中依他起摄。

> 二空所显圆满成就诸法实性，名圆成实，显此遍常，体非虚谬，简自、共相、虚空、我等。无漏有为离倒究竟，胜用周遍，亦得此名。然今颂中说初非后。

> 此即于彼依他起上，常远离前遍计所执，二空所显真如为性。说"于彼"言，显圆成实与依他起，不即不离。[1]

2. 四种胜义谛

理的圆成实自性也被称为胜义谛，胜指殊胜，义指道理，即一切法最为殊胜的道理。根据其表现及层次的不同，又可以分为四种：

（1）世间胜义：指五蕴、十二处、十八界等名称，这是圣者对缘起的存在现象进行指称与分类后假名安立的各种名称，它们更多属于名称，还不是包含某种规律或原理的概念。

（2）道理胜义：指四谛、十二因缘、阿赖耶识缘起等概念，这是圣者对缘起法的内在规律或原理进行描述所安立的各种概念，这些概念包含生命流转、解脱的方法与原理等，反映胜义谛"理"的内涵。

（3）证得胜义：胜义谛虽然是缘起法本具的真实本性，但它要在断除我、法二执后，才能向人显现或亲证的，这也表明了认识胜义谛的途径。

（4）胜义胜义：指真如实相本身，这是离言之境，虽然依他起法生灭无常，但作为它们本质的圆成实性，是真实不虚、永恒不变的。这是胜义谛或圆成实性的真正所指，也可以叫法界及实际等，前三种胜义谛都依它而立。

> 然胜义谛，略有四种：一世间胜义，谓蕴、处、界等；二道理胜义，谓苦等四谛；三证得胜义，谓二空真如；四胜义胜义，谓一真法界。此中胜义依最

---

[1] 《成唯识论》卷8，T31，p0046b。

后说，是最胜道所行义故。为简前三，故作是说："此诸法胜义，亦即是真如。"真谓真实，显非虚妄；如谓如常，表无变易。谓此真实，于一切位常如其性，故曰真如，即是湛然不虚妄义。亦言显此复有多名，谓名法界，及实际等，如余论中，随义广释。[①]

3. 性空与唯识无境

圆成实性是圣者的亲证境界，是在断除遍计所执性的我、法二执后，所显现出的存在的真如实性，即所谓的二空真如，而此真如实性究竟是指什么？根据唯识学的整体理论，圆成实性应该包含两层含义：一是指空性，二是指唯识无境。

（1）空的圆成实性：空性是所有缘起现象的本性，依他起法依托其他条件才能生起，并非自然就有，所以称为缘生无自性。诸法的圆成实相，也称为胜义无自性，因为一切存在事物没有"我"性，所以称为胜义，也称之为无自性，这是一切法的胜义谛。这一层面的圆成实性的含义与二谛的真谛基本是一致的。

> 云何诸法生无自性性？谓诸法依他起相，何以故？此由依他缘力故有，非自然有，是故说名生无自性性。云何诸法胜义无自性性？谓诸法由生无自性性故，说名无自性性，即缘生法，亦名胜义无自性……复有诸法圆成实相，亦名胜义无自性性，何以故？一切诸法法无我性名为胜义，亦得名为无自性性，是一切法胜义谛故。[②]

（2）唯识无境：唯识说并非独识论，一切心、心所法依他而生起，如同幻化的事物，并非真实而有。为了破除虚妄执着心、心所外有独立的事物，才说唯有识。在唯识学看来，所有的存在现象并非独立于心外，它们都是种子所生，是识的相分境。心是无法认识到心外事物的，心只能认识自己显现的相分境。自我与存在既非外在的二元关系，但也不是绝对的同一，而是相依相待、互相依存的关系，唯识学将之称为"不离"或"挟带"。认为色法是独立于心外的实在，被唯识学认为是最大的法执，所以作为二空所显的真如，自然包含"唯识无境"观。

> 外道、余乘所执诸法，异心、心所非实有性，是所取故，如心、心所。能取彼觉，亦不缘彼，是能取故，如缘此觉。诸心、心所依他起故，亦如幻事，

---

① 《成唯识论》卷9，T31，p0048a - p0048b。
② 《解深密经》卷2，T16，p0694a。

非真实有。为遣妄执心、心所外实有境故，说唯有识。[①]

三 三自性与二谛的比较

三自性是对二谛理论的发展，在一定程度上也是对般若思想的某种矫正。般若思想侧重破执，对所有的现象都做了空的定性，以遮诠（否定）的方式进行理论表述，所以令学习者有导向偏空的危险。唯识学通过增设"依他起自性"，对存在现象的真与假、虚与实做了新的厘定，使得现实事物的存在性获得了相应的承认。另外对能遍计、所遍计、遍计所执的区分，提出"假必依实"的观点，这也是基于唯识学认识理论的结果。

（一）二谛与三自性

关于二谛与三自性的对应关系，若简单比较，俗谛大致可以含摄遍计所执性与依他起性，真谛与圆成实性可以对应。而《成论》则认为，俗谛可以包含整个三自性；真谛对应于圆成实性，并具有三义。

1. 俗谛的三自性

一是假世俗，指遍计所执性的各种错误观念，唯有假名，无客观的指称对象，属无体假；二是行世俗，指依他起性的能遍计与所遍计，即具有现实存在性的识与各种事物，它们由缘而生，属有体假；三是显了世俗，指圆成实性，这是在断除遍计所执性的我、法二执后，所显现的真如实性。

2. 真谛的圆成实性

具有三层含义，一是义胜义，指实相本身，这是言语道断、心行处灭的境界，是圆成实性的本体；二是得胜义，指自性清净涅槃，它是修行的终极目标，代表圣者对于实相的亲证；三是行胜义，指修行解脱的圣道，即八正道、六度等修道方法，它们是通向圆成实性的途径。以上三种真谛相对于俗谛而言，殊胜而无颠倒，所以真谛三义都属圆成实性。

> 此三云何摄彼二谛？应知世俗具此三种，胜义唯是圆成实性。世俗有三：一假世俗；二行世俗；三显了世俗。如次应知即此三性。胜义有三：一义胜义，谓真如，胜之义故；二得胜义，谓涅槃，胜即义故；三行胜义，谓圣道，胜为义故。无变无倒，随其所应，故皆摄在圆成实性。[②]

① 《成唯识论》卷 2，T31，p0006c。
② 《成唯识论》卷 8，T31，p0047b。

（二）教谛与三自性

般若思想容易导致偏空的问题，其实在龙树的中观思想中已经有所注意。教二谛就具有对此纠偏的意义，教二谛的"空复亦空"具有两层含义，一是对偏空的矫正，般若的"空"更多是一种遮诠方法，即对实体主义的否定，但如果对空本身产生执着，这是对空的最大误解，是从实体主义的执着走向了虚无主义，这在龙树菩萨看来更为可怕，佛法中有"宁起有见如须弥山，不起空见如芥子许"之说。所以对空的再否定，就是对此的纠正，如此才符合非有非空的中道观。

唯识学在二谛基础上添加了"依他起自性"，已经对偏空倾向做了一定的矫正，所以类似中观教二谛的意趣，在三自性理论中不太明显或强调，但也包含有类似的思想。首先就教二谛的第一层含义来讲，唯识三无性思想就是对于三自性的某种矫正，《解深密经》认为三无性理论不是究竟义，属于"密意说"，即起到某种对治作用。因为三自性中的遍计所执性被定义为无，而依他起性与圆成实性则被认为是有，所以为了防止将"依他起自性"与"圆成实自性"执着为实体有，由此建立三无性起到矫正作用，具体理论详见后面。

至于教二谛的第二层含义，即有关存在本身的离言性质，圆成实自性理论中也有所表示，在唯识学的其他理论中，尤其量论部分里有更加全面系统的论述。存在的真如实相或圆成实自性，这是圣者的根本无分别智的认识对象，是纯粹现量才能直观亲证的。至于名言概念，它们是比量分别的产物，是对于存在的一种符号化的描述。符号作为存在事物的代称，一方面不能将之等同于事物本身；另外符号自身具有很多的局限性，符号是比量分别的工具或载体，凡夫在比量分别的过程中，往往将许多虚妄不实的"意义"赋予了符号，这在佛典中被称为"增益执"，使得符号具有了遍计所执的性质。

在《摄大乘论释》中，就有一段论述表达了类似的观点，认为名言容易有四种过失，称为四谤，例如对于存在的事物，世间一般都认为是"有"，而此"有"概念，其实很难绝对精确描述缘起法的存在性，因为"有"概念往往容易将人对存在的理解引向实体模式，从而不符合存在的实相；然而若对存在法称之为"空"，而"空"概念又偏向于虚无，这也不符合缘起存在的实相；若用"非有非空"概念定义缘起法，则此概念从逻辑来讲，似乎又有矛盾性；最后，如果用"亦有亦空"概念来定义存在，从语言逻辑来讲，更有戏论的味道。

> 诸菩萨不分别一切法，乃至不分别无上菩提，何以故？诸法无言说故，于无言说中强立言说，故名戏论。言说有四种，即是四谤。若说有，即增益谤；若说无，即损减谤；若说亦有亦无，即相违谤；若说非有非无，即戏论谤。菩

萨得无分别智，不可以言说显示故，称无戏论无分别，何以故？出过世间智故，又非世间智所知故。①

《摄论》提出这四种所谓的诽谤，其目的与《中论》一样，就是要说明实相的不可言说性，以及语言概念的局限作用，这也是中观要强调教谛——"空复亦空"的另一层深义。作为瑜伽行派根本经典的《辩中边论》，全篇就在着力传达教谛思想，即观察法的本质要离有无二边，如此才符合中道观，例如论云："故说一切法，非空非不空，有无及有故，是则契中道。"②

四　三自性总结

从某种角度而言，依他起自性是理解三自性的关键，因为它是三自性的理论枢纽，其他二性都依它而建立。遍计所执性与圆成实性是染、净二法，分别代表凡、圣不同的认识观，依他起性就是产生它们的认识主体与对象，或指认识活动的过程本身，这也是唯识学的"假必依实"说的真实含义。

遍计所执性，指凡夫对于存在的颠倒认识观，相当于二谛的俗谛。具体而言，指第七、六二识（能遍计）对于存在（第八识、五尘等），虚妄分别而产生的各种错误观点，如执着自我与存在有实体性、自我与存在彻底虚无；自我与存在绝对同一、自我与存在二元对立等。它们由名言概念构成，与实相不符，没有任何现实的存在可以与之对应，所以彻底虚妄不实。

依他起自性可以分为染净二重，染位的依他起性，还有广狭之别，狭义的依他起性，指虚妄分别的过程本身；或指具有虚妄分别能力的认识主体（能遍计），即第七、六识，以及它们各自间接的认识对象（所遍计，疏所缘），即第八识及五尘等，它们都由缘而生，具有现实作用与存在性，属于依他起性。广义上的依他起性，指八识、种子、根身以及由种子因缘变所生的山河大地器世界等法，它们都具有现实的作用与存在性，属于依他起性。清净位的依他起性，即事的圆成实性，也称有为无漏法，指转依后的清净心识、心所法及所变现的境相，例如四智菩提，因为它们都是具有现实作用与存在性的缘起实法。

圆成实性，指圣者对于存在实相的亲证，相当于二谛的真谛。具体而言，指存在（依他起法）的真如实性，这是要断除第七、六识（能遍计，依他起性）上的我、法二执（遍计所执性）后才能认识到的，这部分属于理圆成实性，也称无为无漏法。另外转依后的心、心所法及所变现的法，即清净位的依他起性法，属于事的

---

① 《摄大乘论释》卷12，T31，p0244a。
② 《辩中边论》卷1，T31，p0464b。

圆成实性。

　　三种自性，皆不远离心、心所法。谓心、心所及所变现，众缘生故，如幻事等，非有似有，诳惑愚夫，一切皆名依他起性。愚夫于此横执我法有无、一异、俱不俱等，如空花等，性相都无，一切皆名遍计所执。依他起上，彼所妄执我法俱空，此空所显识等真性，名圆成实。[①]

第三节　唯识三无性

　　与三自性理论相关的还有三无性论，即相无性、生无性、胜义无性。三自性理论本身其实已经完整，因为对三种自性的定义很明确，代表各种现实存在法的依他起性，属于缘生有；代表存在真如性的圆成实性，属于理有；彻底虚妄不实的是遍计所执性，因为它是由名言概念构成的错误观念，没有任何现实的事物与之相符。三自性理论强调依他起与圆成实性二者的存在性，它们是遍计所执性产生的基础，即"假必依实"。

　　之所以还要另立三无性，主要原因是针对凡夫众生的执着，即为了防止将依他起、圆成实二性妄执为实体性的我、法自性，所以三无性具有类似教谛的矫正作用。建立三无性也表明唯识学对于"无常、无我、空"等佛教基本思想的秉持，因此三无性将依他起性、圆成实性以及遍计所执性都总说为无性。

　　不过需要注意的是，在唯识学看来，三无性理论主要起到对治作用，属于"密意说"，它不代表究竟义，真正"了义说"的还是三自性。

　　　即依此前所说三性，立彼后说三种无性，谓即相、生、胜义无性。故"佛密意说一切法皆无自性"，非性全无，说密意言显非了义。谓后二性虽体非无，而有愚夫于彼增益，妄执实有我法自性，此即名为遍计所执。为除此执故，佛世尊于有及无总说无性。[②]

　　三无性对应三自性而建立，用遮诠（否定）的方式来反映它们各自的存在特性。

---

　　① 《成唯识论》卷8，T31，p0046c。
　　② 《成唯识论》卷9，T31，p0048a。

（一）相无性

依遍计所执性而立。凡夫众生有关存在的各种错误观念，它们由名言概念构成，比如认为存在的事物中有实体不变的自性，或认为有脱离识而独立存在的外境等，这些所谓的"自性""外境"等观念与实相不符，如同"空华"，没有任何的客观存在性，就此观念的虚妄性，建立所谓的相无性。

（二）生无性

依依他起性而立。缘起的实法，如八识、种子、根身、器世界等，它们都是因缘所生法，并非自然而有，其中没有实体不变的自性，由此建立生无性，此无性为假说，并非存在性全部没有。

（三）胜义无自性

依圆成实性而立。存在的真如实性，即依他起法的内在本质，并非是脱离缘起法而独立存在的某种实体；圆成实性要在断除遍计所执性的我、法二执后，才能为认识主体所亲证到，由此建立胜义无性，此无性亦为假说，并非其性全部不存在。

> 谓依此初遍计所执，立相无性，由此体相毕竟非有，如空华故。依次依他立生无性，此如幻事，托众缘生，无如妄执自然性故，假说无性，非性全无。依后圆成实立胜义无性，谓即胜义，由远离前遍计所执我法性故，假说无性，非性全无。[1]

三无性理论的建立，主要是针对妄执依他起与圆成实性中有实体自性的一种对治或矫正，所以是"密意说"而不是"究竟义"。就三自性本身的理论而言，遍计所执性是彻底的虚妄不实，没有任何的存在性；而依他起性虽缘生不实，但具有现实的作用与存在性，属于事的"相续有"；圆成实性作为依他起法的本质，属于理的"有"。依他起与圆成实二性也是遍计所执性形成的必要条件。

但是受般若思想的影响，总有一类人将空性误解成了虚无，彻底否定了缘起事物的存在性。为了防止学人将三自性的不同存在性质混淆，将依他起法的"相续有"与圆成实性之"理有"等同于遍计所执性的虚妄不实，将三者都执着为"无"。《解深密经》专门对此做了批评，认为这是对三无性的秘密用意不能真正地理解，将三无性的对治作用，误解成了对法的存在性的终极判定，将方便说误解为究竟义，由此对三无性产生了执着，认为一切法必定都没有自性，必定不生不灭，必定本来寂灭，必定自性涅槃，由此原因，将一切法都归为无，从而对三自性错误混淆。而

---

① 《成唯识论》卷9，T31，p0048a。

从究竟义而言，有了依他起相与圆成实相的存在，遍计所执相才可以施设。

> 彼若听闻如是法已，于我甚深密意言说不能如实解了，于如是法虽生信解，然于其义随言执着，谓一切法决定皆无自性，决定不生不灭，决定本来寂静，决定自性涅槃，由此因缘，于一切法，获得无见及无相见。由得无见、无相见故，拨一切相皆是无相，诽拨诸法遍计所执相、依他起相、圆成实相。何以故？由有依他起相及圆成实相故，遍计所执相方可施设。若于依他起相及圆成实相见为无相，彼亦诽拨遍计所执相，是故说彼诽拨三相。[①]

本章小结

三自性的理解重点在依他起自性，能遍计指认识的主体（第六、七二识）、所遍计指认识对象（如第八识、五尘等缘起的实法），它们是依他起性，属于生无自性；或者依他起性指虚妄分别的过程本身。能遍计对所遍计虚妄分别，产生的各种错误观念为遍计所执性，属于相无性。依他起法的真如实性即圆成实性，需要断除遍计所执性后才能亲证，属于胜义无性。

思考题

1. 如何通过"农夫见绳为蛇"的比喻理解三自性理论？
2. 唯识学"假必依实"思想的真实含义是什么？

---

① 《解深密经》卷2，T16，p0695c。

第五章　止观

本章概要：

　　止观是瑜伽行派修行理论的核心。止观的修行在加行位时进行，它是引发根本无分别智的直接助缘。止观理论由两部分构成：一是定学，本章主要选取《瑜伽师地论》的相关内容；二是止观双运理论，这部分的内容主要出自《瑜伽师地论》与《成唯识论》。本章具体介绍了与定相关的各种概念；修定前的预备事项与各种障碍；以数息观为例，分析修定的方法；从散心到入定的过程，即九住心理论；从初禅到灭尽定的九个阶段，即九次第定；止观双运的原理与方法，即观安立谛与观非安立谛。

学习重点：

　　修定的原理，即心一境性；如何观非安立谛，即依托定力进行四寻思、四如实智的观察，最终引发根本无分别智。

本章课时数：

　　总计 16 周 ×4 = 64 课时，本章 10 课时。

佛学理论纷繁，其中既有大小乘的差异，在大乘的内部又存在着中观、唯识以及如来藏思想的不同，传入中国后，更是形成了天台、华严、禅宗等中国化佛教的宗派。虽然各派都秉承着"缘起""无我"等基本教义，但各自的理论不尽相同。就解脱论的大原则来讲，各家基本都以闻、思、修三慧或戒、定、慧三学为框架，但具体理论的差异还是非常明显的。比如就解脱的目标来讲，小乘佛教侧重涅槃果，以灰身灭智的无余涅槃为终极目标；大乘佛教相对更侧重菩提果，并以无住涅槃为解脱的最高果位。另外就断除烦恼的具体方法来讲，小乘佛教主要使用五停心观、四念处等法，如对治贪欲时，注重用不净观；而大乘佛教则提倡用六度的布施来对治贪，这与大乘佛教主张自利与利他结合的思想有关。大乘佛教要求修行者在断除自身烦恼的同时，不能过于偏向离世或厌世，而一味修行不净观则容易导致厌世的后果，当然五停心、四念处等法，也并非就是小乘佛教的专利，大乘修行者根据自身的不同需求，也可以适度使用。另外就修行止观的方法来讲，小乘佛教以四谛十六行相为毗钵舍那（观）的对象；大乘中观学派以空性为毗钵舍那的对象；唯识学则以唯识无境为对象，在加行位的定中，实证性的观察名、义、自性、差别四法都是唯识所现，此四法代表了所有的认识对象，这即是四寻思、四如实智的唯识止观修行法。

从修道解脱方法的总纲来讲，小乘佛教以八正道总摄所有的修道法门；大乘佛教则以六度法门为总纲。六度包含大乘佛教所有的修行方法，其中的静虑波罗蜜多是其中的核心法门，这是通向解脱的必经途径，也是所有佛教宗派修道的必需；而布施、持戒、忍辱、精进波罗蜜多四法，则可以看作是为实践静虑波罗蜜多的预备或辅助修行。静虑波罗蜜多包含奢摩他及毗钵舍那，即止观二法，它们是实践瑜伽行的重要方法，唯有通过止观二法的修行，才能使得身心真正与实相相应，以达成修行瑜伽行的真正目的，即通过止观的修行，最终断除烦恼、所知二障，使得八识发生彻底的转依，亲证真如，获得涅槃与菩提二果。

要真正进入止观法门的修行，需要经过相应的预备阶段，一方面要通过九住心的修行，令从散心状态进入真正的止或定境，这是进行观修的必要条件；另一方面在未得定前，还需要培植福报、持戒、闻思佛法道理等，以获得身心的福德资粮，并具足佛法的正见，如对四谛十六行相、四寻思等要相当的认识与理解，以便在获得定后，能够进行相应的观修。

第一节　止观的基本原理

一　止观的基本定义

止观二法即静虑波罗蜜多，这是佛教修行的核心，是断除烦恼、所知二障的必由之径。止（śamatha）音译为奢摩他，即静。指通过注意力高度的集中，止息各种恶、不善法，远离散乱烦恼，使得身心平等寂静，属于定学的范畴。按照禅定的修行次第，需要经过九住心的预备阶段，以进入初禅开始才算得定。

观（vipaśyanā）音译为毗钵舍那，即虑。观是思维观察的意思，属于慧学范畴。但这不同于常人散心状态的思维分别，是在获得定（止）的基础上，在定境中所生起的思维观察，属于定中的思维活动。其所观察的对象，在小乘佛法中主要以四谛十六行相为主；大乘唯识学以四谛观为基础，再结合对名、义、自性、差别的观察，即四寻思观察法，主要以唯识无境为观察对象。

止观修行的大致原理是，先让心的注意力高度集中于一境，来抑制心的散乱。凡夫众生的身心大多时间都处于极度的散乱之中，杂念纷飞、情绪起伏，要想获得身心的暂时平静都很困难，止息散乱更是无从下手。通过努力将心的注意力集中在一个对象上（如呼吸、佛号、佛像等等）的方法，随着注意力的集中，无形中自然抑制或减少了其他杂念的生起，久而久之随着心专注于一境程度的提高，以及持续时间的延长，内心就逐渐远离了散乱杂念，直至进入止（定）的状态。随后依托止心，即在定中生起思维观察的作用，观察的对象根据大小乘教义的区别各有不同，如此就进入止观俱行，也称之为止观双运。唯识学的修道次第中，止观法的修行在四加行位阶段。修行者要在获得定的基础上，在定心中不断对名、义、自性、差别四法进行思维观察，进而获得四如实智，最终生起根本无分别智，从而亲证真如实相，由此进入见道位。

二 止观的对象

止与观的性质与作用各有不同，止要将注意力集中一处，由此来止息内心的散乱；而观则要进行思维分别，所以不能将注意力仅仅集中一处，因此止观的认识对象各不相同。止的对象被称为无分别影像，因为止的作用要抑制分别。观的对象被称为有分别影像，因为观的作用带有分别性。

（一）止的对象（无分别影像）

在止的修行过程中，要将注意力高度集中在一个对象上，对之一直持续地集中注意力，不再进行思维观察、区别、寻思、伺察，用这样的方式，可以抑制其他杂念散心的生起，使得心寂静。止是注意力的静态集中，是现量，所以它的对象是无分别影像。

止的具体内容，就声闻乘来讲，主要是五停心、四念处、四无量心等，比如将注意力集中于呼吸，这就是安般念，通过不断地集中注意力于呼吸上，可以逐渐地抑制其他杂念的生起，由此身心获得相应的轻安，最终进入定的状态。从散心到获得止，大致要经过内住、等住、安住、近住、调伏、寂静、最极寂静、一趣、等持心九个步骤，即九住心。大乘佛教的修止对象还有观想佛像、佛号等，也可以采用声闻乘的方法，因为对止的对象无须分别，它们的作用主要是注意力的集中而已。虽然修止的方法从理论上来讲并不复杂，但是在实际的练习过程中，会涉及很多的技巧，在后面会介绍《瑜伽师地论》记载的数息观修行法。

> 云何无分别影像？谓修观行者，受取如是影像相已，不复观察简择、极简择、遍寻思、遍伺察，然即于此所缘影像，以奢摩他行寂静其心，即是九种行相令心安住，谓令心内住、等住、安住、近住、调伏、寂静、最极寂静、一趣、等持。彼于尔时，成无分别影像所缘。即于如是所缘影像，一向一趣安住其念，不复观察简择、极简择、遍寻思、遍伺察，是名无分别影像。①

（二）观的对象（有分别影像）

观是思维观察，属于比量。但此观又不同于凡夫散心状态的思维分别，主要的区别在于各自所依托的心识环境不同，观所依托的是定的状态（止），而常人的思维分别所处的是散心状态。所以修行者一定要在获得止以后，依托定境才能开始观的修行，此时的修行者，根据先前听闻到的佛法教义，选择相应的对象，在定中进行细致周密的思维观察。《瑜伽师地论》"声闻地"的一段论述，记载了声闻乘的观察对象，主要是观察不净对象、慈悲心、十二因缘、呼吸、五蕴无我、十八界无我、十二处无我、通达善处与恶处的区别、通达欲界粗动与色、无色界的清净、通达苦集灭道四谛等；而大乘瑜伽行派，在加行位的时候，主要进行四寻思的观察练习，这是对唯识无境道理的观察。通过对名、义、自性、差别的不断观察思维，证入唯识现观，获得四如实智。

观的模式分为四种：一是简择，这是就对象外在属性的区分观察；二是极简择，这是就对象的内在本质的观察；三是遍寻思，这是与慧心所作用一同生起的观察思维，相比之前的两种简择，观察得更加深入；四是遍伺察，这是与慧心所一同生起的观察思维，相比寻思观察的更加细致。

修行者依托定心，此时的内心极其清净，没有任何杂念、情绪等的干扰，在作意心的作用下生起相应的观察影像（例如不净物、五蕴），此刻显现出的影像极其清晰，如同前五识当下现实地感受到的一样，与真实的事物一致，由此将所观的对象称为同分影像。修观的人，在定中对此影像思维观察，在它们的真实本性中，观

---

① 《瑜伽师地论》卷 26，T30，p0427b。

察判断功德与过失之处，这就称为有分别影像。

> 云何有分别影像？谓如有一或听闻正法，或教授教诫，为所依止，或见或闻或分别故，于所知事同分影像，由三摩呬多地毗钵舍那行，观察简择、极简择、遍寻思、遍伺察。所知事者：谓或不净、或慈愍、或缘性缘起、或界差别、或阿那波那念、或蕴善巧、或界善巧、或处善巧、或缘起善巧、或处非处善巧、或下地粗性上地静性、或苦谛集谛灭谛道谛，是名所知事。
>
> 此所知事，或依教授教诫，或听闻正法，为所依止，令三摩呬多地作意现前，即于彼法而起胜解，即于彼所知事而起胜解。彼于尔时，于所知事，如现领受胜解而转。虽彼所知事，非现领受和合现前，亦非所余彼种类物。然由三摩呬多地胜解领受，相似作意领受，彼所知事相似显现，由此道理名所知事同分影像。修观行者，推求此故，于彼本性所知事中，观察审定功德过失，是名有分别影像。[1]

第二节　止论

一　与定相关的各种概念

止属于定学范畴，定是生起观的基本条件。因为在没有得定前，所生起的思维观察只是散心状态的比量作用，还不能够称为观，所以定的练习，是修行的重要功课。在佛教典籍中，与定有关的概念众多，它们各自具有特定的含义，不能随便混淆使用。《成唯识论了义灯》中列举了七种与定相关的概念，从中也体现了定的丰富内涵。

（一）三摩呬多（samāhita）

意译为等引。"等"是指离开掉举、惛沉二障，使得身心处于寂静平等状态；"引"是引起、引发的意思，指因为修定，所以能够离诸烦恼散乱，而引发上述的身心平等状态。等引通于有心、无心二定[2]，但不通于散心位。

（二）三摩地（samādhi）

也称三昧，意译为等持或定。"等"指离开掉举、惛沉二障，身心处于平等安详的状态；"持"指心专注于一境。即通过将心专注于一境，从而使身心获得平等

---

① 《瑜伽师地论》卷26，T30，p0427b。
② 无心定：指无想定、灭尽定二定，此二定中，前六识作用皆停，其余的定皆为有心定。

安详、不散乱的状态。通于定、散二位，但仅限于有心位，而不通于无心位，属于定的本体。

（三） 禅（dhyāna）

也称禅那、驮那演那，意译为静虑。"静"即止或定，指内心寂静，不散乱的状态；"虑"即观或慧，以慧心所的作用思维观察各种佛法道理。禅是指内心处于止的寂静状态时，同时生起思维观察的作用，属于定慧或止观均衡、俱转的状态，通于定、散二位。

（四） 三摩钵底（samāpatti）

意译为等至。"等"指身心平等安和的状态；"至"指由于定的作用才能令身心至此平等状态，故名等至。通于有心、无心二定位，不通于散心位，属于定的自相。

（五） 质多翳迦阿羯罗多（cittaekāgratā）

意译为心一境性。指通过令心注意力集中的方法，使得身心逐渐远离散乱，最终完全集中心念于一个对象的状态。通定、散二位，属于定的自性。

（六） 奢摩他（śamatha）

意译为止。指通过摄心一处的方法，止息烦恼散乱，使得身心寂静。不通散心位。

（七） 现法乐住（dṛṣṭa—dharma—sukha—vihāra）

指因为修习禅定，远离杂念散乱，身心寂静安详，感受到禅悦的喜乐，并安住不动。不通散心位。

二 止观修行的预备

（一） 闻思的作用

止观是修行法门的核心，相关的修行需要遵守严格的次第与方法，初学者不能因为修行心切而进行盲目的练习。概要来讲，首先要经过一定程度的闻、思熏习；并辅之以戒律的持守；然后才可以进行与止相应的预备练习；待真正得定后，方能进入止观双运的修习。最初的闻、思二法，是修行止观前非常重要与必需的功课，闻、思是在散心状态中，对于佛法教义的听闻学习与思考。佛法教义在相当程度上都是为解脱论服务的，止观是解脱方法的核心，所以只有在掌握佛法大意的基础上，才能有资格正式开始止观的练习。贸然或盲目地练习，肯定会不得要领，而无法进入真正的止观修行，另外止观的修行处于非正常心理状态，盲修瞎炼极易造成各种身心问题，具有很大的风险性。所以《解深密经》的"分别瑜伽品"中，释迦牟尼告诉弥勒菩萨，首先要能够很好地听闻、很好地接受佛法教义，对于教法的文字语言通晓、善于思考、理解到位，再找空闲的地方，单独静处做集中注意地思维，然后使得能思维的心识，能毫无间断地集中注意力于所缘的境上。如此正确地修行并长时间地安住在所缘的境上，身心就能够生起轻安的感受，这就是修行奢摩他（止）了。

佛告慈氏菩萨曰："善男子，如我为诸菩萨所说法假安立，所谓契经、应诵、记别、讽诵、自说、因缘、譬喻、本事、本生、方广、希法、论议。"菩萨于此善听、善受，言善通利、意善寻思、见善通达。即于如所善思惟法，独处空闲作意思惟，复即于此能思惟心，内心相续作意思惟。如是正行多安住故，起身轻安及心轻安，是名奢摩他。①

（二）闻、思与止观的区别

《解深密经》认为，闻、思所成慧依托于佛法的文字而来，仅仅是将听闻到的概念进行符合逻辑的推论，以及对文字包含的意蕴更加深层的思辨，还不能够通达文字背后的真正意趣，不是直接亲证体会到的知识，对解脱虽有帮助，但是还不能让人现实地感受到解脱的真实效果。

而通过止观修行得到的智慧，既依托于文字而来，又不限于文字，既符合于概念的逻辑法则，又不限于逻辑的范畴，能够真正彻底地通达语言背后的真正意趣，在定中能够观察到与存在相符的实相之境，对于解脱有着最大的帮助，已经令人能够现实地感受到解脱的真正效果。

慈氏菩萨复白佛言："世尊，若闻所成慧了知其义，若思所成慧了知其义，若奢摩他、毗钵舍那修所成慧了知其义，此何差别？"佛告慈氏菩萨曰："善男子，闻所成慧依止于文，但如其说未善意趣，未现在前，随顺解脱，未能领受成解脱义。思所成慧亦依于文，不唯如说，能善意趣，未现在前，转顺解脱，未能领受成解脱义。若诸菩萨修所成慧，亦依于文亦不依文，亦如其说，亦不如说，能善意趣，所知事同分②三摩地所行影像现前，极顺解脱，已能领受成解脱义。"③

---

① 《解深密经》卷3，T16，p0698a。
② 同分：相似之意，指在定中所显现的境相，与现实事物极其相似，如同现实感受到似的。比如修行不净观，若修行成功，在定中所缘的种种不净之相，如同现实感受到的一样。
③ 《解深密经》卷3，T16，p0700c。

闻、思二法虽然是修行止观前的必要条件，但闻、思是第六识散心时的比量分别，主要功能是进行推理演绎等，所以只能理解到佛法文字概念层面的意义，即依言真如范畴。而对于存在的实相真如，即离言真如，需要破除日常比量的思维模式才能触及，这是根本无分别智的所缘对象，是最为纯粹的现量才能够亲证的。而根本无分别智需要通过艰苦的止观修行才能获得，所以闻、思二学是修行止观的必要条件，但也是进入止观修行后，最终要扬弃或超越的。

止观的观与散心的闻、思分别虽然两者的认识模式相同，都属于比量，另外观察的对象也相同，如四谛十六行相、唯识无境等。但两者所依托的心识环境不同，前者依托的是散乱心境，由此受到烦恼、知见等的主观因素所影响，极易形成虚妄分别；而后者依托的是清净的定境，由此生起的思维观察专注度更高，并不受主观因素干扰。另外两者的在解脱论上的功用也有所差异，前者是散心状态对佛法教义在逻辑层面上的理解，是为进行止观前所做的预备；而后者则是依托定心，对于之前已经接受理解的佛法教义，先加以更加细致周密的思维观察，然后依托定力，摆脱比量分别，激发根本无分别智的发生，以亲证真如实相。

（三）戒律的作用

除了闻、思二法以外，戒律的持守也是止观前重要的预备修行。止观是禅定状态中对于佛法道理的思维观察，禅定的获得需要身心的清净平和为基本条件，而戒律对身、口、意三业的行为起到规范与约束，对于抑制烦恼杂念，护持身心的和谐起到重要作用，所以先受持戒律，便于后续止的修行。

在唯识学专门论述大乘止观理论的《六门教授习定论》中，就特别讲到戒律对于修行止观起到重要的辅助作用，凡夫众生由于贪、嗔等烦恼势力的强盛，要很好地遵守相应的戒律很不容易，对此有四种助因，可以帮助持戒：

1. 于所缘的境界行为清净

即六根面对色、声等六尘时，要保持住正念，警惕及控制住贪、嗔等烦恼的生起。只有守护住六根才能够使得持戒清净，因为如此对于六尘，六识才能够有正当的反应而不生起贪等烦恼，识与所依托的根相互扶持，对于善事勤加修行，对于过失则能免除。

2. 于所依托的身体共相辅助

即饮食要适量，不多不少。贪食本身就是贪欲的表现，需要对治，过多的饮食也不利于健康，并使身心昏沉。

3. 于善法发起精进勤快

即睡眠适量，按照佛教修行的要求，睡眠时间应在中夜，控制在五六个小时之内即可，而前、后夜则应该坚持禅修。

4. 动静的行为中善于保持正念

即在行、住、坐、卧等各种时间中，时时保持住正念，警惕烦恼杂念的生起。

以上四方面其实涵盖了生活等行为的方方面面，如果都能按照上述的要求，就使身心时时处于平和状态，即处于持守戒律的状态。

> 释曰：住资粮者，谓戒即是无边功德所依止处，必先住戒，戒行清净无有缺犯。若求戒净，有四种因：一善护诸根；二饮食知量；三初夜后夜，能自警觉与定相应；四于四威仪中，正念而住。何故善护诸根等令戒清净？由正行于境，与所依相扶，善事勤修，能除于过，初因即是于所行境行清净故。二于所依身共相扶顺，于受饮食离多少故。三于善事发起精勤故。四能除过失，进止威仪善用心故。由此四因，戒得清净，如是应知。[①]

三　修行止观的各种障碍

烦恼、所知二障是解脱的两大障碍，它们含摄了所有的烦恼心理，断除烦恼的重要方法之一就是止观的修行。在修行止观的过程中，会出现各种各样、五花八门的烦恼障碍，但其中有一些特定的烦恼会直接障碍止观的修行，它们带有一定的普遍性，即它们是所有修行者在进行止观修行时，尤其在初步修行时都会遇到的阻碍，如果对它们无法有效的突破与消除，就会阻碍止观的修行。

（一）五种系缚

首先，有五种心理是开始止观修行前首先需要克服的障碍，它们如同绳索般地束缚修行者，令人无法很好地开展止或观的修行，所以称为五种系缚。

（1）对于身体性命的贪恋执着，它会障碍止的修行。

（2）对于财产的贪恋执着，它会障碍止的修行。

（3）听闻佛法后生不起欢喜、希求的心理，它会障碍观的修行。

（4）喜欢热闹富裕的环境，由此令人无法真正投入修行，它是止观的共同障碍。

（5）稍有成就自满的心理，由此令修行无法进步，它是止观的共同障碍。

> 世尊！如佛所说五种系中，几是奢摩他障？几是毗钵舍那障？几是俱障？善男子！顾恋身、财是奢摩他障；于诸圣教不得随欲，是毗钵舍那障；乐相杂

---

① 《六门教授习定论》卷1，T31，p0776a。

住，于少喜足，当知俱障，由第一故不能造修，由第二故所修加行不到究竟。[1]

（二）五盖

另外还有五种心理，会在止观的修行过程中产生直接的干扰作用，它们如同灰尘覆盖着修行人，令人失去内心的清净与自由，无法进行正常的止或观的修行，所以称为五盖。

（1）掉悔：即掉举与恶作，掉举指心念浮动、杂念纷飞；恶作指事后对于先前行为的不断追悔。它们主要干扰止的修行。

（2）昏沉睡眠：即在禅修的过程中，心念昏沉甚至瞌睡。它们主要干扰观的修行。

（3）疑：对于佛法道理怀疑的心理。它主要干扰观的修行。

（4）贪欲：对止与观的修行都起到干扰作用。

（5）嗔恨：对止与观的修行都起到干扰作用。

到所有的昏沉、睡眠都彻底消除了，至此就能称为修行奢摩他圆满清净了；到所有的掉举、恶作都彻底消除了，至此就能称为修行毗钵舍那圆满清净了。

> 世尊！于五盖中几是奢摩他障？几是毗钵舍那障？几是俱障？善男子！掉举恶作是奢摩他障；惛沉睡眠、疑是毗钵舍那障；贪欲、嗔恚，当知俱障。
>
> 世尊！齐何名得奢摩他道圆满清净？善男子！乃至所有惛沉睡眠正善除遣，齐是名得奢摩他道圆满清净。世尊！齐何名得毗钵舍那道圆满清净？善男子！乃至所有掉举恶作正善除遣，齐是名得毗钵舍那道圆满清净。[2]

（三）掉举与昏沉的对治方法

对于初学止观的人来讲，最常见的两大障碍就是掉举与昏沉。当修行者开始将注意力刚刚稍有集中，很快可能就陷入疲乏、昏昏欲睡的状态，严重者甚至彻底瞌睡；待昏沉过后，精力充沛，注意力能够重新集中，但很快内心又杂念纷飞、浮躁不安，更难集中注意力，这就是掉举。很多初学者，因为这两大最普遍的障碍，使得在修行止观的道路上停滞不前，甚至因为没有很好的毅力与解决办法克服此二障，从而放弃修行止观。

对此二障的克服，需要有坚强的意志力，也要依靠适宜的方法来化解，具体方法大致有三种，被称为心的止、举、舍三相。

---

① 《解深密经》卷3，T16，p0701c。
② 《解深密经》卷3，T16，p0701c。

（1）心的止相：如果在止观修行中，无法控制杂念的生起（掉举），或者担心出现掉举时，可以想象某种令自己极其厌恶的对象，如进行不净观，或观想某个厌恶的事件、人等，这样可以降低心理的活跃性，对于掉举会有很好的抑制作用，使得注意力可以重新集中到先前的对象上。

（2）心的举相：如果在止观修行中，出现昏沉现象，或担心出现昏沉时，可以想象某个容易令自己兴奋的对象，这样可以有效地刺激身心，从而摆脱昏沉，使得注意力可以清楚地集中于止观的对象上。

（3）心的舍相：对于有一定禅修经验的人来讲，当出现上述二障或其他障碍的时候，可以不用刻意的方法去专门对治，而是采取顺其自然的方式，仿佛这些障碍与己无关，让它们自生自灭，往往采取这样的心态时，障碍就会逐渐烟消云散。

> 佛告慈氏菩萨曰：善男子！若心掉举，或恐掉举时，诸可厌法作意，及彼无间心作意，是名止相。若心沉没，或恐沉没时，诸可欣法作意，及彼心相作意，是名举相。若于一向止道，或于一向观道，或于双运转道，二随烦恼所染污时，诸无功用作意，及心任运转中所有作意，是名舍相。①

（四）五种散乱心

还有五种散乱心理，能对止观的修行造成严重的障碍。这五种心理都与作意心所有关。所谓的作意是指将心引导、趋向至某一对象的心理作用，类似注意力。五种散乱心是五种错误的心理趋向，也可以说是五种错误的心理对象，这些对象有内有外，它们使得修行止观的人内心散乱，偏离正确的修行方向，需要修行者引起特别的警惕与注意。

（1）作意散动：指修行人失去对于大乘佛法的信仰，转而投向声闻、独觉小乘佛法，这也会使得修行人偏离大乘止观的修行方法。

（2）外心散动：指修行者对色、声、香、味、触等五种美妙境界产生执着，以寻求、思察心理为主，并伴随着其他的随烦恼，对于上述外境，令心放纵散乱。

（3）内心散动：指修行人在禅修过程中，处于昏沉及瞌睡；或是处于疲倦懈怠的状态；或是沉迷于禅定引发的禅悦感受之中；或是受到由某种禅定感受引发的如我慢等烦恼情绪的影响。

（4）相散动：指修行人将定中所现的境相，虚妄执着为真实的客观外境，这种散动既背离了唯识观，又会引发贪执或恐惧等心理，影响止观的修行。

---

① 《解深密经》卷3，T16，p0699b。

（5）粗重散动：指修行人在定的修行过程中，因为注意力集中于身体的内部，身心中产生了某种特殊真切的感受，由此对五蕴和合的粗重身心产生了我执，认为在身心内部有实体性的我在进行着主宰。这种散动既违背佛教的无我说，又会引发傲慢等烦恼心理。

> 应知几种心散动法？善男子！应知五种：一者作意散动、二者外心散动、三者内心散动、四者相散动、五者粗重散动。
>
> 善男子！若诸菩萨舍于大乘相应作意，堕在声闻、独觉相应诸作意中，当知是名作意散动；若于其外五种妙欲诸杂乱相，所有寻思随烦恼中，及于其外所缘境中，纵心流散，当知是名外心散动；若由惛沉及以睡眠、或由沉没、或由爱味三摩钵底、或由随一三摩钵底诸随烦恼之所染污，当知是名内心散动；若依外相，于内等持所行诸相作意思惟，名相散动；若内作意为缘，生起所有诸受，由粗重身计我起慢，当知是名粗重散动。[①]

四 数息观的修行方法

止观的修行中，修止的原理大小乘各派别是一致的，即努力将全部的注意力集中在某个具体的对象上，通过注意力的转移或集中，来抑制其他杂念的生起。随着注意力集中程度的逐渐提高，以及持续的时间越来越长，其他杂念的生起就相应越少。就修止的对象来讲，有很多可以选择，如在早期佛教的五停心观中，其中的不净、慈悲、数息[②]可适应于不同性格的人进行止的修行。若贪欲重者，可以选择各种不净物为止的对象；若嗔心强者，可以对自己厌恶的人，观想自己对之生起慈爱之心，并以此为对象进行止的修行；若心容易散乱者，可以以呼吸为对象，进行止的训练。适合修止的对象还有很多，到了部派佛教时期总计有四十多种修止对象。大乘因为后来净土法门的盛行，多以佛号、佛菩萨的圣像等作为修止的对象；禅宗则以话头为修止的对象；密教多以咒语作为修止对象等。

有众多的对象都可以用作止的修行，其中的数息观因为安全与简易的特征，具有普适性，可以为不同性格的人所适用，在《瑜伽师地论》"声闻地"中有专门的介绍。以呼吸为对象进行止的修行，进而依此生起观的修习，总计包含五种相关的修习法：一算数修习；二悟入诸蕴修习；三悟入缘起修习；四悟入圣谛修习；五十

---

① 《解深密经》卷3，T16，p0701c。
② 至于界分别、缘起观，因为需要对之进行思维分别，而不是注意力的静态集中，所以更多适合作为观修的对象。

六胜行修习。第一种是通过数息的方式来获得定，属于修止，不涉及思维观察；第二、三、四种是依托由数息观所得的定心，生起对五蕴无我、十二因缘、四谛的思维观察，侧重于修观，主要断除分别起的二障，属于加行阶段；第五种是修道位中的继续修行，以断除残余的俱生二障，其中有止有观。下面的介绍中，主要围绕第一种，即算数修行，通过合理的练习，可以让修行者从散心状态进入到禅定的境界。

（一）入出息的区别

数息观也称阿那波那念，以入息、出息为念的对象，即通过将注意力集中于呼吸进、出的方法，来止息心的散乱，以此获得禅定。要进行数息观的修行，首先要清楚入、出息的区别，它们分为四种：一是入息，即吸气，气从口鼻自然而无间断地吸至丹田；二是中间入息，吸气满足后至还未吐气的中间停滞阶段，若是细微观察，还是有极其微细的气进入；三是出息，气从丹田吐出至口鼻；四是中间出息，即出气完成后至吸气开始的中间停滞阶段，其间也会有细微的气息出去。常人的呼吸就是由此四种构成，在随后的修行中，就要集中注意力，以它们为对象进行算数的观察。

> 云何阿那波那念所缘？谓缘入息出息念，是名阿那波那念。此念所缘入出息等，名阿那波那念所缘。
>
> 当知此中入息有二，何等为二？一者入息、二者中间入息。出息亦二，何等为二？一者出息、二者中间出息。入息者，谓出息无间内门风转乃至脐处；中间入息者，谓入息灭已乃至出息未生，于其中间在停息处，暂时相似微细风起，是名中间入息。如入息中间入息，出息中间出息当知亦尔。此中差别者，谓入息无间外门风转，始从脐处乃至面门，或至鼻端或复出外。①

（二）入出息的所依因缘

呼吸产生的因缘条件有两种：一牵引业，二是身体上能够让呼吸进出的孔穴。第一种条件是产生呼吸的内因，按现代科学的观点，呼吸的目的是促进体内能量的释放，而能量是维持生命体的必要条件。唯识学认为，呼吸依托于身、心，二者缺一不可，否则无法解释一些现象，例如：如果呼吸只依托于根身，那么处于灭尽定、无想定时，根身完好（但是心的作用停止），但是呼吸停止；如果呼吸只依托于心，那么无色界的众生，心识仍然存在（但是没有根身），但是呼吸停止。另外也有特殊的情况，根身、心的活动俱存，但是呼吸停止，比如处于四禅定境中的修行人，

---

① 《瑜伽师地论》卷27，T30，p0430c。

胎儿发育的最初几天等,所以呼吸的依托问题很复杂,要视个体的具体情况来分析,与个体的先前行为的影响力(业力)有关,故被称为牵引业。

另外呼吸产生的外在条件,主要指呼吸进出的孔道、呼吸器官等,通常这些孔道是指口、鼻、肚脐乃至全身的毛孔,进入禅定的修行者,呼吸可以不通过口鼻,而是改经汗毛孔进行。

> 入息出息有二因缘,何等为二?一牵引业;二脐处孔穴,或上身分所有孔穴。入息出息有二所依,何等为二?一身;二心。所以者何?要依身心入出息转如其所应。若唯依身而息转者,入无想定入灭尽定,生无想天诸有情类彼息应转。若唯依心而息转者,入无色定生无色界,彼息应转。若唯依身心而转,非如其所应者,入第四静虑若生于彼诸有情类,及羯逻蓝、頞部昙、闭尸①等位诸有情类,彼息应转,然彼不转。是故当知要依身心,入出息转如其所应。
>
> 入息出息有二种行,何等为二?一者入息向下而行;二者出息向上而行。入息出息有二种地,何等为二?一粗孔穴;二细孔穴。云何粗孔穴?谓从脐处孔穴乃至面门鼻门,复从面门鼻门乃至脐处孔穴。云何细孔穴?谓于身中一切毛孔。入息出息有四异名,何等为四?一名风;二名阿那波那;三名入息出息;四名身行。风名一种是风共名,余之三种是不共名。②

(三) 修行数息观的注意事项

进行数息观的修行时,需注意两个方面的问题:一是人为刻意地让呼吸节奏过慢,这样容易令人产生懈怠,进而引起昏沉。二是有意地使呼吸节奏过快,这样容易令身心出现不适,因为在数息观的修行中,过快的呼吸会打乱身体内气息运行的正常节律,由此使得身体产生相应的疾病;另外过快的呼吸,容易促使心生杂念散乱,因为心念的生起与呼吸的节律有内在的联系。所以在修行数息观时,不要人为刻意地去控制呼吸的节奏,而是顺其自然,假想呼吸与己无关,默默一旁地对它计数或观察即可。

> 修入出息者有二过患,何等为二?一太缓方便;二太急方便。由太缓方便故生起懈怠,或为惛沉睡眠缠扰其心,或令其心于外散乱。由太急方便故,或令其身生不平等,或令其心生不平等?谓强用力持入出息,

---

① 羯逻蓝:凝滑义,指胎儿形成后第一周内的状态。頞部昙:苞结义,指胎儿第二周的状态。闭尸:凝结义,指胎儿第三周的状态。
② 《瑜伽师地论》卷27,T30,p0430c。

由入出息被执持故，便令身中不平风转。由此最初于诸支节皆生战掉，名能战掉。此战掉风若增长时能生疾病，由是因缘于诸支节生诸疾病，是名令身生不平等。云何令心生不平等？谓或令心生诸散乱，或为极重忧恼逼切，是名令心生不平等。[①]

（四） 四种算数修习

简而言之，算数修习就是将注意力集中于呼吸，并对之计数，以此抑制心的散乱，这里面也有很多的技巧与方法。根据算数修习的进行次第，适合初学者的算数修习可以分为四种：一是以一为一算数；二是以二为一算数；三是顺算数；四是逆算数。

（1）以一为一算数：随着吸气的开始至结束，数为一；吐气开始至结束数为二，依次累积数到十为止；然后继续从一开始数起至十。为什么到十为止，就要从一开始重数？因为无限地数下去，容易令人产生昏沉瞌睡。

（2）以二为一算数：将吸气与呼气的过程合二计数为一，依次从一数到十。当第一种算数修习进行一段时间后，就应该转为开始第二种算数修行，之所以要转换计数方法，主要也是为了防止昏沉。

（3）顺算数：进行第一或第二种修习时，计数从一至十，所以称为顺算数。

（4）逆算数：进行第一或第二种修习时，计数从十开始反向至一，所以称为逆算数。

修行者以呼吸为对象，进行上述四种方式的计数，要持之以恒地练习，并且需要反复交替地使用上述四种方式，因为单一的方法使用久了会容易使人昏沉瞌睡，所以要不断地改变方式来进行计数，以保守心念的清醒。当上述四种方式反复练习得非常纯熟，注意力已经可以持续地集中于呼吸的计数时，才可以进入下一步胜进算数的修习。

> 又此阿那波那念，应知略有五种修习，何等为五？一算数修习；二悟入诸蕴修习；三悟入缘起修习；四悟入圣谛修习；五十六胜行修习。
>
> 云何名为算数修习？谓略有四种算数修习，何等为四？一者以一为一算数；二者以二为一算数；三者顺算数；四者逆算数。
>
> 云何以一为一算数？谓若入息入时由缘入，出息住念数以为一。若入息灭出息生，出向外时数为第二。如是展转数至其十。由此算数非略非广故唯至十，

---

① 《瑜伽师地论》卷27，T30，p0431a。

是名以一为一算数。

云何以二为一算数？谓若入息入而已灭，出息生而已出，尔时总合数以为一。即由如是算数道理，数至其十，是名以二为一算数。入息出息说名为二，总合二种数之为一，故名以二为一算数。

云何顺算数？谓或由以一为一算数，或由以二为一算数，顺次展转数至其十，名顺算数。

云何逆算数？谓即由前二种算数，逆次展转从第十数，次九次八次七次六次五次四次三次二，次数其一名逆算数。[①]

（五）胜进算数

之前的四种算数，修习者已经练习纯熟，身心逐渐也获得相对的宁静，如果依旧还是采用这四种方法进行算数修习，时间久了，如此机械地重复会容易引起昏沉，所以接下来要继续变换算数的方式，主要的原理是将计数的一至十，每个基数包含的出、入息量翻倍增加，即从以一为一算数，从一数至十；随后递增为以二为一，即合入、出息数为一，依次从一计数至十；随后递增为以四为一，即两次入、出息数为一，依次从一计数至十；随后递增为六合为一，即三次的入、出息并数为一，依次从一数至十……以此类推，最终合五十合为一，总计将五十次的入、出息并数为一，至此结束，重新再从以一为一算数开始。因为计数的数目太多，可以根据修行者个体的差异，进行调整，如记性差者，可减少递增的量。上述的胜进算数，目的是通过不断地变换算数的模式，来减少算数的机械重复性，防止昏沉，保持心的清醒。

另外还要特别注意，如果在算数的过程中，心生杂念，造成算数的错误或忘失，应该掉头重新从一或十开始重新计数，这样做是给予自己一定的惩罚，以激励注意力更加集中。

修行者可以将上述的算数方法结合自己的具体情况，在实际的数息观修行中不断摸索，总结出一套适合自己的数息法。经过坚持不懈的反复修习，心的杂念散乱会逐渐减少，注意力可以持续地集中于对呼吸的计数。而当心的注意力不用刻意就可以自然而然地集中于呼吸，内心寂静没有杂念，并生起轻安的感受时，说明止的修行取得初步的成功，即将进入初禅。此时不用再对呼吸进行算数，因为算数的目的是为了帮助注意力更好地集中，现在这一目的已经达到，所以此后只要将心的注意力集中于呼吸即可，无论入息、出息，抑或中间入息、中间出息，内心默默观察，

---

① 《瑜伽师地论》卷27，T30，p0431a。

了了分明。因为已经获得定，所以接下去就可以进行观的修习，具体方法待后面介绍。

> 若时行者，或以一为一算数为依，或以二为一算数为依，于顺算数及递算数已串修习，于其中间心无散乱，无散乱心善算数已，复应为说胜进算数。云何名为胜进算数？谓或依以一为一算数，或依以二为一算数，合二为一而算数之。若依以一为一而算数者，即入息出息二合为一。若依以二为一而算数者，即入息出息四合为一，如是展转数乃至十。如是后后渐增乃至以百为一而算数之，由此以百为一算数，渐次数之乃至其十。如是勤修数息念者，乃至十十数以为一，渐次数之乃至满十。由此以十为一算数，于其中间心无散乱，齐此名为已串修习。

> 又此勤修数息念者，若于中间其心散乱，复应退还从初数起或顺或逆。若时算数极串习故，其心自然乘任运道，安住入息出息所缘，无断无间相续而转。先于入息有能取转，入息灭已于息空位有能取转，次于出息有能取转，出息灭已于息空位有能取转。如是展转相续流注，无动无摇，无散乱行，有爱乐转。齐此名为过算数地不应复数，唯于入息出息所缘令心安住，于入出息应正随行，应审了达。于入出息及二中间，若转若还分位差别皆善觉，如是名为算数修习。[1]

五　九住心

（一）九住心

止即是定，真正意义上的定要到初禅开始才算。在进入初禅前，修行者所经历的预备练习阶段，属于未至定或欲界定的范围，此阶段还不能进行观的修行，因为观的修行要到获得初禅（或四禅）才能开始进行。修行者在预备阶段需要凭借坚强的意志力，采用合理的方法，不断地集中注意力于所缘的对象，克服诸如五系缚、五盖等种种障碍才能进入定的境界。在这一过程中，根据修行者对于心的控制能力的逐步提升，注意力的集中程度从低到高，相应地可以分为九个阶段，即九住心：内住、等住、安住、近住、调顺、寂静、最极寂静、专注一趣、等持心。

这九个阶段，是修行者在进入初禅前所必经的，也是修行止的预备过程。其中前四住心是让心努力集中注意力于所缘的对象上，由此排除其他杂乱心念的生起；第五至第七心住心是利用通过禅修而获得的心念力量，对治内心烦恼的生起，这部

---

① 《瑜伽师地论》卷27，T30，p0431b。

分是修行定的主要任务；第八专注一趣与第九等持心，指心能够专注一境，平等而不散乱，这是定的基本要素或状态，从第九等持心的获得后开始，修行人才算是真正进入了止的境界，理论上可以开始进行止观双运的练习。

（1）内住：最初修习定的人，心很容易受到外境，即色、声、香、味、触等的影响，要努力收摄内心，集中注意力于内在的对象上，使得内心不受外境的诱惑而散乱放纵。这就是最初的控制心的注意力向内，不受外境的诱惑而散乱，所以称为心的向内而住。

（2）等住：也称为续住，指能够较长时间集中注意力。先前内住阶段所控制的心，本性还是粗重散乱，还未达到平静的状态，所以不能长时保持注意力于所缘的对象上。通过进一步的修行，止息各种杂念、烦恼心理，清净内心，于所缘的对象能保持更长时间的注意力，由此使得内心更加细微，注意力更加集中，所以称为心的平等而住。

（3）安住：虽然心已经达到内住、等住的境界，然而由于忘失正念的缘故，又向外生起散乱心理，这时会马上警觉，令心转回来，重新集中注意力于内在的对象上，所以称为心的安住。

（4）近住：由于之前不断修行心念的集中，因这种念力的增强，不断地将注意力集中，心能向内安住，不令心向外而缘，所以称为心的近住。

> 云何名为九种心住？谓有苾刍令心内住、等住、安住、近住、调顺、寂静、最极寂静、专注一趣及以等持，如是名为九种心住。
>
> 云何内住？谓从外一切所缘境界，摄录其心，系在于内，令不散乱。此则最初系缚其心，令住于内，不外散乱，故名内住。
>
> 云何等住？谓即最初所系缚心，其性粗动，未能令其等住遍住故。次即于此所缘境界，以相续方便，澄净方便，挫令微细，遍摄令住，故名等住。
>
> 云何安住？谓若此心，虽复如是内住、等住，然由失念，于外散乱，复还摄录，安置内境，故名安住。
>
> 云何近住？谓彼先应如是如是亲近念住，由此念故，数数作意，内住其心，不令此心远住于外，故名近住。[①]

（5）调顺：对于禅修者来讲，最容易受十种相的诱惑与干扰，使心散乱，即色、声、香、味、触五欲；贪、嗔、痴三毒；男、女二色相。即使是已经到达近住的修行者，还会受此十相的影响。此阶段的修行者，因为已经感受到定所带来的清

---

① 《瑜伽师地论》卷30，T30，p0451a。

净，所以对这些境相应该更加深入的观察，认识到它们所引发的过失与灾患，由于有这种认知力的作用，以它们的过失之相，来调伏内心，不受诱惑而散乱放逸，所以称为心的调伏柔顺。

（6）寂静：之前的十相更多属于对象本身，它们会诱惑影响修行者，所以要知道它们的危害性，以抵御它们的诱惑。而诱惑的内在根源还是在于内心的烦恼，如因种种贪欲、嗔恚、损害等所引发的各种不良的寻思心；以及五盖烦恼，即贪、嗔、昏沉睡眠、掉举恶作、怀疑，它们扰乱内心，使心波动不安。所以要认识到它们的过失与灾患，由于有这种认知力的作用，对这些不良的寻思以及烦恼心理，就有了止息的力量，使得内心不会流动散乱，所以称为心的寂静。

（7）最极寂静：先前的修行处于努力抑制烦恼的过程中，而到此阶段，因为偶尔也会失去正念，所以上述不良寻思及五盖烦恼的种子会暂时生起现实的作用，但是修行者无法忍受，能够立即警觉，马上就将它们止息，所以称为心的最极寂静。

（8）专注一趣：这一阶段的修行者已经快要获得初禅，内心极其清净，能够长时间地保持高度的注意力于对象上，所以称为心的专注一趣。但是修行者此时需要非常刻意、努力的心理才能达到这样的状态，一旦放松，还是会生起散乱心，偏离注意力的方向。

（9）等持：等持是定的异名。此时的修行者因为不断、反复的修行练习，已经无须刻意就能很自然的长时间心无散乱，保持注意力于所缘的对象上，所以称为心的等持。至此，修行者即将就要进入初禅。从初禅开始，才是真正的定，属于真正意义上的止。

> 云何调顺？谓种种相，令心散乱，所谓色、声、香、味、触相；及贪、嗔、痴；男、女等相，故彼先应取彼诸相，为过患想。由如是想增上力故，于彼诸相，折挫其心，不令流散，故名调顺。
>
> 云何寂静？谓有种种欲、恚、害等诸恶寻思，贪欲盖等诸随烦恼，令心扰动。故彼先应取彼诸法，为过患想，由如是想增上力故，于诸寻思及随烦恼，止息其心，不令流散，故名寂静。
>
> 云何名为最极寂静？谓失念故，即彼二种暂现行时，随所生起诸恶寻思及随烦恼，能不忍受，寻即断灭除遣变吐，是故名为最极寂静。
>
> 云何名为专注一趣？谓有加行、有功用、无缺无间三摩地，相续而住，是故名为专注一趣。
>
> 云何等持？谓数修、数习、数多修习为因缘故，得无加行、无功用、任运转道，由是因缘不由加行、不由功用、心三摩地任运相续，无散乱转，故

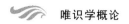

名等持。①

（二）六种力

修行者必须要依次经过九种住心，才能获得真正的定，要修行九住心，需要具备各种因缘条件，其中最为重要的有六种，称为六种力：一是听闻佛法的力量，二是思维佛法的力量，三是保持忆念的力量，四是正确的知见的力量，五是勇猛精进的力量，六是反复训练的力量。

（1）（2）闻、思力：学佛的起初，要从听闻、思维佛法获得相应的智慧力量开始，通过不断地闻、思止观的修行方法，使得初修者努力集中注意力于内在的对象（如不净物、佛号、佛像等），这样就获得内住心；并且进一步止息各种杂念烦恼心理，心不散乱，于所缘的对象能保持更长时间的注意力，这样就获得等住心。

（3）忆念力：随后修行者控制心识向内而缘，在注意力集中的过程中，需要依靠忆念力的作用，心识才能不断、清晰地显现出内缘的对象（如不净物、佛号、佛像等）。有了相关的对象，心的注意力才能集中，这样就能收摄心识不令散乱，让修行者获得安住、近住心。

（4）正知力：自此以后，由于依托正确知见的力量，知道各种诱惑相、不良寻思及各种烦恼的危害性。由此调伏止息内心，使之不受它们的干扰影响，心不散乱，这样就获得了调顺、寂静心。

（5）精进力：烦恼的势力强盛顽固，需要依靠勇猛精进的力量，使得烦恼生起现实活动时，内心无法忍受，马上警觉，迅速止息消除它们，这样就能获得最极寂静、专注一趣心。

（6）串习力：心的散乱是凡夫的常态心理，要止息内心的烦恼、杂念等，需要依靠不断、反复练习的力量，以最终成就等持心。

> 当知此中由六种力，方能成办九种心住。一听闻力、二思惟力、三忆念力、四正知力、五精进力、六串习力。
>
> 初由听闻、思惟二力，数闻、数思增上力故，最初令心于内境住，及即于此相续方便，澄净方便，等遍安住。
>
> 如是于内系缚心已，由忆念力数数作意，摄录其心令不散乱，安住，近住。
>
> 从此已后，由正知力，调息其心，于其诸相、诸恶寻思、诸随烦恼，不令流散，调顺，寂静。

---

① 《瑜伽师地论》卷30，T30，p0451a。

由精进力，设彼二种暂现行时，能不忍受，寻即断灭除遣变吐，最极寂静，专注一趣。

由串习力，等持成满。[1]

六　九次第定

九住心是进入定的预备阶段，真正的定从初禅开始。定有高低的阶次区别，这与定的纯粹程度有关，主要表现在两个方面：一是心的注意力集中程度有所区别，二是心的寂静程度也有不同。根据上述的不同，一般将定分为九种，根据先后的顺序，称为九次第定，即初禅、二禅、三禅、四禅、空无边处定、识无边处定、无所有处定、非想非非想处定、灭尽定。前四种属于色界的四定，后四种属于无色界四定，最后的灭尽定属于出世间的定，是定的终极状态。

除了灭尽定之外的八种定也被称为四禅八定，它们在佛教诞生之前就有。根据佛典的记载，佛陀在未成道时，最初到阿罗逻仙人处学习了四禅之法，这说明在当时印度，四禅八定的修习已经非常普遍，佛陀在成道及涅槃的时候也都示现过四禅八定。在佛教看来若单纯只是修行四禅八定是无法获得解脱的，因为如此来生最多只能投生到相应的色、无色界天中。只有结合闻、思、修的综合行持，在加行位通过止观的修行，破除分别起的烦恼，然后再结合灭尽定的修行，才能最终彻底断除末那识的我执与其他俱生的烦恼。灭尽定属于出世间的定，是佛教的圣者才能获得。关于四禅八定的理论，在阿含类的经典中已经有很详细的说明，相关的理论在大小乘佛教中是共通的，所以下面的介绍主要依据《阿含经》《俱舍》《清净道论》《瑜伽师地论》等。至于灭尽定的理论，在阿含以及小乘佛教的典籍中也有记载，不过唯识学的分析显然更加完整。

（一）近分定与根本定

1. 近分定[2]

近分，指与根本定接近的领域，是将要进入根本定前的预备阶段。根据定学理论，禅定层次的晋升，在定境中是无法直接完成的，需要从根本定的境界中退出来，然后经过七种作意，断除下级禅定中残余的杂念、烦恼等粗重部分，进而才能晋升到上一级的定。近分定不同于散心状态，但又不如根本定的寂静，是处于散心与根本定的中间状态。因为根本定有九种，所以相应的近分定也各有九种，其中初禅的

---

[1]　《瑜伽师地论》卷30，T30，p0451a。

[2]　"论曰：诸近分定亦有八种，与八根本为入门故，一切唯一舍受相应。作功用转故，未离下怖故。此八近分皆净定摄。"《阿毗达磨俱舍论》卷28，T29，p0149b。

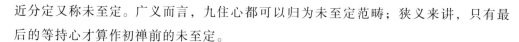

近分定又称未至定。广义而言，九住心都可以归为未至定范畴；狭义来讲，只有最后的等持心才算作初禅前的未至定。

2. 根本定

又称根本禅，指修行者通过近分定的加行努力，断除下地的粗重烦恼后，所获得的禅定境界的本体。按照九次第的划分，总计有九种根本定，即四禅、四无色定以及灭尽定。

（二）七种作意

对于常人来讲，即便是最初级的禅定境界，其中所产生的禅悦感受都会令人沉迷执着，使人忘记修行的真正目的，失去继续前进的动力。要想不执着于定境，继续提升禅定的层次，就需要采取特殊的方法，这里涉及作意心理。作意属于五遍行心所，是最普遍发生的一种心理活动，是产生其他心理活动非常重要的条件。它的主要作用是引起心的警觉性，将心的注意力引向某处，使心产生相应的反应等活动，所以只要当心的注意力朝向某处时，就有作意心理在发挥作用，要提升禅定的层次，从近分定进入根本禅，也需要有作意心所的帮助。《瑜伽师地论》有七种作意理论，即了相作意、胜解作意、远离作意、摄乐作意、观察作意、加行究竟作意、加行究竟果作意。它们是近分定阶段修行的主要方法，需要它们的协助才能进入上一级禅定。前六种作意属于进入初禅的未至定，而最后的加行究竟作意果作意，其实就是初禅的根本定了。

例如，要想从九住心的阶段（未至定）晋升到初禅的境界，就必须要经过七种作意的修行才能实现。其中最为主要的是第一种了相作意，它令心的注意力投向观察欲界各种欲念的巨大危害性，进而作意观察初禅定境的清净安宁，通过这样的作意，能使得修行者内心产生继续前进，提升禅定层次的动力。其他禅定的晋升也同样要经过此七种作意的修习。

1. 了相作意

了相作意的作用非常重要，在定的层级晋升中起到了关键作用。要想从下级禅定的境界中摆脱出来，进入到更高的禅定，就必须要修习了相作意，从中认识到上级禅定相比下级的殊胜处，这属于事实层面的高低差异，不然九次第定的区分也就不存在了，所以对其中的差异有了清楚明确的认识后，内心才能产生向上的动力。这与佛教倡导出离心的原理是一样的，正是因为对于世间的痛苦与解脱的清净，有了深刻的认识之后，才能令人产生巨大的出离心愿，由此才有最终解脱的可能。

对尚处于未至定，还未进入初禅的修行者来讲，通过注意力集中的训练，已经进入到九住心的末尾阶段，离真正的初禅定境还有一定的距离，此时需要进行了相作意的修习。观察欲界各种欲念的危害性，主要指五盖烦恼，即贪、嗔、昏沉睡眠、

掉举恶作、疑，它们是止观初修者的严重障碍，必须要抑制它们的活动，才能进入
初禅。了相作意就是要通过六个方面，来仔细观察五盖烦恼的负面性质与作用，一
是欲的意义、二是欲的分类、三是欲的自相与共相、四是欲的时间、五是欲的染污
品性、六是欲的本质。当修行者对上述烦恼的危害性有了深刻的认识后，进而还要
观察觉知初禅状态中的寂静相状，即欲界中的所有粗重成分，在初禅中都不存在的
状态。

　　对于上述二相有了清楚的认识后，修行者开始仔细地观察反省当下所处的未至
定中，还有哪些杂念烦恼没有止息，并且观想这些杂念烦恼停止后更加寂静的初禅
定境，通过这样不断地了相作意，能使得修行者内心获得继续修行前进的目标与动
力。这一阶段修行者主要通过散心式的思维来完成了相作意，此时的观察还不是定
中观察。了相作意阶段属于"近分定因"，它的修行能够获得后面第三、四种作意。

　　　　欲界欲勤修观行诸瑜伽师，由七作意方能获得离欲界欲，何等名为七种作
　　意？谓了相作意、胜解作意、远离作意、摄乐作意、观察作意、加行究竟作意、
　　加行究竟果作意。
　　　　云何名为了相作意？谓若作意能正觉了欲界粗相，初静虑静相。云何觉了
　　欲界粗相？谓正寻思欲界六事。何等为六？一义、二事、三相、四品、五时、
　　六理。云何寻思诸欲粗义？谓正寻思如是诸欲有多过患、有多损恼、有多疲劳、
　　有多灾害……复能觉了初静虑中所有静相，谓欲界中一切粗性，于初静虑皆无
　　所有。由离欲界诸粗性故，初静虑中说有静性，是名觉了初静虑中所有静相。
　　即由如是定地作意，于欲界中了为粗相，于初静虑了为静相，是故名为了相
　　作意。①

2. 胜解作意

　　在未至定中进行了相作意的时候，还掺杂有散心式的闻、思作用，认识到了各
种欲念的粗重相状，觉知到了初禅就是欲念远离的寂静相状。经过了相作意的修习
后，修行者超越了散心，依托未至定进行观察，由此对于对象产生了更加殊胜的理
解。对于欲念的粗重相状、初禅的寂静相状，进行不断地思维观察，由此产生更加
深刻清晰的认知，所以称为胜解作意。胜解作意阶段属于"近分定因"，它与了相
作意的修行能够获得第三、四种作意。

　　　　即此作意，言犹为闻思间杂，彼既如是如理寻思，了知诸欲是其粗相，知

---

　　① 《瑜伽师地论》卷33，T30，p0465c。

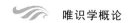

初静虑是其静相。从此已后，超过闻思，唯用修行，于所缘相发起胜解。修奢摩他、毗钵舍那，既修习已，如所寻思粗相、静相数起胜解，如是名为胜解作意。①

3. 远离作意

因为修行者善于胜解作意的修行，深刻地认识到欲念的苦恼危害性质，通过不断反复的修习，进入了断除欲界烦恼的最初阶段。仔细观察当下所处的未至定中残余的欲念烦恼，因为有对初禅寂静的强烈追求，所以内心具有了止息残余欲念的力量，此时修行者就消除了上品的欲界欲念，它们是活动比较明显、强烈的五盖烦恼，这就是远离作意。远离作意阶段属于"正近分定"，它是前二种作意的果。

即此胜解善修善习，善多修习为因缘故，最初生起断烦恼道，即所生起断烦恼道俱行作意，此中说名远离作意。由能最初断于欲界先所应断诸烦恼故，及能除遣彼烦恼品粗重性故。②

4. 摄乐作意

从远离作意开始，修行者更加乐于断除烦恼，在断除各种烦恼的过程中体验到了殊胜的功德，亲证到一点远离烦恼而引发的喜乐感受，对于远离烦恼自然有了更强的动力。从此以后，修行者可以长时间地保持禅悦，并且对于烦恼的生起有很强的厌恶警惕之心，能够很好消除昏沉与掉举对禅修的影响与干扰。并且已经断除中品的欲界烦恼，即活动强度一般、不是太明显的五盖烦恼，此时就称为摄乐作意。摄乐作意阶段也属于"正近分定"。

从是已后，爱乐于断，爱乐远离，于诸断中见胜功德，触证少分远离喜乐。于时时间，欣乐作意而深庆悦；于时时间，厌离作意而深厌患，为欲除遣惛沉睡眠掉举等故，如是名为摄乐作意。③

5. 观察作意

修行者通过正确地修行了相、胜解、远离、摄乐作意，已经断除了欲界烦恼的上、中品，无论行住坐卧，它们都不再生起活动，内心能够自然地保持寂静的状态。

---

① 《瑜伽师地论》卷33，T30，p0466b。
② 《瑜伽师地论》卷33，T30，p0466b。
③ 《瑜伽师地论》卷33，T30，p0466b。

此时修行者往往容易误以为烦恼已经彻底止息，甚至错误地认为已经进入初禅，由此生起傲慢心理。修行者于是自我反省：我现在内心中其实还有烦恼，只是我没察觉到吗？还是真的已经没有烦恼了？为了深入地观察此事，就找个某种令自己非常欢喜的事物进行作意思维，若是对此重新又产生了随顺心、被吸引心、投入心，不能安住于平静的心态中，无法厌恶、制伏、背离此贪欲烦恼。于是修行者自觉到：我还未能彻底摆脱烦恼的束缚，内心还没有获得真正的解脱，我心仍然被各种烦恼所制伏，就像水流被控制，现在我要重新为希望彻底断除烦恼种子的缘故，使得内心努力精进地安住于乐意断除烦恼、乐意修行善法的状态中，这样就称为观察作意。观察作意属于"近分定因"，由它能够获得后面的第六种作意。

> 彼由如是乐断乐修，正修加行善品任持，欲界所系诸烦恼缠，若行若住，不复现行。便作是念：我今为有于诸欲中贪欲烦恼，不觉知耶？为无有耶？为审观察如是事故，随于一种可爱净相作意思惟。犹未永断诸随眠故，思惟如是净妙相时，便复发起随习近心趣习近心、临习近心，不能住舍，不能厌毁制伏违逆。彼作是念：我于诸欲犹未解脱，其心犹未正得解脱，我心仍为诸行制伏，如水被持，未为法性之所制伏。我今复应为欲永断余随眠故，心勤安住乐断乐修，如是名为观察作意。①

6. 加行究竟作意

经过之前观察作意的验证，发现还有细微的欲界烦恼未全断除，所以修行者更加勇猛精进地修习，更为细致认真地验证烦恼断除的程度。正是经由这样的修习，最终消除了残余的欲界下品的烦恼，即活动强度非常微细、不明显的五盖烦恼。但这还只是暂停了相应烦恼的现行活动，而非种子。此时，进入初禅的未至定阶段的修行宣告圆满，所有该断除、该修的部分都已经完成，所以称为加行究竟作意。加行究竟作意阶段属于"正近分定"。

> 从此倍更乐断乐修，修奢摩他毗钵舍那，郑重观察修习对治，时时观察先所已断。由是因缘，从欲界系一切烦恼，心得离系。此由暂时伏断方便，非是毕竟永害种子。当于尔时，初静虑地前加行道已得究竟，一切烦恼对治作意已得生起，是名加行究竟作意。②

---

① 《瑜伽师地论》卷33，T30，p0466c。
② 《瑜伽师地论》卷33，T30，p0466c。

7. 加行究竟果作意

修行者依托加行究竟作意，没有间隔地证入初禅的根本定。即根据与初禅的根本定同时生起的作意心，称为加行究竟果作意，至此才算是获得了真正意义上的定或止。修行者在远离、摄乐作意心生起的时候，断除了上、中品烦恼，能够使得身体感觉舒适，远离烦恼而生起的喜悦心，时时地微微生起；当加行究竟作意生起时，断除了下品的烦恼，这种喜悦进而增强扩大，时时地强烈生起；而当生起加行究竟果作意心的时候，这种离生喜乐的感受遍及全身，没有一个地方不充满，没有任何的空缺。加行究竟果作意阶段属于"近分定果"，它是整个近分定修行的总果报，即前六种作意修行的总果报。

> 从此无间，由是因缘证入根本初静虑定。即此根本初静虑定俱行作意，名加行究竟果作意。又于远离、摄乐作意现在转时，能适悦身，离生喜乐，于时时间微薄现前。加行究竟作意转时，即彼喜乐转复增广，于时时间深重现前。加行究竟果作意转时，离生喜乐遍诸身分，无不充满，无有间隙。①

（三）九次第定

修行者经过九住心的修行，心的散乱已经得到很好的控制，注意力能持续地集中在对象上，并在最后阶段进行了相等作意的修行，随即证入了真正定境。根据心的寂静程度，定的层次区分为九种，分别是属于色界的四禅、属于无色界的四空定、灭尽定。前面的四禅八定属于世间定，是包括外道在内的修行者都可以获得的定境，最后的灭尽定是佛教的圣者才能证入的出世间定。

色界的四禅定慧平均，适合在其中进行观的修行；而无色界的四空定则定多慧少，所以不适合观修。四禅与四无色空定的主要区别在于注意力集中的对象上，色界四禅的修行者可以选取色相作为对象；而无色四定，不能以色相作为对象，而要以非色的对象作为对象，如虚空、识，因为只有这样，再配合对于色界的厌离作意，才能进入无色定或命终后能投生到无色界。

灭尽定属于出世定，这是佛教的圣者才能证入的定境，其中前六识的所有活动，以及第七识的我执现行都已停止，这是定的终极状态，因为但凡能够停止的心识活动都被暂停，故称为灭尽定。

关于四禅八定的理论在阿含类的经典中已有详细的记载，在大小乘佛教中都基本一致，没有太多的异议。

---

① 《瑜伽师地论》卷33，T30，p0466c。

1. 初禅

初禅是定的最初阶层，属于色界。欲界的有情生命，如果修习四禅成功，命终后才有可能生到色界。在初禅的定境中，修行者心无杂念，能够七日七夜持续地保持高度的注意力于所缘的对象，强烈的喜、乐禅悦感受充满身心，不过偶尔还会有寻、伺心理的生起。初禅特征主要包括寻、伺、喜、乐、心一境性五支，这五支其实就是初禅中尚存的五种心理活动，它们都属于前六识的活动。另外，在四禅八定中，修行者的末那识的我执仍在活动，末那识的我执要到灭尽定时才能暂停。

谓比丘离欲、离恶不善法，有觉有观，离生喜乐，初禅具足住。①

（1）近分定：初禅前的加行也称未至定，属于欲界定的范围。笼统来讲，整个九住心的过程都可以算是未至定，但是严格而论，真正的未至定是在九住心的后期，即等持心阶段。在此阶段，修行者的心已接近定，需要进行七种作意的修行，以了相、观察二作意为核心，反复深入地思维观察五盖等烦恼的危害性，并选择易令自己喜欢或厌恶的事物观察，以此验证内心的贪、嗔等烦恼是否真的得到控制；进而观想没有五盖烦恼后的寂静状态；然后重新集中注意力于所缘的对象，令五盖烦恼不再生起，这样就进入了初禅。

（2）离欲、恶不善法：欲分两种，一是烦恼欲、二是事欲。前者指烦恼的心理部分，这里主要指五盖烦恼，即贪欲、嗔恚、昏沉睡眠、掉悔、疑。事欲指面对色、声、香、味、触时，由烦恼欲所生起各种烦恼活动。恶不善法：指由于内心的意业烦恼所引发的各种身、口方面的恶行，如妄语、偷盗、伤害行为等。

（3）寻、伺（觉、观）②：寻、伺属于第六意识的比量分别，是思、慧二心所的活动表现，其中寻心是相对较为粗浅的思维分别，而伺心则是更加细致深入的思维分别。欲界众生有欲、恚、害三种烦恼寻伺；初禅有出离、无恚、无害三种善寻伺。修行者进入初禅后，偶然还会生起此二心所的活动，由此令修行者内心浮动不定。

也有观点认为，在九住心的后期阶段，修行者的内心已经基本没有杂念生起，所以在初禅根本定中不可能还有寻伺心的活动。这里的寻伺指获得初禅者，内心所具有的善的寻、伺意愿，是潜在性的意愿心理。修行者要从欲界晋升入初禅，就需要有出离、无恚、无害三种寻伺心，但要想进入二禅，就连此类意愿心理也要止息，

① 《杂阿含经》卷17，T02，p0123b。
② 此寻、伺心所与观的区别在于，它们是修行者在初禅的定中，不受自我控制而产生的杂乱心念，属于掉举、散乱一类心理，它们的活动会扰乱定心的安宁，而观是修行者在定中进行的思维观察的活动，是完全自我受控的有意行为，并不会对定心有任何的影响。

因为它们也会对定心的安宁有所干扰。

（4）离生喜乐：离生，离开五盖烦恼而生起。喜、乐都属于禅定境界中所产生的禅悦感受。喜属行蕴，属于第六意识；而乐为受蕴，更多属于前五识。定中的喜心比乐受更为强烈粗动，喜①可分为：小喜，达到身上汗毛竖立的程度；刹那喜，犹如电光般刹那刹那而起；继起喜，犹如海的波浪猛烈拍打岸堤，于身心中不断现起又消逝；踊跃喜，喜感极强，在身心中踊跃，犹如腾空；遍满喜，喜感犹如吹胀的气球，充满全身每处地方。初禅的喜属于最后的遍满喜，这种禅悦感受是不可思议的，完全超出日常的心理体验。

（5）心一境性：心的注意力持续、高度地集中于所缘的对象，如呼吸、不净物、佛号等。获得初禅的修行者最长可以连续七日七夜心无杂念，保持注意力的高度集中，超过七日则容易引起身体的损伤。

2. 二禅②

修行者如果最迟能在十弹指内，即十秒钟内能够快速、自如地进入初禅或从初禅中出定，表明对于初禅的掌握已经非常纯熟，这样就可以为进入二禅做预备了。此时的修行者先从初禅的定境中退出，进入到近分定的状态，进行七种作意的修习，随后修行者就进入了二禅的境界。二禅特征主要包括内等净、喜、乐及心一境性四支，这四支其实就是二禅中尚存的四种心理活动，它们都属于前六识的活动。另外，末那识的我执活动也仍然存在。

> 谓比丘有觉有观息，内净一心，无觉无观，定生喜乐，第二禅具足住。③

（1）近分定：同上原理，修行者不断地修行，熟练地掌握初禅的定境，注意力不但能持续、高度地集中，还非常灵活，称为转相自在。对于入定、在定与出定能迅速、自由地控制与切换，能在一弹指或十弹指的时间内迅速地入定与出定，至此修行者就可以准备进入二禅。首先从初禅中退出，在未至定中，进行七种作意的修行，仔细地观察初禅中残余的粗重部分，即观察寻、伺二心所的粗重性质，它们会对定心的安宁起到干扰作用，由此认识到了初禅的低级；进而想象没有寻、伺活动后的更加寂静的状态；然后重新集中注意力于所缘的对象，令寻、伺心不再生起，

---

① 参见觉音造，叶钧译《清净道论》，福建莆田广化寺佛经流通处印，第129页。
② 在初禅与二禅之间还有一个被称为中间禅的阶段，也称无寻唯伺地。所以严格而言，首先是从初禅进入无寻唯伺地，在它的近分定阶段中修行了相等作意，观察思维寻心所的粗重，由此进入无寻唯伺地。在此中间禅的根本定中，寻心所再也不会生起，但偶尔会生起伺心所，所以称为无寻唯伺地。然后从此中间禅进入二禅，在它的近分定阶段中修行了相等作意，观察思维伺心所的粗重性质，以此进入二禅。
③ 《杂阿含经》卷17，T02，p0123b。

这样就进入了二禅①。

（2）内等净：等指内心持续保持注意力的集中，没有其他散乱心的生起；净指进入二禅的修行者，因为止息了寻、伺心所的粗动作用（无觉无观），由此注意力更加的专注，内心也获得进一步的清净。

（3）定生喜乐：依此二禅的定境，修行者生起了更加强烈的喜、乐感受。

（4）心一境性：如前所述，二禅修行者的注意力比初禅者更为集中。

3. 三禅

修行者已经熟练地掌握了二禅，可以快速地入定、出定，也可以迅速地从二禅回退入初禅，也能从初禅快速地进入二禅，此时就可以为进入三禅做准备了。与之前的原理一样，首先从二禅的定境中出来，进入近分定的状态，通过作意的修习，随后进入三禅。三禅的特征包括了行舍、正念正知、乐受及心一境性四支，这四支是三禅中尚存的心理活动，都属于前六识的活动，其中的乐受极其强烈，被称为妙乐。末那识的我执作用仍然存在。

谓彼比丘离喜贪，舍心，住正念正知，安乐住彼圣说舍，第三禅具足住。②

（1）近分定：对于二禅已熟练掌握的修行者，出定后认为没有喜心的定境更加寂静，在近分定中进行七种作意的修行。观察喜心的粗动性质，它仍然是第六识的情绪感受，《瑜伽论》中称为喜贪，强烈的喜心不利于定心的安宁，由此认识到了二禅的低级；进而想象没有喜心后更加寂静的状态；然后重新集中注意于所缘的对象，令喜心不生，如此进入了三禅。

（2）舍：舍是平静的意思，因为止息了二禅的喜心，所以修行者在三禅的根本定中，内心更加寂静平等。

（3）正念正知：正念指修行者能正确忆念注意力集中的对象；正知指初修三禅时，偶尔也会失念，又生起了喜心等，此时修行者会迅速警觉，止息喜心，重新集中注意力，提起正念。

（4）乐：三禅中已经没有了喜心，但此时发生了更加不可思议的妙乐感受，三禅也称为离喜妙乐地。三禅的乐受极其强烈，有"菩萨怕三禅"之说，因为就连菩萨都容易沉迷于三禅定境的乐受中，从而忘失度化众生的任务。

（5）心一境性：如前所述。

---

① 二禅乃至非想非非相处定的近分定修行理论，参见觉音造，叶钧译《清净道论》"四种禅的修习法"与"说无色品"。

② 《杂阿含经》卷17，T02，p0123b。

4. 四禅

同上道理，修行者已经熟练地掌握了三禅，此时就可以为进入四禅做预备。首先从三禅的定境中出来，进入近分定的状态，通过作意修习，进入四禅。四禅特征包括舍、念清净、非苦非乐受及心一境性四支。在四禅中，修行者的前六识活动基本都已经暂停，唯独剩下忆念注意力集中的对象，即所谓的心一境性，因为没有了前六识的烦恼、寻伺、喜、乐等心理，所以修行者已能初步体验到真正意义上的清净。另外在四禅中，呼吸也停止了，所以修行数息观者，需要变换注意集中的对象，以进入四禅。末那识的我执作用仍然存在。

谓比丘离苦息乐，忧喜先已离，不苦不乐舍，净念一心，第四禅具足住。[1]

（1）近分定：对于三禅已熟练掌握的修行者，出定后认为没有乐受的定境更加寂静，在近分定中进行七种作意的修行。观察乐受的粗动性质，其本质上与喜心一样，也是前六识的情绪感受，乐受不利于定心的安宁，由此认识到了三禅的低级；想象没有乐受后更加寂静的状态；然后重新集中注意于所缘的对象，令乐心不生，如此进入四禅。

（2）舍：四禅中已经止息了三禅的乐心，此时修行者的心更加的寂静平等。

（3）念清净：四禅中因为远离了寻伺、喜乐甚至呼吸，所有对定心起到干扰的作用都已经基本停止，内心更加安宁，此时前六识的作用就只剩注意力集中于一境，注意力集中度达到了最高。

（4）非苦乐受：按《瑜伽师地论》的说法，进入初禅前断忧根；入二禅前断苦根；入三禅前断喜根；入四禅前断乐根，由此四禅中的修行者处于不苦不乐的清净状态。

（5）心一境性：如前所述。

5. 空无边处定

色界四禅与无色界四定的区分与印度传统的宇宙观，即三界思想有关。其实就定心的寂静程度来讲，无色四定与色界四禅差别不是太大，都远离了寻伺、喜乐、呼吸等粗动作用，前六识的作用除了念心所外都已经停止。它们的区别主要是注意力集中的对象，色界四禅可以色法类的事物作为对象，如呼吸、佛像、不净事物等；而无色四定不能选用色法，只能以虚空、识等非色法作为注意力集中的对象，再结合对于色法的厌离心理，修行者就能成就无色定，并在命终后有可能投生到无色界。

对于四禅已经熟练掌握的修行者来讲，认为色法属于粗重、过患法，在定中仍

---

① 《杂阿含经》卷17，T02，p0123b。

然集中注意力于色法，定也具有粗重性。为了获得更加寂静的定境，与之前原理一样，修行者在近分定中进行七作意的修习，由此进入空无边处定。

> 谓若苾刍，离一切色，无对无碍，而无作意。观无边空，此观行相，名空无边处定。①

（1）近分定：对于四禅已熟练掌握的行者，出定后认为无色更加清净微妙，为了获得更加寂静的定境，在近分定中进行七种作意的修行。思维观察色法的粗重性，由此厌恶色身及色境；想象无色界的清净；观想无色虚空的状态，并以此作为注意的集中对象，经过如此的了相等作意，由此进入空无边处定。

（2）其他与第四禅一致。

6. 识无边处定

对于空无边处定已经熟练掌握的修行者，认为以虚空作为认识对象仍是粗动。与之前原理一样，修行者在近分定中进行七作意的修习，将注意力转向于无边的心识，由此进入识无边处定。

> 复离空处，而非所观。但观无边识，此观行相，名识无边处定。②

（1）近分定：对于空无边处定已熟练掌握的修行者，出定后认为以假想的虚空为对象，不如以内在的心识为对象，由此获得的禅定更加寂静。在近分定中进行七种作意的修行，思维观察空无边处定的粗动性；想象以无边心识为对象定境的寂静状态；重新集中注意力于假想的无边心识，由此进入识无边处定。

（2）其他与第四禅一致。

7. 无所有处定

对于识无边处定已经熟练掌握的修行者，认为以识作为对象，仍是心的分别造作，还是粗动。与之前原理一样，修行者在近分定中进行七种作意的修习，将注意力集中到什么都没有的相状③，由此进入无所有处定。

> 复离识处，而非所观。但观一切，皆无所有，此观行相，名无所有处定。④

---

① 《大集法门经》卷1，T01，p0228c。（属长阿含某一品的单译本）
② 《大集法门经》卷1，T01，p0228c。
③ "问曰：虚空处、无所有处，有何差别？答曰：前者心想虚空为缘，此中心想无所有为缘，是为差别。"《禅法要解》卷2，T15，p0293c。
④ 《大集法门经》卷1，T01，p0228c。

（1）近分定：对于识无边处定已熟练掌握的行者，出定后认为，无边的识其实也是依心识的假想而显现的相分境，此相分由心的分别而生，需要心的造作活动，所以本质上是粗动性的，会对定的寂静有干扰。以无边识为对象，不如以什么都没有的相状为对象，由此获得的定更加寂静。由此在近分定中进行七种作意的修习，思维观察识无边处定的粗动性质；想象以无所有处为对象定境的寂静状态；重新集中注意无所有的相状，由此进入无所有处定。

（2）其他与第四禅一致。

8. 非想非非想处定

对于无所有处定已经熟练掌握的修行者，发现无所有处定，仍有想的作用，仍是粗动法，放弃无所有相的定境更加寂静。但是没有了对象，心的注意力失去了集中的焦点，会造成从近分定无法重新进入根本禅定的困难。所以在近分定中的七种作意修习时，还需以无所有处相为对象，在集中注意力于无所有相的同时，破除无所有处相，停止想心所的活动，这样就进入了非想非非想处定。在此定中前六识的活动基本停止，这是世间定的最高阶段。末那识的我执仍然存在。

> 复离无所有处行相，名为非想非非想处定。①

（1）近分定：对于无所有处定已熟练掌握的修行者，出定后认为无所有相也是意识的假想对象，仍是心的造作所显②，是粗动法，放弃无所有相，由此所获得的定境更加寂静。修习者在近分定中进行七种作意的修习，观察无所有相的粗动性；想象没有此相的寂静；然后重新集中注意于无所有处相，并瞬间止息无所有相，由此进入非想非非想处定。

（2）此定已为世间定的最高等级，相对之前的七种定来讲，此定尚存的心念最少，前六识的活动基本结束，故称无想；但是还有残存细微的意识活动，所以又叫非非想。

（3）其他与四禅一致。需要注意的是，在非想非非想处定中，心一境性支应该不存在了，或不明显，因为修行者在此定中的对象性意识已经基本停止。

9. 灭尽定

也称灭受想定，属于出世间定，是定的最终极状态。在灭尽定中，能够停止的识及心所的活动都被暂停，包括不恒行的前六识活动，以及恒行的第七识我执作用，

---

① 《大集法门经》卷1，T01，p0228c。
② "云何无所有相？谓无所有处，无色界事，分别所有相。"《瑜伽师地论》卷72，T30，p0697b。

故称灭尽。灭尽定是涅槃解脱必须要修行证得的定，因为只有通过修行灭尽定，才能最终止息第七末那识的我执活动，而此我执是众生烦恼的根源。

（1）近分定：对于非想非非想处定已经熟练掌握的修行者，知道第七识的俱生我执，以及贪、嗔等烦恼的种子与现行是造成痛苦轮回的根本原因，它们是修行对治的重要目标。大乘瑜伽行派修行者在近分定中进行七种作意的修习，思维观察非想非非想处定中，还有末那识的我执等细微心识的活动，还是有粗动性；想象彻底停止末那识我执等活动后的寂静状态；重新集中注意力于某处，借此瞬间止息残余的心识活动，由此进入灭尽定。

（2）修行灭尽定成功者，还分三种品级。修行成功灭尽者，此生中肯定会因为烦恼的生起而产生退定现象，并且退定或出定后，不能迅速地重新入定，这就属于下品；修行成功灭尽定者，此生中一般不会退定，若是退定后，能够迅速地重新入定，则属于中品；修行成就灭尽定者，此生中必定不会退定，就属于上品。

> 修习此定品别有三，下品修者，现法必退，不能速疾还引现前；中品修者，现不必退，设退速疾还引现前；上品修者，毕竟不退。[1]

（3）还未获得灭尽定者，必须要经非想非非想处定才能进入灭尽定，原理如前所述。如果修行灭尽定已经熟练者，从其他层级的定中也可以直接进入灭尽定，例如可以从初禅直接进入灭尽，或从二禅等中直接进入。

> 此定初修，必依有顶游观无漏为加行入，次第定中，最居后故。虽属有顶，而无漏摄。若修此定已得自在，余地心后，亦得现前。[2]

（4）灭尽定也被称为相似涅槃法。在灭尽定中，前六识与第七识的染污作用都已经止息，那种状态与涅槃的境界相似，但它还不是涅槃。

（5）最初修行成就灭尽定者，必须依托人道。因为人道众生的思维能力强，并且具有出离心，所以具有理解佛法的能力，并有修行实践的意愿。

（6）成就四禅八定的第三果圣者及阿罗汉、辟支佛才能入此定；大乘则是要进入第七地的菩萨能入此定。

> 虽属道谛，而是非学、非无学摄，似涅槃故。此定初起，唯在人中，佛及

---

① 《成唯识论》卷7，T31，p0037c。
② 《成唯识论》卷7，T31，p0037c。

弟子说力起故，人中慧解极猛利故。后上二界亦得现前……要断三界见所断惑，方起此定，异生不能伏灭有顶心、心所故；此定微妙，要证二空，随应后得所引发故……唯说不还、三乘无学及诸菩萨得此定故，彼随所应，生上八地，皆得后起……论说已入远地菩萨方能现起灭尽定故。①

第三节　观论

在佛法看来，一味地修习四禅八定，属于世间法，还无法获得最终的解脱。大乘佛法是以断除烦恼、所知二障，证得涅槃与菩提二果为最终目标。二障又分为分别起与俱生起二类，它们的断除需要依靠无分别智。而单纯的修定是通过不断提升注意力的集中，来减少心的散乱，最终达到心一境性的目的。所以只是修定，充其量只能减轻一定程度的烦恼，还无法彻底断除烦恼，更无法产生无分别智。

要想获得无分别智，就必须进行止观的修行。而观的修行要在获得定的基础上才能进行，此时修行者的内心处于定与慧均等的状态，所以也称为止观俱行或止观双运，这一阶段在唯识学的修道次第中，属于加行位。修行者在定中实证性地观察"境不离识"，依托定力消除识的分别性，断除分别起的二障，引发根本无分别智，以此进入见道位，亲证到真如实相，由此进入圣者位。

一　止观俱行

就认识模式而言，观是具有分别性的认识，主要是第六意识寻、伺心所的作用。但观与散心状态的观又有所不同，主要在于两者所处的心境状态不同。通常的思维观察依托的是散乱的心境，会受到杂念烦恼等心理的干扰；而观依托的是定心，没有散心杂念的影响干扰，可以进行纯粹的思维观察；另外依托定力，观的作用力也非散心可比。修行者经过九住心的修行，获得真正的定后，才可以进行观修，此刻修行者的内心处于极其寂静的定境，这时生起对佛法道理思维观察的作用，此时止与观的作用同时发生，这样的状态也被称为止观俱行或止观双运。

（一）止观俱行的可能性

从各自的定义来看，止与观的作用似乎彼此冲突，因为止是通过让注意力高度集中于一处的方法，停止心的散乱分别，从而使心处于寂静的状态，《瑜伽师地论》将止定义为"菩萨即于诸法无所分别，当知名止"。②

---

① 《成唯识论》卷7，T31，p0037c–p0038a。

② 《瑜伽师地论》卷45，T30，p0539c。

所以止的对象属于无分别影像。然而观则恰恰相反，观是心的分别作用，所以观的对象属于有分别影像。由此看似相反的两种作用，如何能够俱行、双运？是很多人的疑问，有人甚至认为，在止中起观或止观双运是不可能的，因为观的作用会影响止，起观后就无法保证定的寂静状态，会造成修行者退出定境。

需要注意的是，止更多是指心识的寂静状态，指心的整体氛围，而不是指某种具体的认知活动，这是奢摩他与质多翳迦阿羯罗多的区别，后者是指一种具体的认识心理，即心一境性，指注意力高度集中于某一对象。所以就止本身来讲，并非指无分别，而是指心的寂静状态。然而由于常人的心念过于散乱，所以在获得止的过程中，通过将注意力高度集中于一处，以无分别影像为对象的方法，来止息各种杂乱念头，其中也包括属于思维观察的寻伺等分别心，由此最终才能获得心的寂静与安定。而在真正获得止的心境后，也即是进入初禅后，修行者由于消除相应的五盖烦恼，并且对于心识的活动具有很强的自我控制能力，能够轻松自然地处于寂静、身心轻安的状态。此时在完全自主控制下，重新对佛法道理生起寻、伺观察的心理，这种观与散心的分别不同，它的作用发生是自然任运的，没有任何杂念烦恼等的干扰，与止心和合一体，具有止的调和柔顺性质。这样的分别活动，并不会对定心的寂静安宁造成任何破坏，例如常人也有在内心极其平静的状态下，生起思维分别的体验，这种思维分别并不会破坏当时心的平静。

所以止指心的寂静状态，而观指心的认识作用，它们两者并不会发生冲突，完全可以并行不悖。当然在获得止的过程中，需要暂时停止思维分别，不然常人的散心状态是无法转变为止的寂静的。

> 问：齐何当言奢摩他、毗钵舍那，二种和合、平等俱转，由此说名双运转道？答：若有获得九相心住中第九相心住，谓三摩呬多。彼用如是圆满三摩地为所依止，于法观中修增上慧。彼于尔时，由法观故，任运转道，无功用转，不由加行。毗钵舍那清净鲜白，随奢摩他调柔摄受，如奢摩他道摄受而转，齐此名为奢摩他、毗钵舍那，二种和合、平等俱转，由此名为奢摩他、毗钵舍那双运转道。[①]

（二）第四禅适合止观

在九次第定中，最适合进行止观双运修行的是第四禅。属于无色界的四定定多慧少，因为修行者为了追求更加的寂静，厌离色想，愈加抑制意识的活动，所以很

---

① 《瑜伽师地论》卷31，T30，p0458b。

难进行观修。相对而言，色界的四禅定慧均等，都可以进行观的修习，不过最适合进行观修的是第四禅，因为之前的三禅都还存在或多或少的粗动性，如有不受控的寻、伺、喜、乐等活动，这些心理活动都会在一定程度上干扰观修。而第四禅没有了前定的粗动性，更加寂静，在其中可以进行纯粹的四寻思、四如实智等的观修，佛经中记载佛陀当年就是在第四禅中而觉悟成佛的。

另外就六道来讲，最适合进行观修的是人道众生，这是因为相比其他恶道（如畜生道）来讲，人道众生有相应的思维能力，具备对于佛法道理进行观修的能力；另外相比天道的众生，人道众生又具有修行佛法的出离心。

> 菩萨起此暖等善根，虽方便时通诸静虑，而依第四方得成满，托最胜依入见道故。唯依欲界善趣身起，余慧、厌心非殊胜故。此位亦是解行地摄，未证唯识真胜义故。[1]

二　观安立谛

根据观修的模式与对象的差异，唯识学的止观道包含两种观修方式：一观安立谛；二观非安立谛。观安立谛时，全程采用比量思维观察，以名言概念（依言真如）为对象，它属于后得无分别智——相见道的预备修行。而观非安立谛，则包含从比量思维再到现量直观的超越过程，以离言真如为对象，它属于根本无分别智——真见道的预备修行。通过上述两种止观俱行的修行，可以彻底断除分别起的二障，这是进入见道位前的最后冲刺阶段，所以也被称为加行位。

安立谛指用名言概念描述的道理，即依言真如。对安立谛的观察自然离不开名言，需要用分别性的比量模式来进行观察，但是此观与散心观察的区别在于，此时的修行者处于止的状态，是依托定境来对佛法道理进行思维观察，此时的观作用纯粹强大，不受任何无关心理的干扰。观安立谛的具体对象大致分为两类：一是观六事差别，即一义、二事、三相、四品、五时、六理，此六事观察需要结合修止的对象，如结合呼吸、不净物、佛号等，从六个方面来思维观察修止的本质及意义。二是观四谛，这是观安立谛的重点。四谛包含整个佛法的基本原理，反映生命轮回与解脱的内在规律，修行者在定中对此进行最为细致与深入的思维观察，由此真正领悟佛法道理。通过对四谛的观察，也是为在见道后生起后得智，证得相见道做最后的加行准备。

---

① 《成唯识论》卷9，T31，p0049c。

（一）观六事差别

修行者在先前修止时，都有相应的注意力集中的对象，如呼吸、不净物、佛号等，但是仅仅用来集中注意力，以此抑制其他杂念的生起，没有思维观察它们与解脱的关系。其实每个修定的对象不仅可以用来集中心念，同时也具有断除烦恼，获得解脱的意义与作用。现在通过六事差别，即从义、事、相、品、时、理六个方面，来思维观察对象具有的解脱意义与作用。所谓的义是观察对象所具有的对治烦恼的意义；事是从修行者的身体内、外角度，观察与对象的关系；相是观察对象的自、共二相；品是观察对象与染污、清净现象的关系；时是从过去、现在、未来角度，观察对象的性质；理是从观待、作用、证成、法尔四道理角度，观察对象的本质。通过六事差别的观察，让定的修行超越了仅仅使心安定的作用，更具有了出世解脱的意义，这也即是止观双运的作用。若以数息观为例，观六事差别的具体方法①为：

1. 观义

修行者在定中，思维观察修行数息观的意义，即要使内心的注意力自然地集中于出息、入息，通过不忘不失地集中注意力于呼吸，就可以有效抑制心的散乱。

2. 观事

修行者在定中，思维观察呼吸属于四大中的风大。而此风大，在身体内、外都有活动的现象，在身体内的风就是出、入息，在身体外的风就是空气的流动。

3. 观相

修行者在定中，思维观察呼吸的自相与共相。首先观察呼吸的自相，气息从口鼻入到丹田处，这是入息；气息从丹田至口鼻，这是出息。并且出入息又有长、短的区别，正常的出入息就是长；而长入息停止后至出息开始的中间阶段，仍有细微的气息进入体内，这就是短入息，短出息同理反之。接着观察呼吸的共相，呼吸是气息出、入的循环；呼吸的依托是有心识执持的身体与寿命，当身体坏灭、寿命结束之时，呼吸也就彻底停止了，此三者都是缘起无常的。

4. 观品

修行者在定中首先思维观察，如果心的注意力不能很好地集中在呼吸上面，那么就容易使得内心散乱分别，进而生起各种烦恼邪念，这即是呼吸与染污现象的关系。然后思维观察如果心持续地集中注意力于呼吸，那么各种杂念烦恼就不会产生，内心就会保持寂静与安宁，这即是呼吸与清净现象的关系。

5. 观时

修行者在定中，思维观察无论是过去、现在还是未来，呼吸现象是依托于身心

---

① 具体理论详见《瑜伽师地论》卷31，T30，p0455a。

的，反之身心也离不开呼吸。

6. 观理

一观待道理，思维观察呼吸是依各种因缘条件所生的现象，它源于身心的需要，由此方便假说身心或"我"是呼吸的依托或主体，而身心与"我"也只是缘起无常的假法。二作用道理，思维观察如果正确、持续地修行数息观，就可以很好地对治心的散乱，引发正定，并借此生起止观双运等法，以证得出世的解脱法。三证成道理，思维观察修行数息观能够对治心的散乱，这是圣言量；观察通过数息观的修行，内心的散乱确实得到控制，这是现证量；思维观察由于注意力持续地集中于呼吸，其他的杂念散乱自然得到无形的抑制，这是比度量。四法尔道理，最后思维观察修行数息观具有无量的功德，确实可以抑制心的散乱，具有可以断除烦恼获得解脱的作用。数息观的修行方法是圣者创立的，具有难以思议的功效，不应该报以怀疑，应该安心进行后续的修行。

（二）观四谛

1. 十六行相总说

观安立谛的核心是四谛，这是为后得智十六心的产生做预备的修行。苦、集、灭、道四谛法，蕴含轮回与解脱的规则，代表佛法的基本原理。从某种角度来讲，观四谛也即是对整体佛法的思维观察，就声闻乘而言更是如此，《瑜伽师地论》本地分"声闻地"的最后部分，非常详细地介绍了四谛观的修行方法[①]。在修止的过程中，从下地禅进入上地禅，需要进行了相、胜解等七种作意，而对四谛的观修也要运用了相、胜解等七作意。七作意的修行包含了从加行位、见道、修行乃至最终获得阿罗汉果的全部修道过程，了相、胜解作意属于四加行位；远离作意属于见道位；观察、摄乐作意属于修道位；加行究竟作意属于金刚喻定阶段；加行究竟果作意属于阿罗汉果。其中加行位观修，运用的是了相、胜解作意，主要观察四谛各自的四种现象或性质，总计十六相，所以也称为四谛十六行相观。

2. 苦谛四行相

修行者在定中首先思维观察苦谛，苦谛揭示了生命的本质。修行者通过变异、灭坏等十种现象，并结合无常、苦、空、无我四方面，来深入观察苦谛的内涵（见图14）。

（1）无常：通过变异、灭坏、别离（指地位、财富等的得而复失）、法性（虽然今生因福报殊胜，可能没有明显的上述三法，但需知道它们是所有事物难以逃脱的必然规律）、合会（在现实生命中明显遭遇到了上述三法）五种现象或性质，观

---

① 具体理论详见《瑜伽师地论》卷33，T30，p0470c。

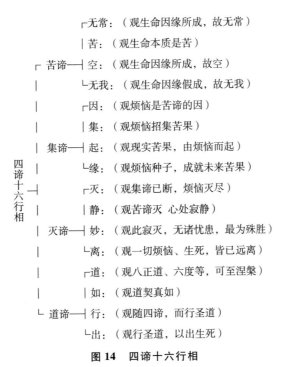

图14　四谛十六行相

察思维生命的无常本质。

（2）苦：通过不可爱（八苦）、结缚（贪、嗔、痴等烦恼对生命的束缚）、不安隐（内心含藏的烦恼种子，使得众生一直处于苦、乐、不苦不乐三种感受的互相变动中）三种现象或性质，观察思维生命苦的本质。

（3）空：通过无所得（一切法空无自性）性质，观察思维生命空的本质。

（4）无我：通过不自在（生命被烦恼束缚，其本质为苦、无常，没有真正的自由）性质，观察思维生命的无我本质。

3. 集谛四行相

修行者对于苦谛有了正确的认识后，在定中继续思维观察集谛，集谛是产生苦谛的因，即贪、嗔、痴等烦恼的现行活动，以及由此所形成的种子。在此环节，通过因、集、起、缘四方面来观察思维集谛的本质，即苦谛产生的原因是什么？苦谛在因位的时候如何召集？现在苦谛是如何生起的？未来苦果生起的因缘条件是什么？

（1）因：思维观察贪、嗔、痴等烦恼是产生苦谛的原因。

（2）集：思维观察贪等烦恼所引发的心理及身体、语言的活动，它们都对将来苦果有召集的作用。

（3）起：思维观察现实中正在产生的各种苦果，它们与贪等烦恼的因果关系。

（4）缘：思维观察正在进行的烦恼活动，它们产生的种子，能召集未来的苦果。

4. 灭谛四行相

修行者在认识苦、集二谛的基础上，在定中继续观察灭谛，灭谛是修行解脱的目标，即涅槃。在此环节主要通过灭、静、妙、离四方面，来思维观察灭谛的本质。

（1）灭：思维观察灭的本质，就是集谛的消除，即所有的烦恼的现行与种子都被灭除。

（2）静：思维观察静的意义，由于所有的烦恼都被灭除，所以苦的果报无从产生，内心处于苦、集二谛都被断除后的寂静状态，这即是无余涅槃的境界。

（3）妙：思维观察妙的意义，苦、集二谛都彻底消除后的寂静就是无余涅槃，因为这种寂静安定状态是永恒的，再也不会遭受任何的变化，所以是最为殊胜的境界。

（4）离：思维观察离的意义，修行者因为彻底灭除了苦的因——集谛，再也不会召集苦果，所以真正从苦谛中解脱出来，处于永恒的寂静与安定中。

5. 道谛四行相

修行者在认识灭谛后，在定中继续观察道谛，道谛是通向解脱——灭谛的途径，即灭除苦、集二谛的方法。主要通过道、如、行、出四方面，来思维观察道谛的本质。

（1）道：思维观察道的意义，道是断除苦、集二谛的方法，其中以灭除内心的贪、嗔、痴等烦恼为核心，具体的方法即八正道、六度等。

（2）如：思维观察如的意义，修道的方法与过程，要契合无我的实相，由此才能不偏离修道的目的，灭谛——涅槃。

（3）行：思维观察行的意义，以四谛法的原则，通过各种方法灭除无明烦恼。

（4）出：思维观察出的意义，修道的目的就是要让修行者，从烦恼的束缚中脱离出来。

（三）后得无分别智（十六心）

修行者在加行位观察安立谛，特别是观察四谛十六行相，虽然还是属于有漏观，但这是通向见道的预备修行。见道分两种，一是真见道，以根本无分别智亲证真如实相，加行位观非安立谛就是此真见道的预备修行。二是相见道，相是类似的意思，指与真见道相似的见道。此相见道的认识主体是后得无分别智，它是带有分别性的认识，是"无分别"的分别。它的观察对象分为两种，一是观非安立谛，与真见道不同的是，此后得智认识的非真如本身，而是自智所变现的与真如相似之相，即《八识规矩颂》"变相观空唯后得"的模式。二是观安立谛，这是后得智的主要认识对象，前面真见道的对象为真如，属于存在的总相，而此相见道则认识事物间的差别之相，所以需要以分别性的模式来进行认识，其中涉及佛法的核心原理部分，就是对于四谛的各别认识。在加行位阶段的观四谛十六行相，就是产生此后得智的预备修行。前十六观为因，属于有漏心，至此见道位后得智发生后，相应地就获得了十六无漏智或心，以此来印证十六行相。

1. 法智忍（见分）

通过之前加行位对于四谛的思维观察，此后得智真正见证了四谛的真如实性，由此断除见道时能灭除的百十二种分别起的二障种子。就四分而言，此智属于无间道位的见分，处于加行位十六心与后得无分别智主体（法智）的交接阶段，所认识的四谛真如是法智忍所变现的相分。

2. 法智（见分）

此智在前法智忍后无间隔地生起，印证四谛真如，因为断除了百十二种分别起的二障，由此真正获得了相应的解脱——即后得智。此智属于解脱道位见分，所认识的四谛真如是法智忍所变现的相分。

3. 类智忍（自证分）

此智与前法智无间隔地生起，对前二智自明性地印证。此智属于自证分，所认识的对象即前二智（见分）。

4. 类智（证自证分）

此智与前类智忍无间隔地生起，对前智自明性地印证。此智属于证自证分，所认识的对象即前类智忍（自证分）；也有认为，此智属于解脱道的自证分，与前类智忍的区别是，前者属于无间道的自证分。

上述四类后得无分别智及加行位的十六观，前后的发生顺序：即四谛十六行相观属于加行预备阶段，属于有漏心，在十六心的最后阶段则无间隔地进入了无间道阶段，此时属于前十六心与后得无分别智的交接阶段，已属于无漏心，即法智忍——属于见分；此后无间隔地进入了解脱道，生起了法智，这是后得无分别智的主体部分——属于见分；类智忍是自证分，是对前智的自明作用；最后的类智是证自证分，是对前自证分的自明作用，最后二智与第三法智同时发生。

> 二相见道，此复有二……二缘安立谛，有十六心，此复有二，一者依观所取、能取，别立法、类十六种心。谓于苦谛有四种心，一苦法智忍，谓观三界苦谛真如，正断三界见苦所断二十八种分别随眠。二苦法智，谓忍无间观前真如，证前所断烦恼解脱。三苦类智忍，谓智无间无漏慧生，于法忍智各别内证。言后圣法，皆是此类。四苦类智，谓此无间无漏智生，审定印可苦类智忍。
>
> 如于苦谛有四种心，集、灭、道谛，应知亦尔。此十六心，八观真如，八观正智。法真见道无间、解脱、见、自证分差别建立，名相见道。①

---

① 《成唯识论》卷9，T31，p0050b。

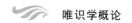

三　观非安立谛

二乘只观察安立谛，而观非安立谛是唯识止观修行的重点，因为它才能制伏分别起二障的现行，并引发根本无分别智，以亲证实相。非安立谛即离言真如，是存在的真如实相本身，所以观非安立谛的过程就是扭转与超越比量认识的过程，最终获得根本无分别的现量智。这是修行者在理解境不离识等的基础上，依靠定的力量，修行四寻思、四如实智，通过控制见分的分别作用，达到对相分的变现进行开阖的练习。如此使得修行者对于相、见二分唯识所显的道理获得了实证，并且最终止息识（见分）的分别作用，停止了相分的变现，彻底摆脱比量的认识模式，由此真正超越对象性的认识，以最为纯粹的现量，即根本无分别智，亲证离言真如——非安立谛。

此位菩萨于安立谛、非安立谛，俱学观察，为引当来二种见故，及伏灭分别二种障故。非安立谛是正观，非如二乘唯观安立。①

（一）四寻思、四如实智

修行者在资粮位的散心状态，通过闻、思二法对唯识无境等观念有所理解，但无法实证。现在凭借定力，重新对相关理论进行更加细致纯粹的思维观察，进而努力抑制、扭转识的比量分别，以此为进入见道——实证真如实相，做最后的加行预备。观修的重点是"唯识无境"，这是唯识学的核心观念，即对象并不是独立于识外的客观实在，境由识所显，相分与见分是相待不离的关系。然而常人在认识的时候，一方面变现建构出自己的认识的对象——相分（境），同时又将此对象判断为客观独立的外境，由此造成主客的二元分立。在唯识看来，这是凡夫最大的无明或法执表现。而在此加行位的修行者，就要依托止的力量，进行相应的观修，来摆脱、扭转见分的比量分别，消除相分境的建构，破除二元的对象性认识，最终产生根本智，以实证真如实相，即非安立谛。

具体的观修方法是四寻思、四如实智，即寻求思察名、义、自性、差别四分法的唯识性。常人的认识对象虽然万千差别，但是它们都是识的见分变现、建构的相分境，所以本质上都属于名言境，是由名言种子所显现的符号世界，可以将它们归类为名、义、自性、差别四法。一名指符号系统本身，由字、名、句三大符号要素构成，这属于能诠法。二义也称为事，指名言符号所表诠（指称）的各种事物，如

---

① 《成唯识论》卷9，T31，p0049c。

蕴、界、处等法。三自性指自相，即对象的特殊性，如地的坚性、水的湿性等，上述的名与义都有各自的自相。四差别指共相，指事物间的普遍性，如无常、空性等，名、义中都有此普遍性的共相。上述的四法，涵盖了常人所有的认识对象，四寻思就是在定中观察它们都是识的分别所建构的名言之境，是识的相分，假有不实；实证到此四法离开识并不存在，以及能显现它们的识也是虚假不实，称为四如实智，这是瑜伽行派在止观上的独特理论。根据观修的深浅进程，又细分为暖、顶、忍、世第一四个阶段，也称为四加行。其中在暖、顶二位中，修行者进行四寻思观；而在忍、世第一二位时，则进行四如实智观。

1. 暖、顶二位

（1）暖：此位是观非安立谛的最初阶段，此阶段主要是通过四寻思法，观察认识对象（相分）唯识所显，并非客观实在，其中名、义二者有所差别，所以需要个别地观察；而自性、差别有相同之处，所以可以合起来一同观察。因为修行者在这一阶段获得了无漏智火（根本无分别智）即将发生的相状，如木头将要燃烧前先会发热，所以此阶段称为暖位，并且其所依托的定，也相应地称为明（智慧光明）得定。

定中观察与散心观察的区别在于，修行者依托定力，可以真正自如地控制识的分别作用的发生与停止，所以在此暖位第一次真正的观察到名等四法的显现与不显现，其实是识见分的作用，由此觉察到识的认识对象，并非存在的实相，而是识所变的相分境，所谓对象是外在客体，其实是凡夫的虚妄判断。以上的观察是实证性的，使得修行者对"相分由识所显的道理"真正确信无疑。而散心状态的寻思，只是对相关道理的思维分析，在道理上虽然能够理解，但是因为与实际经验相悖，所以很难令自己真正信服。

（2）顶：修行者依托明增定，产生更加深入的寻思心，观察认识对象并非客观实在，由此建立顶位。即此顶位中，修行者进一步重新观察作为认识对象的名等四法，都是自心变现，虚假施设，并非真实的存在。此时智慧的光明相状不断增强，所以称为明增定。在此阶段，修行者的寻思观察作用达到了极致，所以也称为顶位。

> 暖等四法，依四寻思、四如实智初、后位立。四寻思者，寻思名、义、自性、差别，假有实无；如实遍知此四离识及识非有，名如实智。名、义相异，故别寻求；二二相同，故合思察。
>
> 依明得定，发下寻思，观无所取，立为暖位。谓此位中，创观所取名等四法，皆自心变，假施设有，实不可得。初获慧日前行相故，立明得名。即此所获道火前相，故亦名暖。
>
> 依明增定，发上寻思，观无所取，立为顶位。谓此位中，重观所取名等四

法，皆自心变，假施设有，实不可得。明相转盛，故名明增。寻思位极，故复名顶。①

2. 忍、世第一位

（1）忍：此位观四如实智，四寻思与四如实智之间的差别在于，前者是寻思的过程，是因；而后者的一部分是寻思的结果。所以在忍位，修行者经由之前暖、顶位时寻思对象由识所显、并非客观实在的过程，至此获得了真正确认的结果，因为是定中实证性的观察实验，所以对于观察的结果完全认可接受，不会动摇改变，由此获得了初步的如实智。

另外在此阶段，修行者依托"印顺定"进一步反观自身，观察能显现对象的识的本质是什么？常人对于自我（自识）的认识，其实与对其他事物的认识一样，都非直接的认识，也是通过对象性认识所获取，即以变现相分的模式认识。所以我们能够认识到的并非识的本然之相，仍然是识分别建构的相分境，带有虚妄分别性。既然认为对象是脱离识的客观实在，自然认为识也是脱离其他事物的某种实在，即见分是独立于相分外的实在。这样的"识相"与识、境不离的真如实相不符合，所以也是虚妄不实的。修行者在此阶段，同样依托定力，控制第六意识分别作用的生起与停止，从中发现见、相二分彼此相互依赖的关系，由此真正实证到识与对象的依存关系，识与对象一样，并不是独立存在的实体。

所以修行者在此阶段，既认识到了对象的非实在性，进而又反身观察到识也并非独立实在，修行者对此道理确定、顺应、认可接受，总的称为忍位。确认之前"所取非实"的道理，进而顺应后面"能取非实"的道理，由此建立印顺定的名称。

（2）世第一：此阶段的修行者对于识与对象非实在性的道理，同时确认接受，由此就获得了更进一步的如实智慧。至此阶段，修行者还是有细微的分别性的意识活动，见分还会变现细微的相分境，所以此时还未能彻底亲证实相本身，还处于《唯识三十颂》"现前立少物，谓是唯识性，以有所得故，非实住唯识"的阶段。但这样的境界，已经到达世间法的最高程度了，所以此阶段称为世第一位。只要依靠定力将见分残余的细微分别止息，马上就可以无间隔地产生根本无分别现量智，以亲证到非安立谛，即存在的离言实相，这就进入见道位了，所以此刻依托的定被称为无间定。

依印顺定，发下如实智，于无所取，决定印持；无能取中，亦顺乐忍。既无实境离能取识，宁有实识离所取境？所取、能取相待立故。印顺忍时，总立

———————
① 《成唯识论》卷9，T31，p0049b。

为忍。印前顺后，立印顺名，忍境识空，故亦名忍。

依无间定，发上如实智，印二取空，立世第一法。谓前上忍，唯印能取空。今世第一法，二空双印，从此无间必入见道，故立无间名；异生法中，此最胜故，名世第一法。[①]

3. 总结

修行者在加行位，对非安立谛进行止观双运的修行，按照顺序分为四个阶段：首先在暖、顶位，思维观察认识对象并非客观实在，结合明得、明增定，对识的分别活动进行实证性的开阖控制，真正实证到相分境由识所变，并非独立于识外；其次在忍位，首先对前二位的观修活动有了真正的确认，然后观察识也并非是独立于对象外的实体，依托印顺定，控制识的分别活动，实证识不离境的道理；最后在世第一位，依托无间定，止息见、相分的产生，对于识、境二空道理同时确认，此时就到了即将彻底消除识的分别性，产生根本无分别智的最后阶段。

另外需要说明的是，资粮位与修道位的修行过程非常漫长，而此加行位虽然分为四阶段，但实际的修行时间相对短暂。因为修行者在资粮阶段，对识、境二空的道理在思维层面已有理解，在加行阶段，主要是依托定的力量，通过对见、相二分的显现与否，进行实际的开阖操控，以此来实际验证上述二空道理。另外修行者在四禅的状态中，心识的分别作用已经非常微细，只要稍做调整，即可止息残余的比量分别，所以加行阶段的修行是非常短暂的，但这建立在先前资粮位长期准备的基础之上。

如是暖、顶，依能取识，观所取空。下忍起时，印境空相；中忍转位，于能取识如境是空，顺乐忍可；上忍起位，印能取空。世第一法，双印空相。[②]

（二）根本无分别智

修行者通过观非安立谛的修行，依次实证相、见二分的唯识本性，经过暖、顶、忍、世第一四阶段，最终消除认识中的分别性，由此引发了根本无分别智。根本无分别智没有任何的分别性，是最为纯粹的现量，不再变带相分，由此能直观存在的真如实相，这就进入了见道位，相比相见道这是见道的根本，所以被称为是真见道。至此修行者产生了最初的无漏智慧，并第一次亲证了真如实相，这也标志着修行者进入了圣者位。

---

① 《成唯识论》卷9，T31，p0049b。
② 《成唯识论》卷9，T31，p0049b。

1. 根本无分别智

先前加行位修行的重要目的，就是要扭转比量分别式的认识，通过对非安立谛的止观修行，修行者最终转分别为现量，引发了根本无分别智，这是最为纯粹的现量认识。由于此智没有了丝毫的分别性质，不再分别建构相分境，所以此智面对存在不再有自变相分的隔阂，不再有主观性的分别成分渗入于认识之中，而是直观到存在的真如实相，这是智与如完全契合、平等的状态，也是自我与存在在认识中的真正统一。

从认识结构来讲，此根本无分别智有见分、自证分（包括证自证分）而没有相分，因为此智不再自变相分境了。虽然还有见分，但此见分没有了丝毫的比量分别性质，但并非所有的认识作用都不存在了。根本无分别智不再变带相分，而是挟带真如体相，生起对真如的认识，此智与真如是不离的关系。如同自证分直接认识见分时，不是以自变相分的模式去认识它。另外自分证（证自证分）代表了心的自明作用，仍然具有，不然见道位的菩萨也就无法自知对真如的亲证了。

> 论曰：若时菩萨于所缘境，无分别智都无所得，不取种种戏论相故，尔时乃名实住唯识真胜义性，即证真如。智与真如平等，平等俱离能取、所取相故；能所、取相，俱是分别有所得心戏论现故……有义此智见有相无。说无相取，不取相故。虽有见分，而无分别，说非能取，非取全无。虽无相分，而可说此带如相起，不离如故。如自证分缘见分时，不变而缘，此亦应尔。变而缘者，便非亲证，如后得智，应有分别。故应许此有见无相。

> 加行无间，此智生时，体会真如，名通达位。初照理故，亦名见道。[①]

2. 真见道

根本无分别智实证性地认识到了由我、法二空所显现的真如实相，断除了分别起的二障种子，被称为见道。对比后得无分别智，根本智是根本性的，所以也称为真见道。若就见道的整体的过程来讲，由四部分构成，即加行、无间、解脱、胜进四道。其中的加行是进入见道前的预备冲刺阶段，在此阶段，修行者依托定力，努力消除认识中的比量分别成分，具体之前已经介绍；而在无间道中，断除了分别起的二障；解脱道中，亲证真如实相，这是见道位的主体部分；胜进道是由见道进入初地住心位的过渡阶段。

见道的核心部分是无间、解脱二道。无间道前接四加行的世第一位，后连解脱道。无间指在时间上没有间隔，表明修行者在此阶段断除了分别起的二障，同时亲

---

① 《成唯识论》卷9，T31，p0050a。

证了真如，所以断除二障与亲证真如是同时完成的，并且是顿时瞬间的。因为根本智是纯粹的现量认识，现量是一刹那的认识，这点不同于比量认识的连续性。所以见道时虽然从结构上分为无间、解脱两个阶段，实际上是一心顿时完成的，而后得智的十六心对于存在的认识，则有先后的过程。

> 然此见道，略说有二。一真见道，谓即所说无分别智，实证二空所显真理，实断二障分别随眠。虽多刹那①，事方究竟，而相等故，总说一心。有义，此中二空二障，渐证渐断，以有浅深粗细异故。有义，此中二空二障，顿证顿断，由意乐力有堪能故。②

本章小结

止观修行的次第是先修止，然后进行止观双运的修行。修止的方法是让注意力集中在某个对象上，以此减少散心杂念，修行者按此方法，经过九住心而进入初禅，直至到第四禅。然后在四禅的定境中进行止观双运的修行，对相、见二分的开阖进行实证的操作，经过暖、顶、忍、世第一四加行阶段，不断地确证相、见二分的唯识性，依托定力彻底消除认识中的分别性，最终引发根本无分别智。此智唯有见分而无自变的相分，由此亲证真如。

思考题

1. 修定的原理是什么？
2. 止观俱行如何可能？
3. 如何观非安立谛？

---

① 多刹那：见道位的整体由四道构成，即加行、无间、解脱、胜进道。第一加行道，属于见道的预备阶段，即四加行；最后的胜进道，是进入初地的过渡阶段；此处的多刹那主要指无间、解脱二道，解脱道属于见道的主体，而无间道则是加行与解脱位的过渡阶段。《成论》认为，虽然断除分别起的二障，实证真如，分别对应无间、解脱二位，但实则为顿证顿断，没有先后的区别，即根本无分别智在断除分别起二障的同时实证真如。所以无间、解脱二道实际就是一心，没有先后的区别。
② 《成唯识论》卷9，T31，p0050a。

第六章　转依

本章概要：

　　转依理论属于唯识学解脱论的范畴，是心识从染到净、由识向智的转变理论，也称转识成智。本章内容分为两部分：首先是转依四义，一转依的主体，指八识；二转依的方法，指加行、根本、后得三智；三转依的舍弃，指修行所要断除的部分，即烦恼、所知二障；四转依的获得，指修行最终的目标，即涅槃与菩提二果。其次是五位修道次第理论，描述了从凡夫到成佛的完整修行过程，即资粮位、加行位、见道位、修道位、究竟位。

学习重点：

　　转依的四义；五位修道次第的区分。

本章课时数：

　　总计 16 周 ×4＝64 课时，本章 10 课时。

佛学的核心命题是如何修行实践以获得解脱，从此意义而言解脱论是唯识学最重要的范畴，也是所有理论的最终归趣。之前所述的心识论、量论、三自性、止观论等，它们都服务于解脱论，是相关理论解释的铺垫。

　　唯识学解脱论最为重要的特质就是转依。简要而言，转依就是转变，也称转识成智，它反映了唯识学的解脱观。在唯识学看来，解脱的最终目标不是趋向某个外在的彼岸世界，也不是复归某个内在的神秘本体，解脱的实质就是心识的转变。依靠如法的修学，逐渐使得心识发生转变，从无明、烦恼的凡夫状态——转变为智慧、清净的圣者境界，就是转八识而成四智；也即是断除烦恼、所知二障——证得涅槃、菩提二果。由于阿赖耶识中累世积淀的染污习气极其深重，所以转依必然是一个渐进、有序且相对漫长的过程。在这种转变的过程中，阿赖耶识含藏的染污种子最终都被清净的种子流所替代，而八识、四分等心识的某些内在结构性部分并不会因转依而消失，只是它们的性质及作用发生了根本性的变化，这就是转依的基本含义。

　　另外，个体生命与社会群体，这两种势力往往交织在一起，互相影响，如个人的认识模式与道德判断，以及相应的行为会影响社会；反之社会的某种集体观念与共同的行为模式，也会对个体造成巨大的影响，甚至成为后者思想与行为的基础或标准。所以，只追求个体生命的解脱，在大乘佛教看来是不究竟的，实现社会大众的共同转依才是大乘佛法的终极目标。由此大乘修行人应该积极主动地融入社会，以自身行为影响大众，改善社会环境，在此过程中同步完成自身的转依，使得个体与群体间产生正面的互相影响，进而实现共同的转依。最终实现个体与他人、社会乃至自然环境的共同庄严，这是唯识学转依说的整体内涵。

　　转依是系统性的解脱理论，大致由两大部分构成：一是转依四义，即所转依、能转道、所转舍、所转得四义，涉及转依学说的具体构成，即转依的主体、转依的方法、转依的对治与目标四个方面；二是转依的次第，涉及转依的先后顺序及过程，即资粮、加行、见道、修道、究竟五位修道次第。转依理论包含了唯识学的绝大部分理论，例如转依四义中的第一所转依，其中染净依与八识理论有关，而迷悟依则与唯识学的三自性理论关联；第二能转道，其中的三智与唯识量论、止观等相关，涉及现、比二量的原理；第三及第四的所转舍、所转得理论，涉及了二障、种子、涅槃、菩提等理论。

第一节　转依四义

一　所转依

所转依是指转依的主体，所依的主体可分为二，即染净依与迷悟依[①]。一染净依（持种依），这里的所依指心识，即第八阿赖耶识。第八识是前七转识的根本依，是含藏染净种子的主体。所以第八识是杂染与清净等所有现象与种子的共同依托，由此转依也就是转变所依的第八识，即将第八识上有漏杂染的成分断除舍弃，使第八识转变为无漏清净的状态。二迷悟依，这里的所依指真如实性，真如实性既是所有事物的真实本质，也是认识的对象。大乘佛教特别强调对真如的认识，它与生死或解脱密切关联，众生对真如产生迷惑甚至颠倒认识，由此造成生死轮回；相反如果亲证到了真如，则是转凡成圣的重要标志，也是获得解脱的必要条件，所以真如是众生迷、悟或染、净与否的重要依据。

染净依是根据染污与清净法的依托主体，即第八识而立；迷悟依则是围绕存在的真如实性而立，前者属于有为法，后者属于无为法。不过唯识学的转依理论主要是指染净依，因为转依主要就是关于心识转变的理论。

（一）染净依

在三自性理论中，其实已经非常明显地体现了转依的意趣。依指所依托，即依他起性，指第八识或整体八识，它是染污、清净法的依托主体。染指虚妄的遍计所执，即烦恼、所知二障；净指真实的圆成实性，即涅槃、菩提二果。转指烦恼障、所知障的转变舍去，涅槃果、菩提果的转变获得。

修学者通过不断地修行无分别智，断除了第八识中的烦恼、所知二障的现行及种子，由此转变舍去依他起心识上的遍计所执性，以及能够转变证得依他起中的圆成实性。由转烦恼障证得大涅槃果，转所知障获得无上的菩提智慧。所以转依的本质就是八识的转变，从杂染有漏的状态转变为清净智慧的境界。成立唯识的教义，目的就是使得众生证得转依。

依谓所依，即依他起，与染净法为所依故。染谓虚妄遍计所执，净谓真实

[①] "二所转依，此复有二。一持种依，谓本识，由此能持染净法种，与染净法俱为所依，圣道转令舍染得净，余依他起性，虽亦是依，而不能持种故此不说。二迷悟依，谓真如，由此能作迷悟根本，诸染净法依之得生，圣道转令舍染得净。余虽亦作迷悟法依，而非根本，故此不说。"《成唯识论》卷10，T31，p0055a。

圆成实性。转谓二分转舍、转得。由数修习无分别智，断本识中二障粗重，故能转舍依他起上遍计所执，及能转得依他起中圆成实性，由转烦恼得大涅槃，转所知障证无上觉。成立唯识，意为有情证得如斯二转依果。①

（二）迷悟依

《成唯识论》还提出了另外一种所依，即迷悟依，这显示了大乘佛教对真如的重视，围绕对真如的认识成为区分迷悟的依据。

迷悟依的主体是真如，是依他起法的真实性，即圆成实性。存在法的本质或法性，是缘起法形成的依因②，这种所谓的依因，是逻辑上的因，并不是指在事物的形成过程中起到实际作用的条件。例如没有空性，事物自然也就无法生成变化，所以空性是缘起的条件。

真如是存在的真实本性，对于它的认识与实证是修道的重要环节。在大乘佛教看来，众生之所以会生死轮回，很大原因在于无法认识到存在的真如实性，而是对之虚妄分别，颠倒错解，由此产生种种烦恼，进而造业感果。对存在的颠倒认知与其他烦恼心理是彼此交叉影响的，不正确的存在观念是导致贪、嗔等烦恼滋长的原因之一，所以能否认识真如与解脱密切关联。正因为对真如实相的迷惑，所以导致生死轮回。反之若能够亲证到真如，则是解脱的重要条件。由此能否认识到真如实相也成了凡、圣之间区分的重要标志。这就是以真如作为迷悟所依的真正含义。

不过需要注意两点：一是这里的真如作为转变的所依，更多是作为认识对象意义上的所依，而不是杂染与清净现象的存在依托。真如是存在事物的法性，是无为的理法，不是有为法，不是某种具体的存在物，无法作为染、净现象的依托主体。二是以此真如作为所依，由此建立转依，但作为所依的真如本身，它是存在的真如实性，法尔如是，本性清净，本身不发生任何变化，它只是作为认识的对象。真正发生转变的是作为认识主体的识，它们从有漏杂染转变为无漏清净，这即是之前的染净依理论，从这点来讲，所转依的实质还是以"染净依"理论为主。

> 或依即是唯识真如，生死、涅槃之所依故。愚夫颠倒，迷此真如，故无始来受生死苦。圣者离倒，悟此真如，便得涅槃，毕竟安乐。由数修习无分别智，断本识中二障粗重，故能转灭依如生死，及能转证依如涅槃，此即真如离杂染性。如虽性净，而相杂染，故离染时，假说新净，即此新净，说为转依，修习

---

① 《成唯识论》卷9，T31，p0051a。
② 依因：这里指事物形成所依据的本质或规律，它不是有为法，属于理法。与之对应的概念是生因，指在形成事物的过程中，起到实际作用的直接原因，属于有为法。

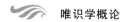

位中断障证得。①

二　能转道

能转道是能够转依的方法，狭义来讲指能够对治烦恼、所知二障的力量，即加行、根本、后得三种智慧。加行智是在加行位阶段，通过止观修行所获得的智慧，因为还未见道，所以属于有漏法；根本、后得二智在见道后生起，属于无漏法。根据修道转依的过程，先通过三智对二障的种子进行初步的控制，使得它们不再生起现行活动，直至最后以根本、后得二智将二障种子彻底断除，所以能转道又可分为两种：一是能伏道，此道兼通有漏、无漏位，包括了加行、根本、后得三智，此道的三智的主要任务是抑制二障种子的势力，使得它们的现行活动无法生起，随着修行的进程，或逐渐或顿时地制伏二障的现行活动。具体来讲，依加行智渐伏，依根本、后得二智顿伏，使得心识获得初步的转依。二是能断道，此道只包括根本、后得二智，此道属于无漏位，不属于有漏位、加行位。因为有漏道属于较早的修道阶段，还受第七识俱生我执的影响而互相引生，还未彻底摆脱对于境相的迷惑执着；另外加行智还处于追求证得真如、引发根本智的阶段，还未达到目标。能断道的根本、后得二智则是将二障的种子彻底断除，令心识获得彻底的转依。

> 转依义别，略有四种。一能转道，此复有二。一能伏道，谓伏二障随眠势力，令不引起二障现行。此通有漏、无漏二道，加行、根本、后得三智，随其所应，渐顿伏彼。二能断道，谓能永断二障随眠。此道定非有漏、加行。有漏曾习，相执所引，未泯相故；加行趣求所证、所引，未成办故。②

广义而言，能转道包含修道转依的所有方法以及先后次第，在后面的"转依次第"理论中有具体的介绍。整个修道过程包含资粮、加行、见道、修道、究竟五个阶段，也称"五位修道次第"，其中贯穿了闻思修、戒定慧、八正道、六度等修道方法。

三　所转舍

所转舍是指在修道转依的过程中，所要舍弃断除的部分，包含两部分：第一种称为所断舍，这是指烦恼、所知二障的种子，其中还可以细分为两部分，一是在即

---

① 《成唯识论》卷9，T31，p0051a。
② 《成唯识论》卷10，T31，p0054c。

将见道前的无间道位时，所断除的分别起二障的种子；二是在即将成就佛果前的无间道位时，所断除的俱生二障的种子。二障与能断道的无分别智性质相违，二障种子被断除，永远再也无法形成；由于断除了二障的种子，不再生起虚妄执着自我与事物的现行，所执着的自我与事物，由于不再有能执着它们的虚妄情识，所以称为断舍。这部分所要断除的二障种子，属于遍计所执性，它们是构成众生染污最重要的成分。

第二种称为所弃舍，指除了二障之外其余的有漏善、无记法的种子，以及品质低劣的无漏种子。从转依理论来看，最终的目标是令八识转变为纯粹无漏的状态，所有与此性质不符合的成分，都要被断除舍弃，所以即使是有漏的善法，甚至一些品质相对低劣的无漏法，也要被舍弃。如生起十地中现行事物的无漏种子，它们与生起最高佛果的无漏种子相比，品质上相对低劣，所以最终也要被舍去。当修行至金刚道位时，引发了最为圆满、光明、纯净的第八识，此识不是上述种子的依托主体，因此它们以及有漏、低劣无漏的现象都被永远地舍弃，由此称为舍弃生死与低劣的无漏法。

> 三所转舍，此复有二。一所断舍，谓二障种。真无间道①现在前时，障治相违，彼便断灭，永不成就，说之为舍。彼种断故，不复现行妄执我法，所执我法不对妄情，亦说为舍，由此名舍遍计所执。
>
> 二所弃舍，谓余有漏、劣无漏种，金刚喻定现在前时，引极圆明纯净本识，非彼依故，皆永弃舍。彼种舍已，现有漏法及劣无漏毕竟不生，既永不生，亦说为舍。由此名舍生死劣法。②

（一）二障、二执及二果的关系

虽然唯识学的转依理论分为"四义"，但其中最为重要的是所转舍与所转得两部分。前者是通过修行所要转变舍弃的成分，主要是指二障及二执；后者是通过前者的转变舍弃，最终证得的无漏法，即涅槃、菩提二果。二障是有漏染法，是所有根本烦恼及随烦恼心所的统称，它们是造成痛苦轮回的两大原因，是解脱的两大障碍，所以称为二障。二障有种子与现行的两种区分，当二障还处于潜伏状态时，称为二障种子或随眠；当生起现实的活动时，则称为二障现行或缠。

---

① 无间道：无间指没有间隔。无间道分两种，一是指加行位的最后阶段，即将没有间隔地进入见道位，此时断舍分别起二障的种子。二是指修道位第十地满心位，即将无间地进入究竟位，这一阶段也称金刚喻定或金刚道，此时的观智犹如金刚，能够破除最为顽固、细微的习气，此时断舍俱生起二障的种子。
② 《成唯识论》卷10，T31，p0055a。

二障与我、法二执紧密关联。二执代表了凡夫众生颠倒虚妄的存在观，主要是指实体主义及二元论。我、法二执主体为一，并非各自独立或无关，只是根据执着（实体主义或二元论）程度的深浅分为二执，我执代表了执着的浅层面，法执指执着的深层面。例如就执着法有实体不变的自性而言，这种自性执的浅层表现就是我执，而其深层面就是法执，所以法执可以含摄我执。另外在唯识学看来，对于存在本质的错误认识（二执）对二障，即各种烦恼心所的影响很大，既是产生它们的重要原因，同时也影响、渗入到它们的现实活动中去。其中受我执影响或关联的根本烦恼、随烦恼心所被称之为烦恼障；而受法执影响或关联的根本烦恼、随烦恼心所则被称为所知障。所以二障间的关系与二执一样，它们也并非各自独立，具体而言，二障的主体即是十个根本烦恼与二十个随烦恼，当它们与我执相应时，就称之为烦恼障；而与法执相应时，则称为所知障。

二果是大乘佛教修行的最终目标，涅槃果是烦恼断尽后的清净，菩提果代表着无漏的智慧。断除二障的目的就是为了获得二果，由于断除了令生死轮回相续的烦恼障，所以证得真正的解脱，即涅槃；由于断除了障碍认知的所知障，所以获得大菩提。

> 今造此论，为于二空有迷谬者，生正解故，生解为断二重障故。由我、法执，二障俱生，若证二空，彼障随断。断障为得二胜果故，由断续生烦恼障故，证真解脱，由断碍解所知障故，得大菩提。[1]

（二）烦恼障

烦恼、所知二障与二执关联密切。二障的具体构成部分，即十个根本烦恼以及二十个随烦恼的种子与现行活动。其中烦恼障与我执相关，末那识的俱生我执是造成众生染污的根本原因，这种我执作用也是凡夫最为顽固的心理本能，在生命的任何状态中都一直存在，所有的根本及随烦恼都无法避免地受到这种我执的影响，它们共同生起，所以烦恼障就是受我执影响的十个根本烦恼及二十个随烦恼的种子和其现行活动。相比所知障，它们属于烦恼心理的浅表层面，它们的作用表现粗显、强烈，使得有情众生的身心扰乱、烦恼，它们是造业感果最为直接的主体，也是涅槃解脱的直接障碍，故名烦恼障。

烦恼障因为与我执相关，所以也有分别起与俱生起的区别。分别起的烦恼障在见道位时被彻底断除；俱生起的烦恼障则在修道位中，逐渐地被转变舍弃。苦、集、

---

① 《成唯识论》卷1，T31，p0001a。

灭、道四谛是佛教理论的核心结构，对四圣谛的迷惑，进而产生的相应烦恼被认为是阻碍解脱的原因。将分别起与俱生起的十根本烦恼与四谛、三界相互关联，就有了所谓的一百二十八种烦恼障之说：

（1）属于见道所要断除的欲界烦恼障（分别起）：10 根本烦恼 ×4 谛 = 40 分别起烦恼障。

（2）属于见道所要断除的色、无色界烦恼障（分别起）：9 个根本烦恼（除去嗔心）×4 谛 ×2 = 72 分别起烦恼障。

（3）属于修道位所要断除的欲界烦恼障（俱生起）：6 俱生烦恼障（贪、嗔、痴、慢、身见、边见）。

（4）属于修道位所要断除的色、无色界烦恼障（俱生起）：5 俱生烦恼障（贪、痴、慢、身见、边见）×2 = 10。

以上共计 128 种根本烦恼障，还有由它们所派生的各种随烦恼，总称为烦恼障。

　　　　烦恼障者，谓执遍计所执实我萨迦耶见①而为上首百二十八根本烦恼，及彼等流诸随烦恼，此皆扰恼有情身心，能障涅槃，名烦恼障。②

（三）所知障

所知障与烦恼障的主体相同，同样也是由十根本烦恼及二十随烦恼所构成，与后者不同的是它们受法执的影响与关联。烦恼障是烦恼的浅表层面，它们的作用强烈，是影响个人解脱的障碍；而所知障则是烦恼的更深层面，相比烦恼障，它们属于更高层面的认知障碍。大乘佛教有比小乘更为深刻的法性论与存在观，并且为了度化众生的需求，要求修行者不仅要具备与佛法相关的知识，更要求菩萨广学各种知识，不断拓宽认知领域，以圆满佛智，这是大乘佛教的认知境界，相比小乘的标准更高更广，而与之相关的障碍，就属于所知障。所知障与烦恼障的关系若要细究，可以分为三类。

1. 重叠关系

这部分的烦恼障即所知障，因为与我执并起的烦恼障也包含有对于所知境的障碍作用。

2. 含摄关系

此所知障可以含摄烦恼障，因为所知障的内涵与外延比烦恼障都要深广。与我

---

① 萨迦耶见：萨迦耶为集聚义，也有译为身义，萨迦耶见也即身见。此见认为五蕴和合的身心中有一个实体不变的主体，这也即是我见或我执。

② 《成唯识论》卷 9，T31，p0048c。

执并起的烦恼障，所包含的对于存在的错误认识相对粗浅、简单，更多与自我相关；而与法执并起的所知障，则包含对于整个存在更为复杂深层的错误认识，所以这部分的所知障是比烦恼障更为深层的烦恼。

3. 超越关系

这部分的所知障，就修行阶位来讲，属于大乘八地之后所要断除的障碍，因为到达八地时，与第七识相应的烦恼障现行被彻底止息，就个人解脱来讲，所有相关的障碍都已经扫清。剩余的所知障，与之前的所知障性质完全不同，它们不障碍个人的解脱，并非染污性，属于无覆无记，也称为"不染污的无知"。这是更高层面的认知障碍，是大乘菩萨为了度化众生的更高要求，通过广泛地学习各种知识，最终圆满成就四智菩提。

> 所知障者，谓执遍计所执实法萨迦耶见而为上首见、疑、无明、爱、恚、慢等，覆所知境无颠倒性，能障菩提，名所知障……
>
> 烦恼障中，此障必有，彼定用此为所依故。体虽无异，而用有别。故二随眠，随圣道用，有胜有劣，断惑前后。
>
> 此于无覆无记性中，是异熟生，非余三种。彼威仪等势用薄弱，非覆所知，障菩提故。此名无覆，望二乘说，若望菩萨，亦是有覆……①

（四）二障的分类及断除次第

二障的分类及断除次第与二执基本一致，首先二障根据产生的模式可以分为两大类：一是分别起二障；二是俱生起二障。分别起二障是后天所形成的，主要由第六意识的思维活动而生起，所以分别起的二障只属于第六意识。俱生二障是与生俱来的，伴随着生命的各种状态而持续存在，可再细分为两种：一是与第七识相应的俱生二障；二是与第六识相应的俱生二障。小乘人只能断除烦恼障，唯有大乘修行者可以将二障全部断除，它们的断除次第大致如下：

1. 分别起二障（只属于第六意识）

它们的现行活动，在资粮位逐渐部分地制伏，在加行位全部制伏；它们的种子，在属于初地入心位的见道位时彻底断除。

2. 俱生起二障

（1）俱生烦恼障：①与第六识相应：它们的现行活动，在加行位开始逐渐部分地制伏，至初地全部制伏；其种子，在属于第十地的满心位，即将成佛前的金刚道

---

① 《成唯识论》卷9，T31，p0048c。

阶段彻底断除。

②与第七识相应：它们的现行活动，从初地开始逐渐部分地制伏，至八地阶段全部制伏；它们的种子，到金刚道阶段彻底断除。

（2）俱生所知障：①与第六识相应：它们的现行活动，从加行位开始逐渐部分地制伏，至八地全部制伏；它们的种子，从初地开始逐渐部分地断除，至金刚道阶段彻底断除。

②与第七识相应：它们的现行活动，从初地开始逐渐地部分制伏，至金刚道阶段全部制伏；它们的种子，在金刚道阶段彻底断除。

> 如是二障，分别起者，见所断摄；任运起者，修所断摄。二乘但能断烦恼障，菩萨俱断。永断二种，唯圣道能，伏二现行，通有漏道。①

四　所转得

（一）涅槃与菩提的区别

所转依指转依的主体，即第八识，属于依他起性；所转舍指在转依的主体上要转变舍去的部分，即烦恼、所知二障，属于遍计所执性；而所转得指通过舍弃二障，使得八识发生了彻底的转变后获得的，即涅槃、菩提二果，它们是大乘佛教修行的终极目标，代表了最为圆满的生命境界，属于圆成实自性。

1. 所显得——涅槃

涅槃即四谛中的灭谛，指所有烦恼障的熄灭或断除。根据所转依中染净依的思想，涅槃代表八识的转染成净，指在彻底断除烦恼障后，八识转变为最极清净的状态。清净是烦恼的反义词，因为与我执并生的烦恼障使前七转识烦乱波动，由此身心躁动不安，而清净是烦恼障转舍后的安宁、寂静状态，所以就此意义来讲，涅槃相当于止；而菩提是在涅槃上重又生起的智慧妙用，相当于观。

另外，根据迷悟依的思想，唯识学将真如法性与涅槃做了结合，建立所谓的自性清净涅槃，与真如同义，属于无为法。真如是众生本俱的，只是因为二障的缘故，使得本俱的真如被遮蔽而无法自知，只有通过转舍二障，引发根本无分别智（菩提），才能亲证此真如（涅槃），由此本俱的真如法性才真正向人所呈现出来，所以称为显得。而菩提是所生得，即后得的意思，指菩提智慧原先并无，需通过后天的修行转依才能获得，这也是涅槃本俱与菩提后得的区别所在。

---

① 《成唯识论》卷9，T31，p0048c。

2. 所生得——菩提

菩提是修行者在八识上转舍所知障，进而获得的四智菩提。所知障是与法执并起的烦恼，它们使得众生对于存在虚妄分别，从而遮蔽了对于真如实相的认识，只有转舍所知障，获得菩提智慧，才能够亲证真如。另外在漫长的修道过程中，为度化众生的需要，大乘修行人通过不断地学习各种知识，扩充圆满自身的知识结构，以成就大菩提智。相比自性清净涅槃，菩提是有为法，自性清净涅槃是无为法；菩提是能缘（见分），涅槃是所缘（相分）。

另外，就四智菩提而言，虽然第八识上先天依附有无漏的种子，作为生起菩提的亲因，但那只是潜能，不是已然的菩提智慧。所以菩提是要通过修行后才能获得的智慧，所以称为所生得，这点不同于真如（自性清净涅槃）的显得，因为它是本来具足的。

综上而言，涅槃与菩提间的区别主要表现为如下几点：一作为灭谛意义的涅槃指烦恼断除后的寂静状态，类似于止；而菩提是出世间智慧的妙用，类似于观。二自性清净涅槃属于存在法的真如法性，是本自具足的，属于无为的理法，是认识的对象（相分）；而菩提并非本具，是要通过修行转依才能获得的出世间的智慧，属于有为的事法，是能观的智（见分）。

> 四所转得，此复有二。一所显得，谓大涅槃。此虽本来自性清净，而由客障覆令不显，真圣道生，断彼障故，令其相显，名得涅槃。此依真如离障施设，故体即是清净法界①……二所生得，谓大菩提。此虽本来有能生种，而所知障碍故不生。由圣道力，断彼障故，令从种起，名得菩提。起已相续，穷未来际，此即四智相应心品。②

（二）四种涅槃

涅槃（Nirvāna）的梵文原义是火的熄灭或风的吹散，在成为佛教解脱的专有名词后，具有了寂灭、寂静、圆寂等义。在早期佛教的教义中，涅槃是指所有烦恼断除后的状态③，与四谛中的灭谛义相同，涅槃或灭谛，都带有寂或静的含义。我执、贪、嗔、痴等烦恼心理被佛教认为是众生造业感果、痛苦轮回的根本原因，所以断除烦恼既是解脱的手段，同时也是解脱的目标。当所有烦恼被止息或断除后，身心

---

① 法界：指存在法的本质，与真如、法性等同义。自性清净涅槃等于真如法性，也即是依他起法的本性，属于圆成实性。
② 《成唯识论》卷10，T31，p0056a。
③ "贪欲永尽，嗔恚永尽，愚痴永尽，一切诸烦恼永尽，是名涅槃。"《杂阿含经》卷18，T02，p0126b。

由躁动苦恼转变为极度的寂静或清净，在早期佛教看来这就是解脱的终极状态。大乘唯识学将涅槃与真如思想结合，提出四种涅槃说，即自性清净涅槃、有余依涅槃、无余依涅槃、无住涅槃。与之前的定义相比，涅槃意义的重点发生了一定的转移，即从寂灭的心境转到了作为存在法性的真如，所以唯识学的四种涅槃，都是围绕真如进行相应的定义。四种涅槃中，无论凡圣都具有第一种自性清净涅槃，小乘的圣者具有前三种涅槃，只有佛具足四种涅槃。

1. 自性清净涅槃

佛教非常注重对于存在本质的正确认识，并将此与个人的解脱做了紧密的联系，大乘佛教更是如此，由此代表存在本质的真如成为最重要的概念。所转依的迷悟依思想，就是将真如作为存在的所依，因为真如是存在的真如实性，对它的认识正确与否，成为染（迷）与净（悟）的区分标准。若没有对于存在的正确认识，要想获得涅槃解脱是不可能的，因此唯识学将真如与涅槃思想结合，建立自性清净涅槃。它与真如同义，涅槃也成为菩提智的认识对象，菩提智是能缘的见分，涅槃是所缘的相分。

本来自性清净涅槃，是一切存在事物的真如之理。虽然有客尘二障的遮蔽，然而其性质本来清净，具有无量的微妙功德，没有生灭，清澈如同虚空，为一切有情生命平等地共同具有。与一切事物不一不异，远离所有的比量分别，不是用推寻思辨的方式能够认识，名称概念也无法表述，它的本性寂灭，所以称为涅槃。待根本无分别智发生时，此自性清净涅槃才从遮蔽状态向修行者显现出来，所以此涅槃是所显得。

> 涅槃义别，略有四种。一本来自性清净涅槃，谓一切法相真如理。虽有客染，而本性净，具无数量微妙功德，无生无灭，湛若虚空，一切有情平等共有，与一切法不一不异，离一切相、一切分别，寻思路绝，名言道断，唯真圣者自内所证，其性本寂，故名涅槃。[①]

2、3. 有余依涅槃与无余依涅槃

根据有漏色身的存在与否，涅槃还分有余依与无余依两种。前者指已经断除了烦恼障，真如法性因为被修行者亲证而得以显现，但色身尚存的境界。这种涅槃被认为还不够究竟，因为凡夫的色身，在佛教看来是有漏法，是粗重不净的，属于苦的果报。

无余依涅槃是指不仅烦恼障断除，真如法性得以显现，并且连由业所感的色身

---

① 《成唯识论》卷 10，T31，p0055b。

也灭尽的境界。这种涅槃，既没有了烦恼，又没有了粗重污垢的色身，处于最为寂灭的状态，是小乘最高的解脱果报。

> 二有余依涅槃，谓即真如出烦恼障。虽有微苦所依未灭，而障永寂，故名涅槃。
>
> 三无余依涅槃，谓即真如出生死苦。烦恼既尽，余依亦灭，众苦永寂，故名涅槃。[①]

4. 无住涅槃

在大乘看来，无余涅槃只是代表了个人的解脱，在那种灰身灭智的状态中，无法对他人及社会带来实际的正面作用，不符合大乘佛教的慈悲入世精神。这是小乘人受所知障的影响，从而产生对涅槃的某种执着，所以要进一步断除所知障。无住涅槃指真如脱离了所知障，大悲般若永远辅佐，由此不执着于生死与涅槃。在先前的无余涅槃中，心识都寂灭不生起作用，而在此无住涅槃中，八识各自发生四智菩提的妙用，在无穷尽的未来的时光中，生起利益众生的作用，同时内心又保持永远的寂静，这是大乘佛法追求的最高境界。

> 四无住处涅槃，谓即真如出所知障。大悲般若常所辅翼，由斯不住生死涅槃，利乐有情，穷未来际用而常寂，故名涅槃。[②]

(三) 四智菩提

菩提即智慧，但不是世俗意义上的聪明才智，是指出世间的大智慧。这种智慧是要通过闻思、戒定、止观等的系统学修，在断除烦恼、所知二障后才能获得的。涅槃是修行者断除烦恼后的寂静境界，属于个人解脱的范畴；菩提是菩萨为了度化众生的智慧作用，是出世间的无分别智的妙用，大乘佛教的入世精神主要依靠菩提智慧来体现与落实。八识通过修行转依后，每一个识都会发生相应的转变，一是从烦恼躁动转变为清净自由，这即是涅槃；二是从虚妄分别转为无分别智，这就是菩提。具体而言，转前五识为成所作智；转第六意识为妙观察智；转第七末那识为平等性智；转第八阿赖耶识为大圆镜智，这样的转变，即是转识成智。

1. 大圆镜智

大圆镜智脱离了各种分别，它的作用与认识对象叵测难知，所有事物都清晰无

---

① 《成唯识论》卷 10，T31，p0055b。
② 《成唯识论》卷 10，T31，p0055b。

误地在其中显现。它的本性与形相清净，没有各种杂染，是一切清净与功德圆满的现行事物与种子的依托主体。能够变现自受用的佛身、土，以及其他三种佛智的影像，在无尽的未来的时光之中永不间断，像大圆镜般地显现众多色法的影像。

> 云何四智相应心品？一大圆镜智相应心品。谓此心品离诸分别，所缘、行相微细难知，不妄不愚一切境相，性相清净，离诸杂染，纯净圆德现种依持。能现能生身、土、智影，无间无断，穷未来际，如大圆镜现众色像。[①]

2. 平等性智

平等性智观察一切事物、自我与其他有情生命都彼此平等，永远与大慈悲等心同时生起。随顺十地菩萨的喜好，示现各种他受用身、土的影像。是妙观察智的不共所依，也是无住涅槃建立的依托。在无尽的未来时光中，保持同类的无漏性质相续不断。

> 二平等性智相应心品。谓此心品观一切法、自他有情悉皆平等，大慈悲等，恒共相应。随诸有情所乐，示现受用身、土影像差别，妙观察智不共所依，无住涅槃之所建立，一味相续，穷未来际。[②]

3. 妙观察智

妙观察智善于观察诸法的自相与共相，并且没有障碍地生起。能够摄持与观察无量的法义总持门、定门以及由此引发的功德珍宝。在法会中显现无边的神通妙用，令众生都能得到自在，断除所有的疑惑，令有情众生都获得利益安乐。

> 三妙观察智相应心品。谓此心品善观诸法自相、共相无碍而转，摄观无量总持、定门及所发生功德珍宝，于大众会能现无边作用差别，皆得自在，雨大法雨，断一切疑，令诸有情皆获利乐。[③]

4. 成所作智

成所作智为了利益安乐有情众生，普遍地在十方世界中，应二乘与凡夫的根机，示现各种变化身，以及相应的身、口、意三业，以成就本来的愿力所应该做

---

① 《成唯识论》卷10，T31，p0056b。
② 《成唯识论》卷10，T31，p0056b。
③ 《成唯识论》卷10，T31，p0056b。

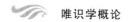

的事业。

四成所作智相应心品。谓此心品为欲利乐诸有情故，普于十方示现种种变化三业，成本愿力所应作事。①

八识在染污位时相应的心所有法各不相同，但转为四智后，八识相应的心所有法统一都为二十一种，即五遍行、五别境、十一善心所。另外大圆镜智、平等性智、妙观察智三智兼具根本与后得二智，因为此三智兼能观察真如与一切事物；而成所作智是显现变化身的主体，因为度化众生的缘故，所以只是后得智，能观察一切事物，虽然也能观察真如，但不是直接认识，而是以"变相观空"的方式。②

第二节　转依次第

八识的转依需要经过长期与艰苦的修行才能完成。有情众生的二障势力深重，它们通过前七识的现行得以表现，有漏染污的现行，又会进一步加重二障种子的势力。所以要彻底转舍它们不可能一蹴而就，一般来讲，从凡夫到成佛需要经历相对漫长的过程。另外修道转依要遵循严格的次第，从凡夫到成佛必须经历五大修道阶段，即资粮、加行、见道、修道、究竟位，称为五位修道次第。在此五位修道过程中，修行者针对各自的烦恼特性，运用六度等法门，不断地转舍烦恼、所知二障，逐渐地转变心识，最终证得涅槃、菩提二果。

一　总说

《成唯识论》结合五位修道次第以及大小乘转依的区别，归纳出了六种转依，首先是大乘的四种不同转依阶位：

（一）损力益能转

指资粮与加行二位。修行者在此阶段逐渐减轻第八识中染法的势力，同时增强善法的功能。在此阶段，只是初步制伏二障的现行，内心的无漏圣法还未能发生，严格来讲，此时还没有达到真正的转依，属于转依前的预备阶段。

（二）通达转

指见道位。此阶段彻底断除了分别起二障的种子与现行活动，由此根本无分别

---

① 《成唯识论》卷 10，T31，p0056b。
② 相关的理论详见《成唯识论》卷 10，T31，p0056a－p0056c。

智得以发生，因而得以亲证真如实相，故名见道位。修行者获得了部分真实的转依。

（三）修习转

指从初地至十地的修道位。此阶段逐步断除俱生二障的种子与现行活动，由此获得真实的转依。从初地至六地，修行者还无法时时处于无相观中，有、无相观夹杂现起；修行至七地开始，可以长时保持无相观；至第八地，与第七识相应的俱生烦恼障现行被彻底制伏；八地后主要断除第七识相应的俱生所知障现行等。

（四）果圆满转

指究竟位。在金刚道时将残余的俱生烦恼障的种子与所知障的种、现彻底断除，此后无间地进入究竟位，此时有漏的善法、低劣的无漏法也被彻底断除，至此修行者的身心获得了最为彻底圆满的转依。

另外，根据大小乘的区别，唯识学将转依又分为如下两种。

（五）下劣转

指小乘修行者的转依。小乘只能断除烦恼障，只能认识我空所显真如，只求自我解脱，以证得无余涅槃作为转依的最终目标。

（六）广大转

指大乘修行者的转依。大乘学人能够断除烦恼、所知二障，对于存在的认识更加深广，能认识我空与法空所显真如，以无住涅槃、大菩提果作为转依的最终目标。

二　五位修道次第

（一）资粮位

资粮是指身心所具备的福德与智慧的能力，它们是各种善法的种子与现行活动，是成就解脱的原因。修行者在资粮位的任务就是要不断累积上述的能力，此阶段也称为顺解脱分。此位的具体范围，是从修行者内心发起自觉觉他的大乘菩提心算起，直到还未生起顺抉择识（加行位），以求得安住于唯识真实殊胜本性前。此位的修行时间很长，需要一大阿僧祇劫。

虽然在整个五位的修道过程中，都贯穿了六度、四摄等法门，但每一位的修行侧重点又各有不同。在资粮位阶段，修行者主要是以培植福报、闻思佛法与定的修行为重点。具体而言，修行者自内心发起自觉觉他的大菩提心后，就开始了修道的历程，在最初的资粮阶段，首先通过布施等方法培植福报；其次受持相应的戒律，戒律可以规范身心的活动，逐渐减轻各种欲念；另外对佛法义理进行闻思的熏习；当修行者具备了一定的佛理知识，身心获得相对的安宁后，就可以进行定的预备练习，进行九住心乃至四禅的练习，为之后加行位进行止观双运的修行做准备。

修行者在资粮位已经逐渐对唯识真义有了坚定的信仰与理解，但还没有实证唯识真如。另外，此阶段虽还没有力量制伏、断除二障，但已经可以控制它们部分作用的生起，尤其是作用明显强烈的贪、嗔等烦恼，因为不控制它们，是无法进行九住心的修行。但对于活动细微的二障还无法制伏。资粮位的修行主要依托四种力量来实现，即以发菩提心为因、善知识的教导、追求无上正等正觉的作意力量、修习累积各种福智资粮。

论曰：从发深固大菩提心，乃至未起顺决择识①，求住唯识真胜义性，齐此皆是资粮位摄。为趣无上正等菩提，修习种种胜资粮故。为有情故，勤求解脱，由此亦名顺解脱分。

此位菩萨，依因、善友、作意、资粮四胜力故，于唯识义虽深信解，而未能了能、所取空，多住外门，修菩萨行。故于二取所引随眠，犹未有能伏灭功力，令彼不起二取现行。②

（二）加行位

修行者在先前资粮位漫长的修行过程中，很好地累积了福德与智慧的修道资粮，顺解脱的部分已经圆满成就。接下来，为了进入见道位安住于唯识实性，还要修行加行以伏灭消除能、所二取，此阶段的修行总称为顺抉择分，能顺应于趋向无分别智亲证真如实相的缘故。加行位是即将进入见道前的最后冲刺阶段，它的具体范围介于资粮与见道位之间，其中还分暖、顶、忍、世第一四个阶段，也称为四加行。加行位的实际修行时间不长，较为短暂。

加行位的修行重点是止观，这是引发根本无分别智的直接助因。修行者通过之前资粮位的修行，已经能够控制部分的烦恼，经过九住心等的练习，获得了四禅；于散心思维层面对于唯识教义也已经有了深入的认识，由此可以进行止观双运的修行。观修的对象分两种，即安立谛与非安立谛，前者是在定中进行四谛十六行相观，涉及轮回及解脱的总原理，即思维观察染污生命苦的本质、而此苦的生命境遇是由先前无明烦恼所召集的结果、断除无明烦恼后的清净与自由是解脱的境界、如何断除烦恼的方法。对四谛的观察是为后得无分别智的生起——相见道作预备的修行。

而观非安立谛是以摆脱分别性的认识模式，破除识外有境观，亲证真如实相为

① 顺抉择识：指暖、顶、忍、世第一四加行阶段生起的加行智，它们顺应于对真如实相进行的观察思维，所以加行位也称为顺抉择分。资粮位阶段，因为修行者主要修行戒定，所以侧重于贪、嗔等烦恼障的对治，顺应于摆脱烦恼的束缚获得解脱的修行，故称为顺解脱分。
② 《成唯识论》卷9，T31，p0048c。

目的。比量分别是凡夫根深蒂固的认识模式，常人往往将自身变现的认识对象，虚妄分别为外在的客观实在，由此产生自我与存在二元对立的观念。在此阶段的止观修行，通过四寻思、四如智的修行，对于名、义、自性、差别四法的唯识性，相、见二分的唯识性进行实证性的观察，以消除能、所二取，即主客二元对立观，并借助定力超越比量分别，为根本无分别智的产生——真见道做最后的准备。

加行位的修行者已能伏灭分别起二障的现行，因为它们与见道相违背。但是此阶段生起的加行有漏智仍有细微的分别性，不能彻底摆脱现象对于认识主体的束缚，故还有所得，还无法亲证真如实相。另外对于俱生二障的现行及种子还不能制伏与断除。

加行位主要修习智慧力，所以人道众生最适合此阶段的修行。欲界恶道的众生，永远受苦，虽有厌恶心而无暇生起寻思佛法的慧心，或因慧力不够无法胜任加行位的修行；而天道的众生由于身体及所处的环境过于殊胜优越，所以很难产生出离心，不愿修行佛法。

> 论曰：菩萨先于初无数劫，善备福德智慧资粮，顺解脱分既圆满已，为入见道住唯识性，复修加行伏除二取，谓暖、顶、忍、世第一法，此四总名顺决择分，顺趣真实决择分故。近见道故，立加行名，非前资粮无加行义……此加行位，未遣相缚，于粗重缚亦未能断，唯能伏除分别二取，违见道故。于俱生者及二随眠，有漏观心有所得故，有分别故，未全伏除，全未能灭。[①]

《成论》引用《分别瑜伽论》的偈颂，对四加行的修行脉络做了清楚的归纳。

> 菩萨于定位，观影唯是心。义想即灭除，审观唯自想。如是住内心，知所取非有。次能取亦无，后触无所得。[②]

1. 暖位

菩萨在定中，思维观察名、义、自性、差别四法唯识所现的本质，它们涵盖了所有的认识现象，属于所取（相分）。通过定力对上述四法进行开阖的实验，真正实证到所取的对象是由心变现的相分，并非是脱离识外的客观实在。

2. 顶位

执着对象实在的想法被灭除了，名义等其实是由认识所变现建构的，如此安住

---

① 《成唯识论》卷9，T31，p0049c。
② 《成唯识论》卷9，T31，p0049c。

于内心，不再虚妄分别，真正实证了认识对象并非实在的道理。

3. 忍位

修行者在实证了所取的对象非实在性后，进而反观能变现对象的识（见分），即能取的本质是什么。能取或见分是心识的作用，它显现、建构了对象，至此实证到能取与对象一样，都不是实在性的事物。

4. 世第一位

修行者至此同时实证了所取与能取都非实在，相、见二分是心识作用的产物，本是一体不离的，而非对立的实体。

最后，修行者通过定力，消除残余的分别性，由此不再变现相分，这样就达到了无所得的境界，进入见道位。

（三）通达位

通达位也称见道位，具体位于初地的入心位。修行者通过加行位的止观修行，实证了能、所二取的唯识性。在世第一位的最后阶段，彻底消除认识中残余的分别性，引发根本无分别智，此时分别起二障的现行与种子被顿时断除，由此亲证真如，安住于唯识真实的本性，属于真见道；随后依托根本智生起后得无分别智，主要以十六心缘四谛，属于相见道。至此修行者的身心获得了最初的转依，正式迈入了圣者位。

1. 根本无分别智

此智是最为纯粹的现量，于所缘的境相，彻底没有了分别与执着，不再变现任何相分境，实证到了二空所显的真如。无分别智与真如之间远离了能、所对立的模式，没有丝毫的异化与隔阂，使得认识与存在达到了真正的统一与平等，这属于真见道。

论曰：若时菩萨于所缘境，无分别智都无所得，不取种种戏论相故，尔时乃名实住唯识真胜义性，即证真如。智与真如平等，平等俱离能取，所取相故；能、所取相，俱是分别有所得心戏论现故……一真见道。谓即所说无分别智。实证二空所显真理。实断二障分别随眠。[1]

2. 后得无分别智

此智依托根本智生起，是带有分别性的无分别智，因为在根本智亲证真如后生起，所以不同于凡夫的虚妄分别。它的认识对象分为两类：一是观非安立谛——真

① 《成唯识论》卷9，T31，p0050a。

· 236 ·

如，不同于根本智只有见分而无相分的认识模式，后得智的见分仍然变带相分，即变带与真如相似之相来认识真如，具体以三心观非安立谛；二是观安立谛，主要是观察四谛差别之相，具体以十六心观安立谛①，属于相见道。

> 有义：此智二分俱有，说此思惟似真如相不见真实真如性故。又说此智分别诸法自共相等观诸有情根性差别而为说故。②

（四）修道位

修道位的范围从初地起至第十地。菩萨从之前的见道位起，为了断除剩余的俱生二障，以证得转依，还需要不断地广修六度（十度），特别要在十地中不断地修行无分别智，就能舍弃俱生二障的种子，由此证得广大的转依。在十地的修道位中修行十波罗蜜多，断除十重障碍③，证得十种真如④，最终转烦恼障证涅槃、转所知障证菩提。

在十地的修道过程中，从初地到七地需一大阿僧祇劫，以断除与末那识相应的俱生烦恼障现行、与前六识相应的俱生所知障现行为主要任务；修行至八地时，与末那识相应的俱生烦恼障、与前六识相应的俱生所知障现行被彻底制伏，个人的解脱至此完成；八地至究竟位又需一大阿僧祇劫，菩萨在此期间为了成就佛果，圆满大菩提智，以断除与第七识相应的俱生所知障的种现，以及其他俱生二障的残余种子为任务。加上之前资粮位的一大阿僧祇劫，修行转依总计三大阿僧祇劫。

> 论曰：菩萨从前见道起已，为断余障，证得转依，复数修习无分别智……即十地中无分别智，数修此故，舍二粗重。二障种子，立粗重名，性无堪任，违细轻故。令彼永灭，故说为舍。此能舍彼二粗重故，便能证得广大转依……云何证得二种转依？谓十地中修十胜行⑤，断十重障，证十真如，二种转依由斯证得。⑥

---

① "三心观非安立谛、十六心观安立谛"的相关理论详见《成唯识论》卷9，T31，p0050a－p0050b。

② 《成唯识论》卷9，T31，p0050b。

③ 十重障：异生性障、邪行障、暗钝障、微细烦恼现行障、于下乘般涅槃障、粗相现行障、细相现行障、无相中作加行障、利他中不欲行障、于诸法中未得自在障，此十重障，于十地中分别断除。

④ 十真如：遍行、最胜、胜流、无摄受、类无别、无染净、法无别、不增减、智自在所依、业自在等所依真如，此十真如，于十地中分别证得。

⑤ 十胜行：也称十波罗蜜法，这是在六度基础上又增加了四种方法而成，即布施、持戒、忍辱、精进、禅定、般若、方便善巧、愿（求菩萨愿、乐他愿）、力（思择慧力，修习定力），智（观察众生根基）。后四法也可以被第六般若波罗蜜所摄，或第六属于根本无分别智；而后四属于后得智，这是应大乘菩萨入世度生的需要而生。

⑥ 《成唯识论》卷9，T31，p0051a。

十地又称十住，属于见道后菩萨的修行阶位，菩萨需要经历此十个阶位的修行，才能获得彻底的转依，以成就佛果。早在属于大众部的说出事部的《大事》中已有十地说。《华严经》中的"十地品"也很早就有流传，相传世亲就是因《十地经》而改信了大乘，并造《十地经论》进行解释，汉译者菩提流支和勒那摩提非常重视对此论的研究，并形成了中国的"地论学派"。

1. 欢喜地

菩萨至此地，获得了最初的圣者性，同时证得我、法二空真如，能够利益自、他而生大喜。此位断除分别起的二障种子；与第六识相应的俱生烦恼障现行也被顿伏。

2. 离垢地

菩萨至此地，圆满成就清净的戒律，远离能够生起违反戒律的微细烦恼。

3. 发光地

菩萨至此地，成就殊胜的定、广大的教法、总持力（全面把握佛法而不忘失的能力），产生无边的智慧妙光。

4. 焰慧地

菩萨至此地，修行最为殊胜的菩提法，燃烧烦恼之薪，以增加智慧的火焰。

5. 极难胜地

菩萨至此地，能令性质相反的真、俗二智融会贯通，相应一体。

6. 现前地

菩萨至此地，通达缘起智，引发最为殊胜的无分别智现前。

7. 远行地

菩萨至此地，进入无相有功用行的境界，远超之前修行的世间道以及二乘的修行境界。

8. 不动地

菩萨至此地，无分别智自然持续的生起，不被一切现象及烦恼所影响干扰。与第七识相应的俱生烦恼障现行永伏，与第六识相应的俱生所知障现行永伏。阿赖耶识的名称至此舍弃不用，因为第七识的俱生我执现行已被永伏，我爱执藏作用不复存在。

9. 善慧地

菩萨至此地，成就微妙无辩碍的口才，能够普遍十方，善巧说法。

10. 法云地

菩萨至此地，成就的大法智，犹如大云包含各种功德之水，能够遮蔽如虚空般无边的二障烦恼。十地的满心位的定力能破一切烦恼，犹如金刚能摧一切物，故又称金刚喻定（道），此时断除与第六识相应的俱生二障种子，断除与第七识相应俱生烦恼障种子及俱生所知障现行与种子，至此所有二障的种子及现行都被彻底转舍。

（五）究竟位

究竟位即佛果位。菩萨经过十地的修行，在第十地的满心位，即金刚道阶段，将残余的俱生二障现行与种子彻底断除，由此进入了究竟位，这时有漏善法及低劣无漏法种子也被瞬间转舍，大圆境智、成所作智顿时显现；最为上品的平等性智、妙观察智也一并转得，至此八识获得了彻底的转依，圆满成就了涅槃、菩提二果。

二乘人只是断除了烦恼障，以无余涅槃为最高果位，所以只能称为解脱身。大觉世尊成就了无上的寂灭法，称为大牟尼；永远远离了二障，可以称为法身。法身以涅槃与四智菩提为本性，包含了自性、受用、变化三身。自性身指法性真如，也即自性清净涅槃；受用身又分自受用、他受用身，前者是佛自己受用之身，后者是为地上的菩萨所显现的化身佛；变化身是为二乘及凡夫众生示现的。

> 论曰：前修习位所得转依，应知即是究竟位相。此谓此前二转依果，即是究竟无漏界摄。诸漏永尽，非漏随增，性净圆明，故名无漏。界是藏义，此中含容无边希有大功德故；或是因义，能生五乘世出世间利乐事故……二乘所得二转依果，唯永远离烦恼障缚，无殊胜法故，但名解脱身。大觉世尊，成就无上寂默法故，名大牟尼。此牟尼尊所得二果，永离二障，亦名法身，无量无边力、无畏等大功德法所庄严故，体、依、聚义总说名身。故此法身五法为性，非净法界独名法身，二转依果，皆此摄故。①

1. 自性身

即自性清净涅槃，属于无为法。是一切如来证得的真正清净法界，脱离一切形相而寂然，灭绝了各种戏论，无法用名言概念表述，是根本无分别智的认识对象。它是一切事物同等的真实本性，众生本俱，凡圣平等，是受用身与变化身的依托，也可以称为法身。

> 一自性身，谓诸如来真净法界，受用、变化平等所依，离相寂然，绝诸戏论，具无边际真常功德，是一切法平等实性。即此自性，亦名法身，大功德法所依止故。②

---

① 《成唯识论》卷10，T31，p0057c。
② 《成唯识论》卷10，T31，p0057c。

2. 受用身

属于有为法。分为两种，一是自受用身，这是诸佛如来通过三大阿僧祇劫，修集无量福慧资粮所感的无漏果报，由无漏种子所生的无边真实功德，以及由大圆镜智所显现的圆满、清净、永恒、普遍存在的色身。此受用身相续不断，永不退转，尽未来际自己受用广大的法乐。二是他受用身，是诸佛如来由平等性智显现的微妙功德之身。此身居住在清净国土，为十地内的菩萨众们显现大神通，转正法轮，使得他们感受到大乘的法喜，二乘及凡夫众生则没有能力见到此身。

> 二受用身，此有两种：一者自受用，谓诸如来三无数劫修集无量福慧资粮，所起无边真实功德及极圆净常遍色身。相续湛然，尽未来际，恒受用广大法乐。二他受用，谓诸如来由平等智，示现微妙净功德身。居纯净土，为十地诸菩萨众现大神通，转正法轮，决众疑网，令彼受用大乘法乐，合此二种，名受用身。①

3. 变化身

属于有为法。是诸佛如来由成所作智变现的无量符合众生需要的化身，居住在或净或染的国土中。根据未见道的菩萨、二乘以及凡夫众生的根机，显现神通与说法，使得他们获得各种利益与安乐。

> 三变化身，谓诸如来由成事智变现无量随类化身。居净秽土，为未登地诸菩萨、二乘、异生，称彼机宜，现通说法，令各获得诸利乐事。②

📖 本章小结

转识成智即转第八识为大圆镜智、转第七识为平等性智、转第六识为妙观察智、转前五识为成所作智。转依的过程与次第分为五个阶段：一资粮位，培植福报、闻思佛法、持戒、习定，为加行位的修行累积福慧的资粮；二加行位，分暖、顶、忍、世第一四阶段，修行四寻思、四如实智，为引发根本智做最后的预备；三见道位，属于初地的入心位，由根本无分别智亲证真如；四修道位，从初地到十地菩萨位，继续修行无分别智，断除俱生二障的种现；五究竟位，圆满成就涅槃、菩提二果。

---

① 《成唯识论》卷10，T31，p0057c。
② 《成唯识论》卷10，T31，p0057c。

思考题

1. 二障的分类与断除次第的含义是什么？

2. 四智菩提与佛的三身关系是什么？

3. 五位修道次第各自的修行重点是什么？

参考文献

古代典籍

《相应部经典》,《汉译南传大藏经》经藏第 1 册,元亨寺妙林出版社。

(宋)施护译《大集法门经》,《大正藏》第 1 册。

(南朝宋)求那跋陀罗译《杂阿含经》,《大正藏》第 2 册。

(后秦)鸠摩罗什译《禅法要解》,《大正藏》第 15 册。

(唐)玄奘译《解深密经》,《大正藏》第 16 册。

(南朝宋)求那跋陀罗译《楞伽阿跋多罗宝经》,《大正藏》第 16 册。

(唐)地婆诃罗译《大乘密严经》,《大正藏》第 16 册。

(南朝宋)佛陀什、竺道生等译《弥沙塞部和醯五分律》,《大正藏》第 22 册。

(后秦)鸠摩罗什译《大智度论》,《大正藏》第 25 册。

(唐)玄奘译《阿毗达磨品类足论》,《大正藏》第 26 册。

(唐)玄奘译《佛地经论》,《大正藏》第 26 册。

(唐)玄奘译《阿毗达磨大毗婆沙论》,《大正藏》第 27 册。

(唐)玄奘译《阿毗达磨俱舍论》,《大正藏》第 29 册。

(唐)玄奘译《阿毗达磨顺正理论》,《大正藏》第 29 册。

(后秦)鸠摩罗什译《中论青目释》,《大正藏》第 30 册。

(唐)玄奘译《瑜伽师地论》,《大正藏》第 30 册。

(唐)义净译《六门教授习定论》,《大正藏》第 31 册。

(唐)波罗颇蜜多罗译《大乘庄严经论》,《大正藏》第 31 册。

(唐)玄奘译《辩中边论颂》,《大正藏》第 31 册。

(唐)玄奘译《观所缘缘论》,《大正藏》第 31 册。

(唐)玄奘译《唯识二十论》,《大正藏》第 31 册。

(唐)玄奘译《唯识三十论颂》,《大正藏》第 31 册。

(唐)玄奘译《摄大乘论》,《大正藏》第 31 册。

(唐)玄奘译《摄大乘论释》,《大正藏》第 31 册。

（唐）玄奘译《大乘阿毗达磨杂集论》，《大正藏》第 31 册。

（唐）玄奘译《成唯识论》，《大正藏》第 31 册。

（后秦）鸠摩罗什译《成实论》，《大正藏》第 32 册。

（唐）玄奘译《因明入正理论》，《大正藏》第 32 册。

（唐）玄奘译《因明正理门论》，《大正藏》第 32 册。

（唐）窥基：《成唯识论述记》，《大正藏》第 43 册。

（唐）慧沼：《成唯识论了义灯》，《大正藏》第 43 册。

（唐）智周：《成唯识论演秘》，《大正藏》第 43 册。

（唐）窥基：《成唯识论掌中枢要》，《大正藏》第 43 册。

（隋）慧远：《大乘义章》，《大正藏》第 44 册。

（唐）窥基：《因明入正理论疏》，《大正藏》第 44 册。

（隋）吉藏：《大乘玄论》，《大正藏》第 45 册。

（唐）窥基：《大乘法苑义林章》，《大正藏》第 45 册。

（明）普泰：《八识规矩补注》，《大正藏》第 45 册。

（五代）延寿：《宗镜录》，《大正藏》第 48 册。

（唐）玄奘译《异部宗轮论》，《大正藏》第 49 册。

（南朝陈）真谛译《婆薮槃豆法师传》，《大正藏》第 50 册。

（唐）圆测：《解深密经疏》，《卍新续藏》第 21 册。

（唐）太贤：《成唯识论学记》，《卍新续藏》第 50 册。

（唐）窥基：《异部宗轮论述记》，《卍新续藏》第 53 册。

（唐）慧沼：《二量章》，《卍新续藏》第 55 册。

《论事》，《汉译南传大藏经》第 62 册，元亨寺妙林出版社。

叶均译《清净道论》，莆田广化寺印。

现代著作

张曼涛主编《唯识思想论集》，《现代佛教学术丛刊》43，大乘文化出版社，1978。

霍韬晦：《安慧〈三十唯识释〉原典译注》，香港中文大学出版社，1980。

法尊译编《集量论略解》，中国社会科学出版社，1982。

〔日〕高崎直道：《唯识思想》，《世界佛学名著译丛》67，华宇出版社，1984。

吕澂：《吕澂佛学论著选集》，齐鲁书社，1991。

〔俄〕舍尔巴茨基：《佛教逻辑》，商务印书馆，1997。

韩清净：《瑜伽师地论科句批寻记》，科学出版社纽约公司，1999。

林国良：《成唯识论直解》，复旦大学出版社，2000。

印顺：《印度之佛教》，正闻出版社，2004。

周贵华：《唯心与了别》，中国社会科学出版社，2004。

吕澂：《印度佛学源流略讲》，上海人民出版社，2005。

祁顺来：《藏传因明学通论》，青海民族出版社，2006。

刚晓：《正理滴论解》，宗教文化出版社，2007。

杨维中：《中国唯识宗通史》，凤凰出版社，2008。

妙境：《瑜伽师地论讲记》，法门佛学院印，2009。

多识仁波切：《藏传佛教认识论》，甘肃民族出版社，2010。

熊十力：《佛教名相通释》，上海书店出版社，2010。

胡晓光：《唯识要义探究》，宗教文化出版社，2011。

〔日〕桂绍隆：《印度人的逻辑学》，宗教文化出版社，2011。

印顺：《说一切有部为主的论书与论师之研究》，中华书局，2011。

印顺：《唯识学探源》，中华书局，2011。

惟善：《说一切有部之禅定论研究》，中国人民大学出版社，2011。

林镇国：《空性与方法》，政大出版社，2012。

〔日〕稻津纪三：《世亲唯识学的根本性研究》，宗教文出版社，2013。

〔日〕平川彰：《印度佛教史》，贵州大学出版社，2013。

演培：《八识规矩颂讲记》，莆田广化寺印。

圣严：《印度佛教史》，莆田广化寺印。

研究论文

巫白慧：《梵本〈唯识三十颂〉汉译问题试解》，《法音》2006年第2期。

〔日〕稻津纪三：《梵文〈唯识二十论〉中与"识"相对应的两种原文及其意义》，《唯识研究》第一辑。

周贵华：《唯识与唯了别——"唯识学"的一个基本问题的再诠释》，《哲学研究》2004年第3期。

慕藏：《"唯识"概念的语源语义分析》，《唯识研究》第二辑。

姚治华：《自证分是一种感知吗？陈那的自证说》，发表于香港中文大学人文科学研究所举办的"现象学与佛家哲学会议"，2004年2月13日。

倪梁康：《唯识学中"自证分"的基本意蕴》，《学术研究》2008年第1期。

慧仁：《试论有相唯识与无相唯识理论差异及其实质》，《法音》2003年第12期。

赵东明：《"转依"与"心、心所"认识论的"四分"说》，《唯识研究》第二辑。

慧仁：《中观二谛与唯识三自性之比较》，《杭州佛教》2006年第1期。

〔德〕斯密斯豪森：《论〈成唯识论〉中的外在世界问题》，《唯识研究》第二辑。

法光：《经量部的表像知觉理论》，《唯识研究》第一辑。

图书在版编目（CIP）数据

唯识学概论／慧仁著. -- 北京：社会科学文献出
版社，2023.5
全国汉传佛教院校教材
ISBN 978 - 7 - 5228 - 1677 - 7

Ⅰ.①唯⋯　Ⅱ.①慧⋯　Ⅲ.①唯识宗 - 概论 - 教材
Ⅳ.①B946.3

中国国家版本馆 CIP 数据核字（2023）第 069843 号

全国汉传佛教院校教材
唯识学概论

著　　者／慧　仁

出 版 人／王利民
组稿编辑／袁清湘
责任编辑／郑凤云　张馨月
责任印制／王京美

出　　版／社会科学文献出版社·联合出版中心（010）59367202
　　　　　　地址：北京市北三环中路甲 29 号院华龙大厦　邮编：100029
　　　　　　网址：www.ssap.com.cn
发　　行／社会科学文献出版社（010）59367028
印　　装／三河市龙林印务有限公司

规　　格／开　本：787mm×1092mm　1/16
　　　　　　印　张：16　字　数：322 千字
版　　次／2023 年 5 月第 1 版　2023 年 5 月第 1 次印刷
书　　号／ISBN 978 - 7 - 5228 - 1677 - 7
定　　价／89.00 元

读者服务电话：4008918866